古典文獻研究輯刊

三七編

潘美月・杜潔祥 主編

第11冊

平定阿爾布巴之亂紀略
——西藏土鼠年衛藏戰爭，七輩達賴遷康史料輯註
（第三冊）

蔡 宗 虎 輯註

國家圖書館出版品預行編目資料

平定阿爾布巴之亂紀略——西藏土鼠年衛藏戰爭，七輩達賴遷
康史料輯註（第三冊）／蔡宗虎 輯註 -- 初版 -- 新北市：花
木蘭文化事業有限公司，2023〔民 112〕
目 16+172 面；19×26 公分
（古典文獻研究輯刊 三七編；第 11 冊）
ISBN 978-626-344-474-4（精裝）
1.CST：史料 2.CST：清代 3.CST：西藏自治區
011.08   112010513

ISBN-978-626-344-474-4

9 786263 444744

古典文獻研究輯刊
三七編 第十一冊   ISBN：978-626-344-474-4

平定阿爾布巴之亂紀略
——西藏土鼠年衛藏戰爭，七輩達賴遷康史料輯註（第三冊）

作　　者　蔡宗虎（輯註）
主　　編　潘美月、杜潔祥
總 編 輯　杜潔祥
副總編輯　楊嘉樂
編輯主任　許郁翎
編　　輯　張雅淋、潘玟靜　美術編輯　陳逸婷
出　　版　花木蘭文化事業有限公司
發 行 人　高小娟
聯絡地址　235 新北市中和區中安街七二號十三樓
　　　　　電話：02-2923-1455／傳真：02-2923-1400
網　　址　http://www.huamulan.tw 信箱 service@huamulans.com
印　　刷　普羅文化出版廣告事業
初　　版　2023 年 9 月
定　　價　三七編 58 冊（精裝）新台幣 150,000 元
版權所有・請勿翻印

平定阿爾布巴之亂紀略
——西藏土鼠年衛藏戰爭，七輩達賴遷康史料輯註
（第三冊）

蔡宗虎　輯註

目

次

第二部分　七輩達賴喇嘛遷康史料 ‥‥‥‥‥‥‥377

〔276〕川陝總督岳鍾琪奏請准孔毓璞留任蘭州布政使摺（雍正六年六月二十七日）[2]-[12]-655

陝西總督臣岳鍾琪謹奏，為遵旨密奏事。

臣查屬員之功過不一，而舉錯之道自應仰遵諭旨據實陳奏，庶公私咸得其當，以仰副我皇上愛惜人才之至意。今臣查蘭州布政司孔毓璞自蒞任以來地方事務亦能留心整飭，實意經理，頗稱勤慎之員。惟西寧進藏軍需雖非孔毓璞承辦之事，而綜核稽查乃其崇責，今西寧道留之頊等玩忽遲悞，孔毓璞未行查揭則徇庇之咎難以姑寬，是以臣將孔毓璞附參請旨敕議在案，但查孔毓璞辦事勤謹，才亦可稱，若以微譴被謫，則全才實難其人，臣思原情罟法，皆出自聖主洪仁，今臣欽遵諭旨據實奏請，倘蒙聖恩准予留任以觀後效，是誠聖主特恩，非臣所敢擅議者也，理合遵旨密奏，伏祈皇上睿鑒，為此謹奏。

雍正六年六月二十七日

硃批：應如是，所奏知道了，部議定時有旨。

〔277〕川陝總督岳鍾琪奏報照料策妄噶爾丹策零來使特壘馬駝情由摺（雍正六年六月二十七日）[2]-[12]-657

陝西總督臣岳鍾琪謹奏，為奏聞事。

臣查策妄噶爾丹策零〔註832〕來使特壘自京回肅候欽賜經典，頒給之時於秋間出口回巢，其所需騎馱馬駝俱應預為酌備，查從前料理策妄阿喇布坦來使根敦并博羅呼爾哈回去之事曾節准部咨，俱經議政議稱來使等所需乘騎馱載馬匹駝隻俱計算其可以遠行健壯者辦理，令其前往。再伊等原來時騎馱馬駝如臕壯即照數給發，若有傷殘疲瘦缺額俱補換肥壯者給發起身，倘若不敷酌量添給，奉旨允准欽遵在案。今查特壘前於赴京之時將原來騎馱馬駝留在肅州，臣嚴飭地方官加意餧養，因馬駝涉遠而來多有勞傷疲瘦，不便令其仍舊騎馱，且馬駝亦有倒斃已不敷用，又蒙皇上賜給經典更需腳力駝送，應將特壘所需之騎馱馬駝照例一體補還添給，以仰副聖主柔遠之懷。今臣檄行蘭州布政司孔毓璞於庫貯正項銀內動給一萬兩速解肅州交與地方官確計需用馬駝數目選擇購買。并令肅州鎮臣紀成斌驗看所買馬駝務要壯健臕肥，如

〔註832〕原文如此，疑將策妄阿喇布坦與噶爾丹策零并寫。噶爾丹策零《蒙古世系》表四十三作噶爾丹策凌，繼其父策妄阿喇布坦為準噶爾汗。

有瘦弱即行駁換，仍派委弁員加意餵養以資遠行。至於特壘等一切食用等項俱令照例豐厚支應，俟特壘等起程之後同採買馬駝銀兩統聽撫臣莽鵠立核實報銷。再特壘等帶來貨物約價三萬餘金，前因肅州地處極邊經商頗少，臣即行令臨鞏甘涼等府傳示各舖戶前往交易去後，今據地方官報稱各舖戶因價值稍昂尚未交易，臣因遠人不便久待行肅州鎮臣紀成斌肅州通判毛鳳儀會同照管務令公平貿易，不許勒掯刁難外，臣謹繕摺奏聞，伏祈皇上睿鑒，為此謹奏。

　　雍正六年六月二十七具。

　　硃批：已交戶部矣。

〔278〕四川巡憲德等奏報頗拉奈帶兵進藏情節摺（雍正六年六月二十九日）[2]-[12]-676

　　四川巡撫臣憲德、四川提督臣黃廷桂謹奏，為奏聞事。

　　雍正陸年陸月貳拾玖日據駐藏陝西莊浪營糸將顏清如稟稱，本年伍月貳拾壹日戌時據阿爾布巴等報稱，有頗拉奈帶兵柒千有餘，由楊八景〔註833〕、曲暑〔註834〕等伍路前來等情，卑職遂具稟公憲在案，於貳拾伍日有頗拉奈帶領兵由盤玉溝〔註835〕突出，至噶巴下營，先發兵千餘來攻藏東拾伍里之噶木旁卡子，當有隆布奈領兵拒險堵戰，伊等即請卑職同二位大人俱親臨目覩，自午至酉未見勝負，卑職隨同二位大人令隆布奈好生謹守卡隘，卑職等即回西藏，於是夜有西藏在卡各兵悉行歸順頗拉奈，裡應外合於貳拾陸日辰時頗拉奈領兵奪卡至藏，隨令各兵將布達拉週旋圍住，於貳拾捌日有各寺喇嘛已將阿爾布巴、隆布奈、扎拉奈〔註836〕叁人獻出交頗拉奈收禁，頗拉奈即帶隨從前來，在二位大人陳請，今二位大人現在將頗拉奈恭順，至藏拏獲兇手情由商議具奏外，所有前情卑職合先稟明等情到臣等，據此理合馳奏，伏乞聖鑒，謹奏。

　　雍正陸年陸月貳拾玖日

　　硃批：深慰朕懷。

〔註833〕即羊八井宗。

〔註834〕《欽定理藩院則例》（道光）卷六十二作曲水宗，今西藏曲水縣。

〔註835〕多寫作彭域，《大清一統志》（嘉慶）卷五百四十七載名蓬多城，在喇薩東北一百七十里。今西藏林周縣旁多鄉。

〔註836〕即扎爾鼐。

〔279〕川陝總督岳鍾琪奏報把總馬元勛進藏投文被頗羅奈鼐拘留情節摺（雍正六年六月三十日）[2]-[12]-679

陝西總督臣岳鍾琪謹奏，為奏聞事。

竊臣於吏部尚書查郎阿等在西安時即欽遵聖主密授機宜，選差把總馬元勛前赴西藏並頗羅鼐處投文情由，當經臣等密奏，奉旨俞允。今於六月二十八日據駐防藏地參將顏清如稟稱，五月初八日有西藏卜勒奔、塞喇、噶爾旦〔註837〕三大寺院喇嘛赴二位大人上懇求，伊等情願前赴後藏，與頗羅鼐二家復行說和停兵候旨之語。二位大人即依允所回，隨番譯彝文一角附交喇嘛等，於十一日自藏持赴頗羅鼐處安慰去後，於十二日未刻有憲差把總馬元勛到藏，赴職處云稱，今把總奉差特送欽差公文前來，乃係交二位大人同阿爾布巴等拆閱之文，把總於初九日至工布江達之祿馬嶺地方得遇阿爾布巴，將此情向伊備言，有伊今在工布江達等信，俟把總抵藏，二位大人有信前去，伊始回藏等語。據此卑職隨令將欽差與二位大人及阿爾布巴等公文投遞，於十三日早二位大人即將索諾木達爾扎並隆布鼐、扎納鼐等自布達拉營內傳集前來，至大招公同拆閱，有伊等各遵奉，隨於是日即寫信，專差前赴工布江達，令阿爾布巴作速回藏。並仍令把總馬元勛同把總梁萬福於十五日自藏持文，前赴後藏姜子〔註838〕頗羅鼐住牧之處去後，今於本月十九日有阿爾布巴自工布江達回藏，向二位大人回稱，有伊於工布一帶復調兵二千，帶至工布江達，令伊兄並同伊次子帶領駐防，並令伊女壻於工布再調兵數百來藏協防等語。今職看得有伊等現駐西藏布達拉後面之馬步兵約計四千有餘，有伊等又於大則〔註839〕地方，令達賴喇嘛母舅領兵三百餘名於彼駐扎，又將浪當口子之熱正〔註840〕地方，令碟巴一名帶領馬步兵約一千有餘駐防，又於姜子之浪噶子〔註841〕地方令碟巴一名帶兵五百有餘駐防。今有阿爾布巴、索諾木達爾扎、隆布鼐、扎納鼐統兵駐劄布拉達後面，於中調度。今忽於本月二十一日午時有博第兒〔註842〕碟巴差役一名到藏，在二位大人上稟報，今有回馬番兵

〔註837〕即格魯派哲蚌寺、色拉寺、甘丹寺三大寺。
〔註838〕《欽定理藩院則例》（道光）卷六十二作江孜，今西藏江孜縣。
〔註839〕《大清一統志》（嘉慶）卷五百四十七作得秦城，今西藏達孜縣。
〔註840〕即熱振寺，熱振寺為噶當派主寺，後改宗格魯派，入清後熱振呼圖克圖為可出為代理達賴喇嘛商上事務（俗稱攝政）之四大呼圖克圖之一，寺位於西藏林周縣塘古鄉。
〔註841〕即拉噶孜宗。
〔註842〕今西藏浪卡子縣白地鄉白地村。

一名回至博第兒，在碟巴處報稱，有大人們所差把總二人行至頗羅鼐營盤，俱被頗羅鼐捉拏經守等語。隨於是日戌時又探得有索諾木達爾扎、隆布鼐、阿爾布巴、扎納鼐等在二位大人上報稱，今有頗羅鼐帶領兵約七千有餘，由浪噶子、楊八景、曲署〔註843〕、出納、噴多五路前來，將到西藏等語，今有達賴喇嘛以及闔藏人民各驚懼不已，今二位大人已議遷赴布達拉，暫行護衛達賴喇嘛。但據所報二事實虛之處，卑職現在遠探，俟一有確信，再行稟報，今二位大人已飛咨巒儀衛周大人，催兵速臨西藏，安定人心，並繕具清摺，於二十二日由臺站飛奏等情，又准駐藏副都統臣馬臘、學士臣僧格等亦將具奏情由，移咨前來。

　　臣查阿爾布巴前以迎接川滇兵馬為名，竟潛往於附近工布江達之祿馬嶺，今復暗調工布土兵二千名前赴江達，又於西藏駐兵四千，併通西藏之楊八景等處緊要隘門，俱發兵把守，以防頗羅鼐為詞者，其實心存悖逆，若果因防範頗羅鼐，則其調集兵馬自不應於川陝通藏之工布江達、浪塘〔註844〕、熱正等處亦行防守也。且阿爾布巴等與頗羅鼐興兵構釁將及一載，當從前併力爭戰之時尚未派調土兵如此之多，今聞天朝大兵進藏，忽多派土兵，四路防守，是阿爾布巴之設心詭詐，昭然可見。蓋伊之潛至工布地者實欲窺伺我兵之勢，如力能抗拒，即將暗調工布土兵把守要隘，阻截川滇兵馬，肆其鴟張，若見我兵勢重，不能拒敵，即就近逃回工布舊巢，以為守險之計耳。今臣等所差把總馬元勳、梁萬福二人已與頗羅鼐會面，所有原奉聖訓機宜，頗羅鼐自必欽遵領會矣。臣又據馬元勳稟稱，行至祿馬嶺遇見阿爾布巴，即婉轉開導，伊已疑懼稍釋，及逢馬臘等行調，彼即仍回藏地，適聞頗羅鼐將差員拘留，並聞頗羅鼐領兵七千五路進藏之信，阿爾布巴等遂即懇求馬臘、僧格先守卜達拉，保護達賴喇嘛，並催川陝兩路之兵克期抵藏等事。臣愚以為阿爾布巴等既望我兵之速至，則其疑懼之心坦然盡釋，將來我兵抵藏，諸事不難料理。況兼阿爾布巴之兄子、女壻俱已離其巢穴，乘此清理逆黨，更屬易事。惟是可慮者，恐周瑛不知其中作用，或聞頗羅鼐拘留差員之信，並接馬臘等催兵之文，信為事情緊急，不候陝省官兵，竟自先期進藏，且於一切料理機宜周瑛本未預聞，設或誤認順逆，驟有舉動，難免僨事。且兵馬兼程前進，一有疲困，反於用兵之時致有貽誤，臣已密咨周瑛，雖馬臘等有催兵之文，但道路險遠，切不可過於迅速，兼程馳騁，

〔註843〕《欽定理藩院則例》（道光）卷六十二作曲水宗，今西藏曲水縣。
〔註844〕西藏林周縣甘丹曲果鎮朗塘村《中國分省系列地圖集》（西藏）。

以致兵馬疲乏，務宜於陝省官兵會期互進，以成犄角，方為慎重，設或川省官兵先抵藏地，亦止宜保守達賴喇嘛，凡有用兵事宜，必俟查郎阿等到藏之日會商舉行，切勿輕信人言，妄事兵戈，以致錯誤，今現將移會緣由具奏等情，飛咨鑾儀使臣周瑛去訖（硃批：是極好極，正為此懸念）。再查臣等前差把總馬元勳前去之時令頗羅鼐按兵確探，如阿爾布巴果有抗拒大兵實跡，即令其領兵從後掩擊，倘阿爾布巴等或有逃匿即行堵截擒拏，若伊等安心候旨，則頗羅鼐亦不得妄生他釁，今馬元勳既與頗羅鼐會面，自必密告機宜，所云頗羅鼐領兵來藏之信，必係藏地人等驚恐傳聞之事，諒非頗羅鼐敢於違誤也。所有把總馬元勳等已被頗羅鼐拘留情節，並咨會周瑛軍務事宜，臣謹繕摺奏聞，伏乞皇上睿鑒，為此謹奏。

　　雍正六年六月三十日具。

　　硃批：前者馬臘等之奏一到，凡朕之慮及處與卿一般，目下情形皆上天賜佑，機會甚好，朕亦正慮周瑛不知此番料理，恐錯舉，今卿如此知會，萬無一失矣，但少恐為日略遠，婆羅鼐處如事少不密，恐阿爾巴〔註845〕等知覺也，除此無可慮之事矣，卿前奏原令馬元勳密告馬臘、僧格也，今觀馬臘等之奏，似亦不知內中作用情形，今將伊等之奏錄來與卿看。

〔280〕鑾儀衛鑾儀使周瑛奏領兵進藏情形事宜摺（雍正六年六月）
[2]-[12]-686

　　散秩大臣品級鑾儀使左都督世襲拜他喇布勒哈番帶餘功三次紀錄一次加一級仍降三級留任臣周瑛謹奏，為報明軍機，仰祈睿鑒事。

　　竊臣領兵進藏，於伍月初陸日自打箭爐出口，沿途陸續接准駐藏副都統臣馬臘等清字咨文參角，緣臣愚昧，不能識辨，俱經移咨川撫臣憲德翻清去訖。臣恐別有機宜，不能遽悉，隨揀差把總李正藩星馳赴藏，宣佈皇上恩威，各戢部落，靜候恩旨去後。臣至上納奪地方，復准馬臘等漢字咨，為緊急軍務事，本年伍月貳拾壹日戌時據索喏木達爾扎〔註846〕、隆布奈、阿爾布巴、扎納奈等報稱，頗拉奈帶領各兵柒千有餘由楊八景等伍處前來，將到西藏等語，達賴喇嘛及闔藏人民俱各驚懼，咨臣速將川滇之兵星夜兼程赴藏，以救燃眉等因。臣隨兼程於陸月拾叁日抵察木多，滇省官兵亦已陸續到察，臣當會同開化鎮總

〔註845〕原文如此，即阿爾布巴。
〔註846〕即索諾木達爾扎。

兵官臣南天祥酌留駐防，並挑選兼程進藏官兵。正擬具奏起行間，於本月拾伍日酉時復准馬臘等咨，為咨明事，內開，前據阿爾布巴等所報，曾具咨在案，今頗拉奈統領阿里後藏各兵已於伍月貳拾陸日〔註847〕進藏，甚屬恭順聖主及達賴喇嘛，安定闔藏人民，將殺害康金鼎之阿爾布巴、隆布奈、扎納奈拏獲經守，現在等候欽差大人，本部院等因頗拉奈所回事件甚緊，繕疏不及，恐貴衛接閱前咨兼程前來，合先咨明等因。

又據駐藏參將顏清如稟報，頗拉奈於貳拾陸日帶兵突然到藏，將布達拉圍住，令別蚌寺喇嘛催獻阿爾布巴等叁人，至貳拾捌日巳時各寺喇嘛將阿爾布巴等叁人獻出，交頗拉奈收禁。頗拉奈即帶隨從前來，在大人上回稱，我同康金鼎原是一個小人，蒙萬歲恩典，放我扎薩克台吉，放康金鼎貝子，又與康金鼎賞印，他們氣不忿，把康金鼎殺了，還屢屢發兵殺我，我上了四五次摺子，萬歲兵馬總不見來，我的口子又離諄噶爾近，我若不來，他們又發兵來殺我，我沒奈何，纔留阿里的叁千兵堵口子，只帶阿里的貳千，後藏各處共兵玖千，頂戴萬歲洪福，把仇人拏住，請大人們具奏定罪，我兩叁日就要回後藏去看守地方，有我帶的這些兵馬，求大人們啟奏把他們恩賞，後來也肯出力等語。今大人們留頗拉奈在藏等候，又據頗拉奈差彝目白桑住嗎投來蒙古字壹封，察木多番眾俱不能識辨，合併隨摺齎進。臣於接准前咨時已經挑選川兵壹千名欲兼程進藏安定人心，今頗拉奈忠勇奮發，感激人心，遂爾裏合外應，如入無人之境，而阿爾布巴等理屈詞窮，自甘囚服，此皆久在聖明睿鑒之中者。臣思藏中事勢如此，若仍遣發多兵，則頗拉奈不無隱懼懷疑之處，臣隨遣發來差星即回藏，將頗拉奈留駐西藏，臣仍將挑定川兵壹千餘員名令副將楊大立等帶領兼程隨臣進藏，其川滇官兵陸千餘員名內遵旨酌留開化總兵官臣南天祥帶領官兵壹千餘員名駐劄察木多，遙為犄角，派令副將李宗膺等帶官兵貳千餘員名前赴洛隆宗一帶駐劄，又令副將張翼等帶官兵貳千餘員名前赴類伍齊一帶駐劄，均擇水草便宜之處，牧放馬匹，聽候調遣。又派令遊擊李文秀帶川兵伍百餘員名護送軍需銀兩按程進藏，今臣既兼程進藏，則沿途必須安設臺站，派守備一員相琳，帶領川省官兵伍百餘員名，自乍丫起至西藏止，照站添設，以速軍機，臣起程之日另疏題報。臣仍一面專差咨會左都御史臣查朗阿、西寧鎮總兵官臣周開捷等亦或減帶官兵兼程進藏，料理一切善後事宜，會商具奏請旨。所有准到西藏情形事宜，理合繕摺，專差

〔註847〕《頗羅鼐傳》頁三一八載五月二十六日頗羅鼐攻佔拉薩，故應為藏曆。

家人張成由驛齎捧奏聞，伏乞皇上睿鑒施行。

雍正陸年陸月　　日

〔281〕四川巡撫憲德奏報預備護送達賴喇嘛厄爾沁等進京情節摺（雍正六年七月初六日）[2]-[12]-752

四川巡撫臣憲德謹奏，為奏聞事。

雍正陸年柒月初陸日准欽差管理打箭爐等處地方事務稅課喇嘛趙楚爾〔註848〕、臣郎中伊格〔註849〕咨稱，本年柒月初貳日准欽差西藏副都統馬臘、內閣學士僧格咨，內開今有達賴喇嘛差徃進京請安奏事厄爾沁羅布藏那木喀〔註850〕本身壹名，跟役叁名，婆羅鼐厄爾沁索諾木本身壹名，跟役貳名，駝子貳拾個於陸月拾壹日交與領催七力克忒〔註851〕領送進京，煩貴監督預行移咨四川道撫，照例預備等因到本部院。准此，為查達賴喇嘛厄爾沁等進京沿途騎駝等項必須急為預備，俟厄爾沁等到日庶不致觖延等因到臣，臣隨牌行總理西藏糧務建昌道劉應鼎，令於軍需項內動支照例在打箭爐預備應付，俟厄爾沁等至爐即行領赴來川，臣即雇覓騾頭差員護送進京，合先奏聞，為此謹將具奏情節備移督臣岳鍾琪外，謹奏。

雍正陸年柒月初陸日四川巡撫臣憲德。

硃批：覽。

〔282〕吏部尚書查郎阿等奏報駐藏副都統馬喇咨文摺（雍正六年七月初七日）[1]-3175

赴藏辦事之吏部尚書臣查郎阿等謹奏，為奏聞事。

將扎薩克台吉頗羅鼐之使孫塔爾帶來之駐藏副都統馬喇、內閣學士僧格咨給臣等之書二件及參將嚴清如呈給臣等之漢文書一件，俱照原件抄錄，繕摺奏覽。

〔註848〕《大清一統志》（嘉慶）卷五百四十七載，康熙五十六年遣喇嘛楚兒沁藏布蘭木占巴、理藩院主事勝住等繪畫西海西藏輿圖。《平定準噶爾方略》卷八頁十六作喇嘛楚兒沁藏布喇木占巴，即此喇嘛，此喇嘛與主事勝住於西藏地理考察及地圖測繪史上為重要之人物。

〔註849〕《四川通志》（乾隆）卷三十一頁十九作成都府理事同知伊特格爾。

〔註850〕第三一五號文檔、第二部分第四號文檔作洛布藏那木喀，第二部分第二十二號文檔作羅卜藏納木喀，第五十三號文檔作羅卜藏那木卡。

〔註851〕第一六一號漢文摺作領催祁里克忒。

雍正六年七月初七日

尚書臣查郎阿。

副都統臣邁祿。

〔283〕扎薩克台吉頗羅鼐奏報緝拏殺害康濟鼐等三人摺（雍正六年六月初七日〔註852〕）[1]-5345

扎薩克台吉頗羅鼐謹頻頻叩奏統一天下生靈文殊師利大皇帝金蓮花寶座前。

竊噶倫阿爾布巴、隆布鼐、扎爾鼐三人悖逆大皇帝肇事，暗殺貝子康濟鼐，欲殺扎薩克台吉頗羅鼐我之緣由轉奏聞外，衛貢布部落眾人無大皇帝諭旨發兵征藏地整二年，班禪額爾德尼、章嘉呼圖克圖〔註853〕等雖先後說和，但竟不理睬。又復行計謀，因不能承受發兵往藏地，故藏阿里人等齊心率在達木、羊八井、喀喇烏蘇地方之錫賴郭爾〔註854〕、厄魯特及為敵所俘之貝子康濟鼐屬下人等，仰副大皇帝仁威，心悅誠服，衛法祈神，率兵進攻，征伐叛逆噶倫等，克取招地時叛逆者敗入布達拉棲身，翌日率兵圍堵布達拉。前後議論時，達賴喇嘛、雅布二人，暗殺貝子康濟鼐時前去助之，因事不實，先遣三寺之喇嘛護衛達賴喇嘛，方緝拏阿爾布巴、隆布鼐、扎爾鼐等真正為惡者，雖供認伊等罪過，但為等候大皇帝訓旨，暫未加害而固守之。今蒙憐鑒班禪額爾德尼、達賴喇嘛以及黃帽寶教，不棄仁愛，將先後同心為皇帝効力之兵、阿里部落等、貝子康濟鼐屬下所有人等永遠撫慰，仁鑒聖訓，小人我將叛逆之噶倫等獻大皇帝後將離噶倫任，又行止諸事伏乞明白頒旨，總之土伯特部落民眾仰賴大皇帝之恩安居樂業，再請下頒訓旨，鑒之鑒之，此乃先行奏聞者，嗣後亦有明白詳奏之處。

六月初七日〔註855〕

〔284〕川陝總督岳鍾琪奏報駐藏官兵擒獲阿爾布巴隆布鼐扎納鼐三人摺（雍正六年七月初八日）[2]-[12]-757

陝西總督臣岳鍾琪謹奏，為天威遠播逆首悉擒，據稟奏慶仰請聖鑒事。

〔註852〕 時間輯者補出。

〔註853〕 此處誤，應為薩迦呼圖克圖，據《頗羅鼐傳》薩迦喇嘛曾多次與第五世班禪額爾德尼調停衛藏間之內戰，據《薩迦世系史續編》頁二六九為阿旺貢噶索朗仁青扎西札巴堅贊貝桑波，其命卓尼索朗桑珠前去調停戰爭。

〔註854〕 哈拉烏蘇之蒙古。

〔註855〕 雍正六年六月初七日。

雍正六年七月初六日臣據駐藏參將顏清如稟稱，五月二十五日有頗羅帶領兵馬，由盤玉溝突至噶巴地方下營，先遣兵一千有餘來至藏東十五里路外，攻擊噶木卡子，有隆布鼐即領兵堵戰，俱無勝負，於是夜有西藏坐卡各兵俱歸順頗羅鼐，於二十六日辰時頗羅鼐統兵奪卡至藏。有二位大人見隆布鼐等俱逃赴布達拉，大人們恐頗羅鼐悖逆是實，令卑職同往布達拉保護達賴喇嘛，卑職因思頗羅鼐受皇上厚恩，豈肯傷害我等，且西藏人民亦屬緊要，若都到布達拉去，藏地百姓便無依賴，若頗羅鼐果係悖逆，我們就到布達拉去也是要來傷害的，不如同眾人死在西藏的好，卑職再三不肯同去，隨有二位大人竟往布達拉。卑職即登樓頂觀看頗羅鼐兵勢，見有頗羅鼐番兵一名前來，卑職即令撥什庫齊里克特招呼番兵至樓，向番兵云，今二位大人已往布達拉保護達賴喇嘛，留我在此與台吉說話，如有話即差人來與我說，隨令番兵回去告訴。當據頗羅鼐即差宰桑處隆塔巴前來，口稱係頗羅鼐差我來在大人上請安，卑職即向伊云，你去與台吉說，此來不可作踐藏地百姓，不可驚動達賴喇嘛。來人領言去後，當即復來云，頗羅鼐叫我在參爺上回話，方纔吩咐的言語，我俱遵奉，只是達賴喇嘛若不在殺康濟鼐的事內，叫他揀個寺院去坐，俟事畢我還照前供奉，如達賴喇嘛也在事內，我要攻取布達拉的。卑職向來人云，我們從前到藏時察訪達賴喇嘛不在事內，你們若不信再問各寺喇嘛，自然知道。來人聞言即去，隨復來向卑職云，台吉說從前在後藏時聽得有達賴喇嘛在內，今參爺說達賴喇嘛不在事內，只要將隆布鼐等送出來，或交與大人，或交與我，今已差布勒奔〔註856〕等寺院喇嘛到布達拉說話去了。卑職隨寫稟，令頗羅鼐之人送至布達拉，請大人們來藏商議去後，隨有頗羅鼐將闖藏貿易百姓人等，一面安慰，一面派兵將布達拉四面圍住，至二十七日午刻有二位大人回藏，向卑職云，昨夜幾被阿爾布巴等謀害等語。卑職正在商議，適頗羅鼐又差宰桑處隆塔巴來云，我們台吉所差各寺喇嘛今已回來說，在明日將阿爾布巴等獻出，今台吉還請二位大人到布達拉去。卑職向來人云，此時大人們去不了，昨夜幾被他們謀害，你去對台吉說，叫他加兵圍困，不可令阿爾布巴等漏網。來人隨即回去，於二十八日巳時有各寺喇嘛已將阿爾布巴、隆布鼐、扎納鼐送出，交頗羅鼐收禁。頗羅鼐即來見二位大人云，我同康濟鼐俱是微末之人，蒙皇上洪恩，放我扎薩克台吉，封康濟鼐為貝子，給與印信，阿爾布巴等氣忿，把康濟鼐殺了，又屢屢帶兵來殺我，我因不見天

─────────────

〔註856〕即哲蚌寺。

朝大兵到來，我的口子又離諄噶兒近，不敢離了地方，乃他們屢次來作踐我的百姓，又要來害我，所以沒奈何留了阿里三千兵堵口子，我帶了阿里並後藏共九千有餘的兵前來，頂戴皇上洪福，把我仇人捉住了，我將阿爾布巴等三人交與大人們，具奏請旨定罪等語。大人們隨云，我們無兵，難以看守，還是台吉挑選兵丁同在這裏經守，二來西藏百姓暫交台吉管束，候旨遵行。據頗羅鼐云，我不是想做西藏官來的，如今仇人已獲，我不過二三日要回後藏，那阿里山口子要緊，我要去照管，如今這些兵馬，藏地難以駐劄，還求大人們奏懇皇上，將我帶來的兵請加恩賞，後來諄噶兒若有舉動，我也好帶他們去出力。大人們因云，阿里口子可另委頭目去防守，這些兵馬很受了苦，我們自然具奏。頗羅鼐云，阿爾布巴等從前屢要來殺我，今日就該與我對敵，為何躲到布達拉去，及至把他們送出來，見我就磕頭，這也就是我殺了他們一樣，我如今遵旨不即殺他們，也不鎖禁，只將男婦分開，散放在房子內，著人看守，想他們也飛不到那裏去，求大人們具奏。大人隨云，台吉也該具奏繞是。頗羅鼐云，既是大人們叫我具奏，我就據實奏明，今大人們留我在藏，我們再作商量等情，稟報前來。

臣查前據參將顏清如稟稱，頗羅鼐要領兵來藏之話，臣未即信以為實，惟因阿爾布巴復回西藏，則將來自可易於料理，乃今天兵未到，頗羅鼐竟奮勇報效，已將元兇盡獲，是誠聖主恩威遠播，所以不勞我兵而成功如此之速，從此遐方寧謐，皆於此肇之矣。再阿爾布巴等之欲害馬臘、僧格者，皆因招令回藏之故，今馬臘、僧格上荷聖主福庇，不為逆醜所算，臣聞之實為喜躍稱慶，以上頌聖德天威無遠弗被也。但元兇雖已就獲，而餘黨尚未悉平，今臣飛咨吏部尚書臣查郎阿等，不可因逆首已擒，便至遷延遲滯，更應整飭官兵戒嚴速進，庶無貽誤（硃批：上天聖祖鑒之矣）。再查阿爾布巴之子現在工布江達領兵屯劄，臣復密咨鑾儀衛使臣周瑛，於前進之時更宜防範，如可招致，即行相機料理，倘不能招致，切不可妄動，統俟大兵到藏會合之後，另行剿滅，方為有益。至於頗羅鼐番兵九千有餘，倘蒙恩賜賞賚，雖現有解藏軍需銀二十萬兩，然係派留駐藏官兵糧餉之需，未便竟行動用，惟候奉有恩賞確數，臣請先於二十萬兩內動支散給，一面即於川省軍需銀內撥給銀兩解送西藏，照數補項外。所有擒獲阿爾布巴、隆布鼐、扎納鼐三逆緣由，理合據稟繕摺，專差把總丁興業、効力外委羅有印馳驛恭齎奏慶，伏祈皇上睿鑒，為此謹奏請旨。

雍正六年七月初八日具。

硃批：以手加額，歡欣舞蹈覽之，卿此奏到之先，憲德、黃廷桂已奏到，朕竟至不能信，此實非人力，皆上天慈恩，聖祖賜佑之所致，朕實未敢料此舉如此輕易完結，實皆賴卿一片忠誠，苦心竭力籌畫之所能，朕實銘之心脾，必傳諭子孫也，朕之慶倖喜悅之情，實難筆諭，又不知鄉當復如何歡喜慶躍也，同喜同喜，因交廷議，回諭稍遲二日，議定另有諭部頒。

〔285〕吏部尚書查郎阿等奏報頗羅鼐呈書摺（雍正六年七月初十日）[1]-3176

赴藏辦事之吏部尚書臣查阿郎等謹奏，為奏覽事。

雍正六年七月初二日扎薩克台吉頗羅鼐派帕克木等四人前來遞送呈文，據帕克木告曰我台吉派我呈書給爾臣等。再已將作惡多端之阿爾布巴、隆布鼐、扎爾鼐、阿旺羅卜藏、羅卜藏多岳特〔註857〕之妻子咸俱拏禁，伊等之家產亦俱派人看護，其屬下之小頭目現正四處緝拏，茲唯候諸臣速行前去辦理各項之事等語。本月初四日扎薩克台吉又派孫塔爾等三人來送呈書，經問孫塔爾爾台吉有無轉告之言，據其告稱我台吉只交令將書呈給大臣別無轉告之言等語。故將頗羅鼐給臣等之兩封呈書粗譯另繕摺子，與二份原文一併奏覽外，如今兵既已退，臣等將頗羅鼐之使帕克木、孫塔爾等俱先送回招地，囑令伊等到後轉告頗羅鼐，我大軍隨即就到，令爾台吉妥為防守各處關隘，不得懈怠，我等將即刻抵招等語，密囑遣回矣，為此謹奏。

雍正六年七月初十日

尚書臣查郎阿。

副都統臣邁祿。

〔286〕吏部尚書查郎阿等奏報大軍順抵木魯烏蘇摺（雍正六年七月初七日）[1]-3177

赴藏辦事之吏部尚書臣查郎阿等謹奏，為奏聞事。

臣等五月初六日出西寧口，六月二十七日到達木魯烏蘇，據前導稟報，碩羅嶺、登努爾泰嶺〔註858〕、錫拉庫圖爾嶺、二巴顏哈喇嶺等處皆為大沼澤，

〔註857〕待考。

〔註858〕《欽定大清會典事例》（嘉慶）卷五百六十作得弩爾特，《清代唐代青海拉薩間的道程》解為《欽定西域同文志》之登努勒臺達巴，登努勒濱河土阜之帶草者，溫泉北邊即為此山。

甚為泥濘，馬畜行走下陷，頗為費力。茲仰蒙皇上之恩我滿洲綠旗兵過該嶺
時非但地不泥濘，尚起塵煙，不覺之間即行穿過，臣等兵馬行進將近二個月
馬畜依然強壯未見消瘦，安抵木魯烏蘇，據沿途蒙古人告曰每年雨水繁多，
地泥濘難行，草出甚晚，今年大軍前來雨水調和，四月即出青草，地又甚乾，
於之兵進毫無妨害。由此可知此誠皇上之福瑞，上蒼之嘉祐也，我等亦荷蒙
主恩，時逢如此吉年，安享其樂等語，歡忭無比。臣等抵達木魯烏蘇見河水
極窄，而據前導言曰先前河水寬達六七十丈，今唯有三十餘丈，渡河時散秩
大臣達鼎派主事舒都隆、領催楊渥爾〔註859〕砍木三百五十根，由總兵周凱捷
以下官兵公同籌辦，縛牛皮筏五百隻，所有官兵糧秣皆已平安過河，有此皮
筏過河極為便利。臣等伏惟此皆因聖主宵旰勤勞，操持政務，為天下兵民虔
誠告祭壇廟，故為上蒼所感知，聖意天意合而為一，及至邊外雨水皆甚調勻，
草青水好，即使難行之處兵丁亦未感費力，皆平安而過，由此可見此次大軍
皆仰賴皇上神靈福祐，無須費力即可抵藏，臣等涉過木魯烏蘇，先行之兵已
於七月初七日起程，後續之兵由臣周凱捷率領隨後起程，臣等謹將沿途兵丁
蒙恩順利而行之處奏聞。

雍正六年七月初七日
尚書臣查郎阿。
副都統臣邁祿。
總兵官臣周凱捷。

〔287〕吏部尚書查郎阿等奏報籌畫進招兵馬摺（雍正六年七月初七日）[1]-3178

奴才查郎阿、邁祿謹密奏。

據駐招參將嚴清如給臣等之呈文內稱，本年招地之田因阿爾布巴、頗羅
鼐等彼此殘殺，你來我往，後藏等地糧食收成尚不及十分之二，現藏地物價
昂貴商賈稀少，番民窮迫，不堪入目，我大軍若同時至招頗為困難，我亦將
此情呈報鑾儀使周瑛，祈請可否將兵首尾銜接，酌情於沿途挨次駐劄等情呈
報前來。又據周瑛呈報，因遣召之人到此，方知臣等自西寧路而來，前情業
已呈報等語。參將嚴清如駐招年久熟悉彼處之情，故而呈請兵馬少來一些，
但軍務關係甚重不可有絲毫懈怠，如果大軍同期而至現運去之糧食完，不能

〔註859〕第一八一號文檔作領催楊伍勒。

很快買到大量續糧則關係匪淺，將此務必於兵戰兩頭兼顧，通盤籌畫方可萬無一失。故奴才等竊惟除周瑛留在察木多之兵外，由四川路進兵之二省兵馬計六千人，我等一路除住驛〔註860〕之兵外現進招之滿洲綠旗兵為七千二百六十人，共計兵馬一萬三千二百六十人，魚貫而進，八月底方可全部抵招。奴才我等將招事辦完返回時即到了九月底十月，其時天已轉冷，兩路兵馬勢必皆自四川路返回，奴才等返回時將帶達賴喇嘛前來，隨其前來之人加上所用人力來人頗多，萬一糧食陷入困境則非同小可。然因周瑛來文內言頗羅鼐身為扎薩克台吉兼理噶隆之事，雖有殺康濟鼐之仇亦理應候旨以行，何以立即率兵赴招耶等語，周瑛設若不明事之原委先期抵招，另生事端亦未可料。故經詳細籌畫，奴才我等親自率領滿洲兵二百綠旗兵一千五百人，攜帶四十日乾糧疾馳先行，於七月內抵達彼處，總兵官周凱捷領二千三百滿洲兵及攜押我等兩隊糧秣隨後赴招。至餘下之二千兵馬過木魯烏蘇後擇有利地形駐劄，將應給其之米麵銀兩如數撥給，於草青水足之地紮營牧馬，俟奴才等到招後再視情而定，若有用兵之處奴才我等及周凱捷所領之五千兵馬周瑛所領之一千五百兵馬即足以用。另一方面我等留在木魯烏蘇之兵，周瑛留駐於碩般多、洛隆宗、類伍齊等處之兵如需調遣，不但距離近且經歇息一個月，飛馬須臾可至招地，不致有誤，若無用兵之處，兩路之兵可立即從各駐地趁著草茂之際於寒冷到來之前由驛站馳遣返回。再奴才等辦完招事後於二路共抵招地之六千五百滿洲綠旗兵內挑選四川兵一千五百名陝西兵一千五百人，共計三千兵丁交留於招地之周瑛、邁祿、僧格、周凱捷備用，餘下之滿洲綠旗兵三千五百人由四川路返回，如此人少糧食尚易得之等情，籌定後故將我路進招之兵編為三隊前進，為此謹具密奏以聞。

雍正六年七月初七日

〔288〕川陝總督岳鍾琪奏報鑾儀使周瑛帶兵進藏情由摺（雍正六年七月十三日）[2]-[12]-783

陝西總督臣岳鍾琪謹奏，為奏聞事。

雍正六年七月初十日准統領川滇官兵鑾儀使臣周瑛咨稱，據駐藏叅將顏清如稟稱，頗羅鼐領兵到藏將阿爾布巴等俱已擒獲等語，是藏中事已稍定，欲兼程進藏安定人心，今將派定川省官兵一千餘員名同副將楊大立等帶領兼程

前進，其餘川滇官兵六千餘員名內酌留兵一千名交與雲南總兵官南天祥駐劄又木多，又派雲南兵二千名令副將李宗膺等帶領前赴洛籠宗駐劄，又派四川兵二千名令副將張翼帶領駐劄類五齊一帶聽候調遣，復派遊擊李文秀帶領川兵五百名護運進藏，仍於乍丫以至西藏令守備相琳帶兵五百名按站安設塘遞，除將各緣由具奏外相應移明等情前來。臣查周瑛因阿爾布巴等已經擒獲遂酌帶官兵兼程進藏以期安定人心，併將其餘官兵分派駐劄以免遠涉，事誠無不可。且阿爾布巴等雖已就擒而餘黨尚未悉定，阿爾布巴之兄子及壻於工布江達領兵屯駐，伊等果能輸誠，無事自可易料理，倘彼恃險梗頑，必須用兵剿滅，竊恐陝省官兵併周瑛酌帶之兵馬於抵藏之後設有行走之處恐不敷調遣，誠有未便，今臣飛咨周瑛令其於行至工布江達之時確訪阿爾布巴之兄子併其女壻等領兵情形如，可招致即照前咨料理，而洛籠宗等處駐劄官兵似可無庸再調進藏以省糜費，若逆等見阿爾布已被擒竟欲負嵎梗化，則用兵之舉勢所必行，應將洛籠宗類五齊等處駐劄官兵四千餘名行調相繼前進以資派遣，若俟到藏會兵之後再調駐劄各官兵不無遲悞，除將前由移咨周瑛相機料理併咨會吏部尚書臣查郎阿外，理合繕摺奏聞，伏祈皇上睿鑒，為此謹奏。

雍正六年七月十三日

硃批：卿意與朕意一般，前已有諭，今有查郎阿奏到，朕放心矣，料理甚屬妥協，此人用著了，不料婆羅鼐拿二千摠竟是實舉，朕亦疑伊等既將朕意宣明，婆羅鼐為何有急進兵取藏，原來有許多情節，此番事更見上天之賜佑矣，將原來奏摺全錄來與卿看。

〔289〕川陝總督岳鍾琪奏密報截住諄噶爾逃彝請旨提詢摺（雍正六年七月二十日）[2]-[13]-3

陝西總督臣岳鍾琪謹奏，為据稟密奏請旨遵行事。

雍正六年七月十七日據駐防哈密副將張嘉翰稟稱，雍正六年五月二十二日據他木坐卡兵丁許元功報稱，有土魯番回子六名帶諄噶爾彝人一名駕鷹四駕葡萄十馱到卡子上，說要徃哈密城見撫理彝情大人去，隨有欽差將該彝等教至公館密為盤詰。據諄噶爾來的彝人口稱我原係野裡根地方回子，從十數歲時被擄到伊里〔註861〕地方，近因策妄阿喇布坦身故，他有四子彼此不和，現今三個小兒子俱已逃走（硃批：此言不確），策妄大兒子噶爾丹策零將各手下人

─────────

〔註861〕即今新疆伊寧市，時為準噶爾汗廷所在地。

殘殺（硃批：亦不似），已經逃走了許多，今我也逃走到土魯番地方來住，因土魯番回子不肯收留將我帶來回知等情。據此臣查噶爾丹策零素性兇暴，於上下之間不相和睦者已非一日，若彝人所言果屬實情，則噶爾丹策零自取滅亡之機於此已兆，但噶爾丹策零存心詭詐，或係設詞教之使來探聽伊從前差來額爾慶信息亦未可定，然其誠偽既難確如，似不便留住哈密，可否提至西安臣面加詰詢，如果誠心來歸將來亦有用處，但來使特壘等尚未出口，若將準噶爾逃彝從大路鮮來恐伊等途間撞遇反生猜疑（硃批：甚好，提至西安細加究問），俟奉旨允臣提詢臣即行文理藩院員外盛柱等將逃彝由小路鮮送進口，方屬妥便，是否合宜恭請訓旨遵行，為此謹奏請旨。

雍正六年七月二十日具。

硃批：覽。

〔290〕川陝總督岳鍾琪奏報把總馬元勳所稟頗羅鼐進藏情由摺（雍正六年七月二十日）[2]-[13]-4

陝西總督臣岳鍾琪謹奏，為奏聞事。

雍正六年七月十八日據差往西藏臣標右營把總馬元勳四川大壩營把總梁萬福等稟稱，把總等於本年五月十五日前赴後藏，於未啟行之時有楊八景、浪當、曲署等處俱聲言頗羅鼐有領兵進藏之信，把總等竊思後藏姜子係伊駐兵之所，而頗羅鼐未必遽離斯土，是以由姜子前往，於十八日至浪噶子地方，聞頗羅鼐已領兵由哈喇烏蘇一帶前徃西藏，有伊子曲堦七定〔註862〕領兵二千剳營浪噶子，把總等即赴伊子營內將公文給與伊子，併告知情由，伊子一一遵行，當即令伊將奉到皇上諭旨緣由寄信與頗羅鼐去後，伊子曲堦七定遵奉密授之意將把總等送至姜子示以拘留之狀，暫住等信。於六月初六日有頗羅鼐差人送回信云我於五月二十五日接我兒子帶來信子，傳示旨意我已欽遵，但我的兵已到噶巴地方難得回來，我只得進藏，今仰仗皇上恩威已將阿爾布巴等拿了，今特差人前來迎接二位差官到西藏商議等語。把總等即於次日自姜子起程，今於六月十三日已抵西藏等情。據此臣查馬元勳等前去之時聞頗羅鼐有領兵至前藏之信，因姜子地方係彼駐兵之所，以為頗羅鼐必由此而來，反致中途相左，竟赴伊子營內及向頗羅鼐之子密宣聖諭備告情由，伊子即寄信與頗羅鼐，而頗羅鼐因伊領兵已至噶巴地方，離藏不遠不便回兵，

〔註862〕頗羅鼐有兩子，長子朱爾默特車布登，次子朱爾默特納木扎爾，此處為誰待考。

是以奮勇進藏。今據馬元勳等具稟到臣，臣正在繕摺具奏間，於七月十八日奉到硃批諭旨，前者馬臘等之奏一到，凡朕之慮及處與卿一般，目下情形皆上天賜佑，機會甚好，朕亦正慮周瑛不知此番料理，恐錯舉，今卿如此知會萬無一失矣，但少恐為日暑遠，頗羅鼐處為事少不密恐阿爾布巴等知覺也，除此無可慮之事矣，卿前奏原令馬元勳密告馬臘、僧格也，今觀馬臘等之奏似亦不知內中作用情形，今將伊等之奏錄來與卿看，欽此。臣查周瑛雖量帶官兵兼程前進，但道路險遠最快亦必須八月初旬方能抵藏，計臣於六月二十七日發文之日扣算，自西安到藏需期三十七八日，計在八月初旬亦可遞到，自不致於遲悞，況阿爾布巴等已經就擒，周瑛自能仰體聖懷料理也。至馬臘等不知把總馬元勳到頗羅鼐處料理一節，臣從前具奏請旨之時原有欲密咨馬臘等料理之意，復奉諭旨教導命臣等會商慎密辦理，臣與查郎阿相商，恐一通知馬臘等或致中有不密，關係重大（硃批：是極通極，看此二人光景，如何通知得），是以臣等嚴諭馬元勳不許洩漏一字，故馬臘等不知其中就理，今查馬元勳回藏與馬臘等所稟被頗羅鼐之子拘留情節，尚未將奉差密囑緣由說明，所以馬臘等咨臣文內有據馬元勳梁萬福回藏稟稱，頗羅鼐之子因我等所持文書內並無印信難辨虛實所以將我們拏送姜子地方居住等語，臣思馬元勳等奉差所辦之事俱皆無悞，今據回稟馬臘等言詞尚屬始終慎密得體（硃批：馬元勳等可嘉之至），而西藏番目人等諒無疑義也，臣謹備敘情由繕摺具奏，伏祈皇上睿鑒，為此謹奏。

雍正六年七月二十日具。

硃批：將馬臘所奏一併錄來。

〔291〕鑾儀衛鑾儀使周瑛奏報會商分兵進藏緣由摺（雍正六年七月二十一日）[2]-[13]-8

散秩大臣品級鑾儀使左都督世襲拜他喇布勒哈番帶餘功三次紀錄一次加一級仍降三級留任臣周瑛謹奏，為奏聞事。

竊臣帶兵抵察木多會合滇兵分派駐劄及減兵兼程進藏業經具奏題報在案，並備咨差隨營外委蘇林等星赴木魯烏蘇一帶迎會吏部尚書臣查郎阿等處，亦或星赴西藏會商料理去後，臣即於本年陸月貳拾日自察木多起程，於類伍齊地方據參將顏清如稟，據頗拉奈稟，懇少帶兵馬進藏情由亦繕摺奏聞。及臣至吉樹邊卡地方有達賴喇嘛差喇嘛春則持彝字信一封趕馬陸匹，扎薩克

台吉頗拉奈亦差人羅藏沃朱趕馬叁匹至臣行營，稱述達賴喇嘛荷蒙聖主加恩黃教，這幾年來百姓樂業，不意阿爾布巴等內裡不和，將康金鼎謀害，蒙萬歲爺又遣發大兵進來保守地方，我們唐古忒僧俗人民屢沾聖澤，如今藏裡甚是仰望，今達賴喇嘛與頗拉奈特遣我等迎接大人，所帶馬匹望乞收，給領兵各官等情，隨翻譯來字與來差口稟相同。臣見其仰戴皇恩，來意肫切，於達賴喇嘛所送馬匹內收肆匹，隨分給副將楊大立遊擊馬良柱李文秀叁員各馬壹匹，臣亦收馬壹匹，並收頗拉奈馬壹匹，其餘馬匹仍著來人帶回。前臣恐頗拉奈帶領各處部番進藏不無驚擾之處，是以臣仰體皇上好生之仁咨會兼程，今據差來迎臣復詢知藏內人情稍定。且臣至拉里〔註863〕一路，因雪雨連綿，值山嵐瘴氣正起之時，官兵人馬多有觸染，叨沐天恩垂庇幸復平穩，於柒月拾捌日抵墨竹卡〔註864〕河口，離藏止有三日程途。據前差外委蘇林等回營投到吏部尚書等回咨，內開本部堂等帶領陝省官兵自本年伍月初陸日出口並未接准欽差駐藏大人來咨，今本部堂帶領官兵於陸月貳拾柒日抵木魯烏蘇，正在料理渡河間接准大咨，本部堂公同會商分兵前後進藏，今本部堂奏請挑選陝省官兵貳千名跟隨本部堂等，一面於本年柒月初叁日自木魯烏蘇兼程速往，大約於柒月貳拾伍日以內公同約期抵藏，勿得先期單往，庶於軍機大有裨益等因到臣。准此臣隨擇水草利便之大則〔註865〕地方等候，仍復專差訂期，俟抵藏之日另為具奏外，所有臣等約會進藏緣由合先繕摺由口外臺站驛遞齎捧奏聞，伏乞皇上睿鑒施行。

雍正陸年柒月貳拾壹日

〔292〕雲南總督鄂爾泰奏報總兵南天祥駐箚察木多副將李宗膺前往絡隆宗緣由摺（雍正六年七月二十一日）[2]-[13]-21

雲南總督臣鄂爾泰謹奏，為奏聞事。

雍正六年七月十四日據開化鎮總兵官南天祥呈報，本職于五月二十九日抵察木多，于六月十七日准欽差散秩大臣鑾儀使周瑛咨開，六月初十日于上

〔註863〕《欽定理藩院則例》（道光）卷六十二載名拉里，達賴屬小宗之一，今西藏嘉黎縣嘉黎鎮。

〔註864〕《大清一統志》（嘉慶）卷五百四十七作墨魯恭噶城，《欽定理藩院則例》（道光）卷六十二作墨竹，達賴屬中等宗之一，宗址位於今西藏墨竹工卡縣。

〔註865〕《欽定理藩院則例》（道光）卷六十二作打孜宗，《大清一統志》（嘉慶）卷五百四十七作得秦城，今西藏達孜縣。

納奪地方准駐藏副都統馬臘等咨，催川滇之兵星夜赴藏，隨即兼程于六月十三日抵察木多與滇省官兵會合，正在酌派駐防挑選官兵進藏，十五日復准副都統馬臘等咨，稱婆羅鼐統領阿里後藏官兵進藏，甚屬恭順聖主，伊遂將殺害康濟鼐之阿爾布巴、隆布奈、劄納奈〔註866〕悉行拏獲，合先咨明等因，藏中事已稍定，本衛堂仍將派定川兵一千餘員名令副將楊大立等帶領兼程隨本衛堂進藏，其川滇官兵六千餘員名內遵旨酌留貴鎮帶領官兵一千餘員名駐劄察木多，遙為犄角，令副將李宗膺等帶官兵二千餘員名前赴絡隆宗〔註867〕一帶駐劄，副將張翼等帶官兵二千餘員名赴類五齊一帶駐劄，聽候調遣，遊擊李文秀帶川省官兵五百餘員名護送軍需進藏，相應移咨等因。准此除行軍前各官外理合呈報等情到臣。竊念大軍未抵藏之先婆羅鼐已能將阿爾布巴等拿禁，摁緣藏地番彝各蓄為康濟鼐復仇之心，故婆羅鼐遂有一往莫禦之勢，藏事不難料理，睿籌早已預定，此外勒擒羅卜藏丹津（硃批：索取羅卜藏丹津已有旨諭策零噶兒丹矣，移駐喇嘛大槩此時局面必惟令是從，不難於措置矣，諄噶兒大枝之舉仍待機，尚未確定）及移駐達賴喇嘛二事自應乘機速圖。現今官兵齊集，止糧運一件最關緊要，臣查滇省官兵口糧前准川撫臣憲德咨會，業已備運四個月本色糧米，續據軍前各官稟報，探聽川省自川運察之米尚多未到（硃批：此採聽回稟之說，不可全信，昨周瑛奏聞滇省兵弁馬匹口糧甚覺狼狽，不便前進等語，此二論只可待撤兵後徐徐自得其情也），惟于前途採買牛羊炒麵，是糧以騾運隨軍支放之議川省亦未備辦，仍有欲令滇兵隨處裹帶之意，則滇兵之馱載更須加增等語。臣料川省糧運必不致有悞，且臣于滇省官兵未起程之先已運米二千石，現俱到察木多，即于此內動運亦可以接濟，除行管理糧餉議敘道開化府知府丁棟成等籌畫萬全，相機辦理外（硃批：欣慰覽之），所有開化鎮摁兵官南天祥酌派帶兵駐劄察木多劍川協副將李宗膺等帶兵前往絡隆宗聽候調遣緣由相應奏聞，仰祈聖主睿鑒，臣爾泰謹奏。

　　雍正六年七月二十一日

　　硃批：昨二十七日查郎阿等奏到，已於七月二十九日抵藏，未用張弓隻矢矣，一切事如意妥協矣，此皆仰賴天地神明之垂恩，聖祖天靈賜佑之所致，實非人力所能者，朕惟以手加額，倍加敬畏，實時省於心，恐生放肆輕率之念，愈信敬誠感格之理也，特諭卿共囍之。

〔註866〕即扎爾鼐。
〔註867〕《欽定理藩院則例》（道光）卷六十二作洛隆宗，今西藏洛隆縣康沙鎮。

〔293〕散秩大臣兼副都統達鼐奏報領兵渡過木魯烏蘇河進藏摺（雍正六年七月二十一日）[1]-3184

散秩大臣副都統臣達鼐謹奏，為奏聞事。

切奴才於雍正六年五月初一日領兵向索羅木起程之情前已奏聞，臣率官兵於六月初九日安抵索羅木，擇水草充裕之地安營紮寨，壯我聲威，另虞夏日木魯烏蘇水大湍急兵丁難以渡涉，故交付差往木魯烏蘇對岸設驛之主事舒都隆曰，據說距木魯烏蘇二百里地之畢里袞廟有樹，爾等派人找尋伐木，雇牛運至木魯烏蘇渡口以備等語。據主事舒都隆報稱，我等遵照臣之交付派領催楊五兒〔註868〕及玉樹、納克蘇〔註869〕二頭人前往畢里袞廟砍木三百五十根，雇牛馱至庫庫賽津口以備等語。是以臣令於木魯烏蘇河以裡設驛之筆帖式齊明，在大軍到達之前查收木料縛筏以備，總兵官周凱捷有牛皮筏，大軍到後拴上所製木筏將大軍糧秣運送過河，而後報我等情交付之。據筆帖式齊明呈報內開，我遵照臣之交付於木魯烏蘇以裡設驛完畢後，於六月二十日到達木魯烏蘇，將主事舒都隆等所伐木材照數收訖，二十五日總兵官周凱捷所遣守備張鴻彬〔註870〕攜製筏工匠至此，常明我與守備張鴻彬磋商共備造筏子十四隻，二十七日大軍全部至此，二十八日一天拴完牛皮筏，二十九日開始運送兵丁糧秣渡河，七月初十日大軍糧全部運涉過河，馬畜亦俱涉過等情，為此謹將臣領兵安抵索羅木紮營，仰賴聖主威福官兵順利渡過木魯烏蘇河進藏之處奏聞。

雍正六年七月二十一日

硃批：覽摺甚為喜悅。

〔294〕川陝總督岳鍾琪奏報暫動庫銀借給各商收買準噶爾來使所帶皮貨摺（雍正六年七月二十五日）[2]-[13]-43

陝西總督臣岳鍾琪謹奏，為奏聞事。

竊查準噶爾台吉噶爾旦徹林〔註871〕進貢來使特壘帶來貨物臣前准理藩院咨令臣委派賢員看管貿易，臣隨檄委肅州通判毛鳳儀監同各處買賣人

〔註868〕第一八一號文檔作楊伍勒，第二八六號文檔作楊渥爾。

〔註869〕即納克書。

〔註870〕第二部分第六十六號文檔漢文摺作南川營守備張洪賓。

〔註871〕《蒙古世系》表四十三作噶爾丹策凌，繼其父策妄阿喇布坦為準噶爾汗。

等公平交易。查肅州舖戶人等向來於二三月間收買口外生皮，夏間入缸硝熟方可發賣，今特壘帶來皮張到肅州已過交易之期，據肅州通判毛鳳儀稟稱，買賣人等咸以此時收買硝成熟皮還須數月，本年不可發賣，且價值稍昂，是以無人收買，委非舖戶有意挭勒等情。又准欽差侍衛哈達漢等清字來文內稱，據肅州通判毛鳳儀帶同買賣人等至蒙古寓所公同看皮講價，彼此不能增減，隨據特壘口稱若等變賣皮貨完日出口恐致遲悞，且出口日期在京時已經奏明不便耽擱等因到臣。臣查從前準噶爾來使根敦等所帶貨物即在肅州貨賣，並無餘剩帶回，今次若不行賣完誠恐致生疑異，別啟疑端。臣再四思維惟西安府屬涇陽縣之皮行舖戶最多，資本寬裕，即傳集各商將特壘所開皮貨價值逐項詢問，據稱內有一二宗價值雖屬稍太昂，其餘與現在時價亦不相上下，及問伊等現可銷賣若干，據稱單內貨物不過二萬餘金，各舖尚可賣得，情願赴肅收買，但貨銀既多路途遙遠難以攜帶，恐一時不能到肅等語。臣思伊等既經情願，但挾貲遠行必需時日，臣詳加酌量一面選有殷實商人二人委員包程伴赴肅州，行令通判毛鳳儀監同公平貿易，仍一面密行鞏昌布政司孔毓璞令其於司庫內暫動銀二萬兩即發交通判毛鳳儀，照所估之價借給商民轉給來使特壘收領，俟委員伴同各商將皮貨運到西安之日臣即就近催齎解運原項，一轉移間不惟來使之皮貨無庸帶回而出口之期亦不致遲悞矣，所有暫動銀兩借給各商收買皮貨緣由理合繕摺恭奏，伏乞皇上睿鑒，為此謹奏。

雍正六年七月二十五日具。

硃批：辦理甚屬妥協。

〔295〕散秩大臣兼副都統達鼐奏報青海赴京叩賀元旦之人名銜摺（雍正六年八月初二日）[1]-3189

散秩大臣兼副都統臣達鼐謹奏，為奏聞事。

切據前議政大臣議奏咨臣內開，青海之人既編制旗佐領，亦應如內扎薩克之例來京叩賀元旦，每年應來京之王台吉奏報之後再來等情。查來年應赴京叩賀元旦者有扎薩克和碩親王戴青和碩齊察罕丹津、扎薩克多羅貝勒達錫車棱〔註872〕，扎薩克鎮國公墨爾根戴青拉察布、扎薩克輔國公達西巴爾珠

〔註872〕《蒙古世系》表三十六作達什車凌，顧實汗圖魯拜琥第六子多爾濟曾孫，父噶爾丹岱青諾爾布，祖薩楚墨爾根台吉。

爾〔註873〕、扎薩克一等台吉色布騰博碩克圖〔註874〕、阿拉布坦〔註875〕、土
爾扈特扎薩克一等台吉索諾木多爾濟諾爾布〔註876〕。其中王戴青和碩齊察罕
丹津生身，曾去過京城，貝勒達錫車棱生身，除此二人外其餘扎薩克等俱已出
痘，是以臣將來年應赴京叩賀元旦之三班扎薩克繕列名銜奏聞，俟旨到再行知
伊等外，擬於十月二十日伊等自西寧起程之處另行報部，為此謹奏請旨。

　　雍正六年八月初二日

　　硃批：已飭部矣。

〔296〕貝子普羅鼐奏報西藏情形摺（雍正六年八月十一日〔註877〕）[2]-[33]-300

　　硃批：此西藏奏到情形，發來卿知之。

　　奏，貝子臣普羅鼐〔註878〕謹奏。

　　普天億兆俱荷莫大之恩澤，臣等一十三萬百姓更蒙慈惠，而小臣不知前世
何修更受皇上格外殊恩，淪肌浹髓，實難圖報，並無効力之處，先後屢蒙封典
賞賫，隨又賞銀一萬兩，臣世世子孫感戴不盡，除將賞賜銀兩在兵丁馬匹甲械
武備以及防汛等處動用外，絲毫不敗妄費，惟有盡心竭力，捐糜踵頂以報聖主
鴻慈，仰乞皇上睿鑒。準噶爾係噶爾丹博所克圖〔註879〕以來世濟兇頑，從前
噶爾丹博所克圖心懷悖逆，抗違天朝，是以天奪其魄，墮入地獄。策妄阿拉布
坦明知其事乃敢踵惡，侵犯哈密，其後不念親情發兵擄掠拉藏汗，踐踏唐古忒
衛藏地方，毀壞佛教，為害眾生，未幾惡貫滿盈，不勝聖主神威，竟伏冥誅。
今伊子噶爾丹策凌效父之尤，不遵皇上諭旨，皇上為拯救蒼生起見興調大兵問
罪正法，誠福祐億萬蒼生及我等唐古忒民人浩蕩之恩也。倘伊到我邊界，伊係
天下共惡之賊犯，更係普羅鼐之仇敵，雖食其肉而寢其皮不足以滿我之願，臣

〔註873〕《蒙古世系》表三十七作達什巴勒珠爾，顧實汗圖魯拜琥長子達延鄂齊爾汗
　　　　孫諾爾布朋素克嗣子。
〔註874〕《蒙古世系》表三十七作色布騰博碩克圖，顧實汗圖魯拜琥第七子瑚嚕木什
　　　　孫，父秉圖。
〔註875〕《蒙古世系》表三十六作阿喇布坦，父墨爾根台吉，祖顧實汗圖魯拜琥第二
　　　　子鄂木布，貝勒納木札勒之弟。
〔註876〕待考。
〔註877〕時間輯者補出。
〔註878〕即頗羅鼐。
〔註879〕《蒙古世系》表四十三作噶爾丹，巴圖爾渾台吉之子。博所克圖為博碩克圖
　　　　之異寫，博碩克圖為五世達賴喇嘛賜於噶爾丹之汗號。

當捐軀竭力圖報皇上，並如何料理防汛之處另疏具奏。其土白忒砲位鳥鎗器械齊集在昭地方，並拉西倫木布〔註880〕之附近曰葛子城〔註881〕中，俟應用時會同駐劄此處之二位大人〔註882〕商酌仰遵皇上諭旨，不敢踈忽。再諸事應如何料理如何遵行等處伏乞陸續降旨訓誨。

八月十一日〔註883〕貝子普羅鼐謹奏，福帛一併呈遞。

〔297〕川陝總督岳鍾琪奏覆派留駐藏官兵人數摺（雍正六年八月十二日）[2]-[13]-138

陝西總督臣岳鍾琪謹奏，為遵旨恭奏，仰請聖鑒事。

雍正六年七月二十九日臣前差齎摺外委把總羅有印回陝，蒙皇上發交周瑛奏摺二件，又奉硃筆諭旨，周瑛為人心術好，漢仗去得，但其孟浪冒戇，識見甚平常，今覽伊奏，朕心神皆為之戰慄，幾乎未至，大誤大事，此事用此人大錯矣，實朕之過也，今將伊奏發來卿看，幸卿見機示咨，朕心少慰，尚恐藏內倘少有變動，猶屬不協，但不知卿文到，伊又如何行為也，今兵既未能全數到藏，駐藏之兵當作如何數，駐藏統領之人只得邁祿、周瑛耳，原擬用周開捷三人，今周開捷既有許多對質之事，不便令留藏也，預與卿商酌，俟查郎阿至藏奏到，以便發旨，欽此。仰見睿思慎重，聖慮周詳，臣跪讀之餘，實深驚悚，臣查周瑛兩次進藏，又復駐藏經年，彼地情形乃其熟悉，況此次大兵進藏，必須諳練之員前往，方屬有益，我皇上令周瑛領兵行走，足誠駕輕就熟，因事任用，即臣亦曾經具奏，以為周瑛可以任此遠役，惟其才識平常，所以臨事孟浪。臣正在繕摺回奏，今於八月初三日又奉硃批諭旨，卿意與朕意一般，前已有諭，今有查郎阿奏到，朕放心矣，料理甚屬妥協，此人用著了，不料頗羅鼐挈二千總竟是實舉，朕亦疑此，伊等既將朕意宣明，頗羅鼐為何又急進兵取藏，原來有許多情節，此番事更見上天之賜佑所致矣，將原來奏摺全錄來與卿看，欽此。臣跪讀諭旨，並細閱查郎阿具奏事宜，辦理實屬妥協，是皆由我皇上睿謨廣運，廟算周詳，雖萬里之外一切機宜亦皆了如指掌，今以西藏遠域番民，上廑宸衷，懷柔備至，不使一夫不得其所，

〔註880〕即扎什倫布寺。《大清一統志》（嘉慶）卷五百四十七載，札什倫布廟，在日喀則城西二里都布山前，相傳昔宗喀巴大弟子根敦卓巴所建，至今班禪喇嘛居此。
〔註881〕《欽定理藩院則例》（道光）卷六十二作江孜，今西藏江孜縣。
〔註882〕即馬臘與僧格。
〔註883〕雍正六年八月十一日。

特遣官兵安戢藏地，是以德合天祖，仰承上天叶應，聖祖默佑，遂使功成意外。又查郎阿能仰遵聖訓，料理妥協，臣心實為歡慶。惟查駐藏官兵數目，臣遵旨酌擬，似應留兵三千名，內川省兵丁周瑛止帶領一千名前進，當於陝省兵丁內派留二千，以足三千名之數。臣復查藏地數年以來收成稍歉，若駐兵太多，其所需口糧食物購買頗難，且頗羅鼐赤心報效，實出忠誠，今又蒙聖主加恩賞賚，自必益加感奮，凡通諄藹爾之各處要隘，頗羅鼐已派遣阿里等處番兵悉力守禦。臣愚以為留兵二千，川陝各居其半，可以資彈壓，倘蒙聖明鑒允，仰懇特降諭旨，令查郎阿照數派留，仍令查郎阿於陝省滿漢官兵內挑選精兵一千名（硃批：所議甚是，另有旨諭），將達賴喇嘛沿途防護，由四川一路前來，庶屬妥便。至於領兵駐藏大員，已有邁祿、周瑛二人，若周開捷私折糧價業已承認，惟將糧運騾頭統行帶去，跡屬可疑，臣現在密飭各標領兵將備，將此騾頭備細確查作何驅用，據實具報，如於到藏之後將此騾頭照數交出，則周開捷別無質對之事，倘將騾頭任意私用，或致侵隱不吐，自當另案訊追。然周開捷性情驕妄，行事剛愎，即無過犯，亦不便留駐藏地（硃批：是，此人可以備用諄噶兒之舉）。臣查花馬池協副將惠延祖、永昌協副將馬紀師，俱各熟悉邊情，才識練達，仰懇聖恩於此二員中簡派一員（硃批：馬紀師好，惠延祖人草率冒躁，此等處使不得），協同邁祿、周瑛二人領兵駐藏，尚堪勝任。所有派留駐藏兵數緣由，臣謹遵旨密奏。但臣知識短淺，是否合宜伏乞聖裁，謹將原奉硃筆諭旨二道並周瑛奏摺二件一併恭繳，伏祈皇上睿鑒，為此謹奏。

雍正六年八月十二日具。

硃批：覽。

附硃諭一件

周瑛為人心術好，漢仗去得，但孟浪冒躁，識見甚平常，今覽伊奏，朕心神皆為之戰慄，幾乎未至大悞大事，此事用此人大錯矣，實朕之過也。今將伊奏發來卿看，幸卿見機兩次示否，朕心少慰，尚恐藏內倘少有變動，猶屬不協當，但不知卿文到日伊又如何行為也，今兵既未能全數到藏，駐藏之兵當作如何數，駐藏統領之人只得邁祿周瑛耳，原擬周開捷三人，今周開捷既有許多對質之事，不便令留藏也，預與卿商酌，俟查郎阿至藏奏到以便發旨。

〔298〕川陝總督岳鍾琪奏請密敕晉省撫提派員管領遞送赴藏駝騾摺（雍正六年八月十二日）[2]-[13]-139

陝西總督臣岳鍾琪謹奏，為奏聞請旨事。

竊查採買預備軍需駱駝四萬五千九百隻，前臣於欽差侍郎臣顧魯〔註884〕、光祿寺卿臣吳達禮至陝之日即遵旨分派顧魯前赴歸化城，吳達禮前往鄂爾多斯分路採買，嗣因鄂爾多斯地方所買駝隻為數無多，臣復酌動軍需銀七萬五千兩檄委延安府知府吳瑞等前赴榆林一帶地方購買駝隻，俱經節次奏明在案。臣因思所買駝隻趕至內地之時應需料草餵養，臣照例每駝一隻每日給京升料豆五升草二束，其鄂爾多斯所買駝隻馬匹即由寧夏進口，在於甘涼肅等處三邊餵養，其榆林所買駝隻即於延安府暨各州屬地方分喂，其歸化城所買駝隻應於西安各府州屬分發餵養，臣俱酌發軍需銀兩令各屬照時價採買預備。惟思歸化城駝隻必由晉省來陝，其沿途駐宿料草臣若委員前往購買支給，竊恐事屬隔省，不無呼應不靈，難免遲悞，臣謹仰懇聖恩密勅山西撫臣石麟移咨侍郎臣顧魯，查明進口駱駝確數，即於晉省經過駐宿處所令地方官預備草料，約照陝省解騾前赴西寧之例每隻每日支給料豆四京升草一束，先於晉省庫貯銀內動給採買，俟駝隻到陝之日將晉省沿途駐宿地方支過料草併動用過銀兩各數目核實彙冊移咨到臣，臣即於軍需銀內照數解晉還項。至於沿途牽送駝隻人夫併護送官弁兵役亦請密勅晉省撫提二臣轉飭該管文武官弁遴選派撥，同臣差往各員一同管領料理，其牽送人夫俱係挨程遞送，每駝四隻需夫一名，似應照陝省從前牽送騾頭前赴西寧之例每名日給口糧銀三分，統交晉撫臣石麟按數給發，將給過銀數統於冊內開明，臣當一併撥解補項。臣愚以為如此辦理則駝隻涉遠而來自不至於疲乏，而於軍需似屬有益，但是否合宜理合奏聞請旨，伏祈皇上睿鑒，為此謹奏。

雍正六年八月十二日具。

硃批：所奏甚是，照所請諭山西巡撫辦理矣。

〔299〕川陝總督岳鍾琪等奏報採買進藏官兵所需輓運騾頭動支公用銀兩數目摺（雍正六年八月二十五日）[2]-[13]-239

臣岳鍾琪西琳謹奏，為奏明事。

竊查進藏官兵糧餉所需輓運騾頭初次議於陝甘兩處買騾三千頭，經前撫

〔註884〕《清代職官年表》滿缺侍郎表作理藩院左侍郎顧魯。

臣張保題定每騾一頭價銀十二兩，經臣岳鍾琪奏明以十兩報銷正項，其二兩於錢五分公用銀內動支，續因騾頭不敷輓運又議於陝甘兩屬買騾九百四十一頭，其時騾價高昂，經臣岳鍾琪奏請每騾一頭價銀十四兩，以十兩報銷正項，其四兩於錢五分公用銀內動支，俱蒙俞允欽遵通行在案。今查初議買騾三千頭內分派陝屬採買一千八百頭，續議買騾九百餘頭，分派陝屬採買六百四十一頭，以上兩次騾價內除每騾應銷正項之十兩俱經臣西琳會疏題報外，其錢五分公用銀內初次每騾動支二兩，計騾一千八百頭動支公用銀三千六百兩，續買每騾動支四兩，計騾六百四十一頭動支公用銀二千五百六十四兩，以上二項共支過公用銀六千一百六十四兩，統俟年終歸入公用項下另摺奏銷外，所有用過公用銀兩數目理合繕摺先行奏明，伏祈皇上睿鑒，為此謹奏。

雍正六年八月二十五日具。

硃批：覽。

〔300〕川陝總督岳鍾琪奏報採買進藏駝隻不敷請准預備車輛馬騾以防貽誤摺（雍正六年九月初二日）[2]-[13]-278

陝西總督臣岳鍾琪謹奏，為預籌不敷駝隻擬備車輛馬騾奏請睿裁事。

竊查採買駱駝臣初計需四萬五千九百隻方可足用，今准欽差侍郎臣顧魯、吳達禮咨稱，在歸化城鄂爾多斯等處儘力採買僅可一萬五千隻，餘恐此時邊難買足，臣一面仍咨令顧魯等極力多買，一面行今延安靖邊固原甘肅等府廳再于口內各處搜求購買，大約至多不滿五千隻，合計買駝僅可在二萬隻以內。臣曾將駝隻缺少之處啟商怡親王，蒙王寄字示覆，以俟八九月間范毓馪買駝事竣，仍令其幫助欽差顧魯等採買駝隻務濟公事等因到臣。伏思怡親王籌畫最為周密，但據各處報稱可買駝隻實已無多，而凡一切運糧之具歲內總需齊備，若候至冬底設有缺少則為期甚迫，欲另議輓輸之法恐猝難措辦，關係匪輕，臣愚以為有備無患寧早為計。查巴里坤一路從前運糧俱用甘肅輕車，亦屬利便，每車需騾一頭馬一匹，計所載糧數用車四輛抵駝十隻，今缺駝二萬五千餘隻，擬造車一萬二千輛，需馬騾共一萬二千頭匹，現在估計造車材木工費每輛需銀約五六兩，合計馬騾車輛之費較之駝價節省三分之一，其車輛輓輸雖不及駱駝便捷，然行兵之道緩疾各有所宜，而車輛之于行營亦正不無補益，但臣知識短淺是否允協擬合奏請訓旨遵行，倘蒙俞允則應用車夫及運糧行住機宜容臣另摺具奏。至所需馬一萬二千匹臣當移咨欽差侍郎臣顧魯等仍在歸化城等處採買，其糧車需用騾一萬二千頭並戰車三千輛需用騾六千頭

共需騾一萬八千頭，臣現在陝屬設法採買約可得六千頭，其餘一萬二千頭伏祈皇上密勅直隸河南山東山西四省督臣撫臣各買騾三千頭，于明年正月內解交西安，其四省騾價銀兩恭候命下之日臣即在歸化城買駝銀內照每騾十兩報銷之價撥鮮四省，計下剩銀兩尚多，仍聽欽差臣顧魯等同范毓馥極力買駝，但得駝數增加臣處即可以減造車輛，而四省已買之騾臣亦當咨令按數扣留變價歸項，如此則駝車兼備，庶先期措辦不致臨時貽悮矣，擬合繕摺恭奏，伏乞皇上睿鑒施行，為此謹恭請旨。

雍正六年九月初二日具。

硃批：將卿此奏著怡親王等密議，將議奏原摺發來可照議料理。

〔301〕川陝總督岳鍾琪奏報駐藏副將顏清如所稟索諾木達爾扎潛往桑葉情由摺（雍正六年九月初二日）[2]-[13]-279

陝西總督臣岳鍾琪謹奏，為據稟奏聞事。

雍正六年八月二十五日據駐藏副將顏清如稟稱，六月十五日聞達賴喇嘛有坐靜之信，馬大人〔註885〕等同頗羅鼐俱往布達拉去問候，卑職因患病未及同去，至午刻有領兵周大人〔註886〕處所差把總李正藩來藏，因向卑職云今日在布達拉回來時遇見索諾木達爾扎，他說十六日要往桑葉〔註887〕地方去住，我的家眷於昨日已去了等語。卑職因思阿爾布巴等自去歲至今一載之內與頗羅鼐彼此相持，昨頗羅鼐領兵至藏將阿爾布巴等拏獲拘禁，現在候旨定奪，凡其餘黨尚未平靖，乃索諾木達爾扎竟潛移家眷私往桑葉地方居住，若非避罪逃匿即係另生事端。卑職正在疑慮適馬大人僧大人〔註888〕自布達拉回藏，卑職即將情由說明，不便縱令索諾木達爾扎他去，而大人等皆云我等已向索諾木達爾扎勸阻，伊亦有允從之意，因頗羅鼐來言索諾木達爾扎要往桑葉地方去之事我們曾將勸阻之言回他，乃頗羅鼐又云此去桑葉亦不甚遠，一呌即可來的，我們因而依允，令其前往，至於家眷已去我們並不知道。卑職復言索諾木達爾扎此去大有關係，大人們還須阻留繞是，不意馬大人即屬色云如今已允他前去有事無事止可聽憑罷了。卑職見此情狀因密遣把總李正藩梁萬福前往頗羅鼐處

〔註885〕指馬臘。

〔註886〕指周瑛。

〔註887〕《大清一統志》（嘉慶）卷五百四十七作桑里城，《欽定理藩院則例》（道光）卷六十二作桑葉，達賴喇嘛所屬中等宗之一，今西藏札囊縣桑葉鎮。此處有著名的桑耶寺。

〔註888〕指僧格。

詢問，今台吉雖將阿爾布巴等拏禁而藏地事務尚未定貼，台吉須諸事慎密，何故擅將索諾木達爾扎教大人們允他徃桑葉地方去，將來萬一別有事情台吉不可不防。據頗羅鼐回稱此事我曾請過大人們示，因大人們說索諾木達爾扎該去不該去盡在伱酌量，我想大人們不肯留他我若將他勸阻恐他起疑，所以只得由他前去，他若逃走了有我拏他等語，卑職知此情節不得不預為稟明等情。據此臣查桑葉地方與工布江達相去不遠，今索諾木達爾扎見阿爾布巴等已被拏禁，又知大兵進藏在即，竟將家眷私自搬移欲徃桑葉居住，而達賴喇嘛又以坐靜為詞，揣其情節明係畏罪潛避，設詞觀望，若大兵到藏後并無波及與伊，料彼不肯遠遁，而查郎阿辦事詳慎自能仰體聖懷不至錯悮。但馬臘等係駐藏大員，既知索諾木達爾扎徃桑葉之信，應與頗羅鼐力阻其行，俟大兵到藏候旨遵行為是，何竟茫無定見，任其他去，甚屬不合，今既據顏清如稟報前來，臣謹繕摺奏聞，伏祈皇上睿鑒，為此謹奏。

雍正六年九月初二日具。

硃批：馬臘僧格原係兩個極中庸人，豈止此一事不合，可笑處多也，查郎阿到自有措置。

〔302〕陝西肅州總兵紀成斌奏報彝使特壘在肅買賣情由摺（雍正六年九月初三日）[2]-[13]-286

陝西肅州總兵官臣紀成斌謹奏，為奏明彝使買賣事。

竊照彝使特壘〔註889〕等於本年陸月初伍日從京回肅，皇上所賞《丹珠爾經]於本年柒月初捌日已到，彝使事畢所以未即起身者因為所帶貨物甚多，而特壘從京先與留肅彝人帶有彝字書信，著將肅州貨物必照京裏所賣價錢纔賣，如無京中價值切不可賣，等他回肅，及特壘到了肅州仍要照京中價錢，但肅城地方狹小，舖戶僅有數家，資本有限，彝價過高客買無利難終發脫，所以不能發售。臣思外彝久住邊口，日費供給國帑，邊情均非所宜，節經咨呈督臣岳鍾琪檄飭蕃藩各道出示招致臨蘭涼寧各處買賣人等赴肅交易，皆聞價大難買，究無來者，近有督臣從西安招得涇陽縣客商兩起，馱到銀貳萬兩，講價比前稍平，僅毂買完大狐皮沙狐皮兩種，其貂鼠銀鼠灰鼠尚未發賣，然已賣之狐皮又不肯要銀子，定要茶葉紬緞等物易換，肅州稀少，地方官現在設法催辦，俟彝使起身出口之日臣咨呈督臣轉奏，謹將目今未即起身回巢情

〔註889〕《清代藏事輯要》頁一一二作特壘。

由理合奏聞。

雍正陸年玖月初叁日陝西肅州總兵官臣紀成斌。

硃批：覽，太遲些了。

〔303〕陝西肅州總兵紀成斌奏報領銀分路購買馬匹情由摺（雍正六年九月初三日）[2]-[13]-287

陝西肅州總兵官臣紀成斌謹奏。

竊臣庸愚無似，荷蒙聖恩特調肅州，朝夕兢業惟恐無所報稱，致滋罪戾，自五月抵任凡營伍事宜有應清查者有應釐剔者有應備辦者皆次第細加整飭，以及操演諸務總屬職分內事，不敢煩陳天聽，惟馬匹一項最關緊要，自貳月內奉文摘撥涼寧兵丁馱載進藏，後隨領價銀分路購買，而遠近不一，直至陸月方皆補足，遠路新馬率多疲瘦，且值放青之時，歲例停支草料，因此急難上膘，例於拾月初壹日收槽餵養，起支料草。通查所屬除折色不多採買容易營分不計外，惟臣標叁營嘉峪關金塔寺此伍營皆本色無錢，折價甚多，地處極邊氣寒土瘠，出產不多，所資運販，兼計車牛諸費，到市價值常貴，兵丁購買甚艱，每年惟捌玖月間秋收方始，部定價值稍敷採買，不甚懸殊，若至拾月以後漸次騰貴，由冬及春貴至數倍，往例馬匹乾銀原俱隨餉按季請領，以致易買時則無銀，而得銀時又難買，若不急圖變通，積困日深無所底止，臣再四籌思，呈詳督臣請將以上伍營馬匹冬春兩集應支料草乾銀統於秋季掛發全領，庶得趁時全買堆貯停妥，按日取餧，兵無墊賠之累，馬有飽騰之實，轉移只先後之間國帑無毫釐之增等因，督臣業經行司查議，如得准行，於帑項無損於兵丁有益，均戴皇恩於無既矣，誠恐部臣以為未合成例，議不准行，臣另疏奏請叩懇聖恩，俾邊兵營馬得霑實濟者也，緣係籌議通融事理，理合繕奏謹差臣標兵丁張永受同家人蘇芳齎捧奏聞。

雍正陸年玖月初柒日陝西肅州總兵官臣紀成斌。

硃批：甚是，此事岳鍾琪奏聞已準行矣。

〔304〕鑾儀衛鑾儀使周瑛奏報帶兵進駐西藏情由摺（雍正六年九月初四日）[2]-[13]-296

散秩大臣品級鑾儀衛使左都督世襲拜他喇布勒哈番帶餘功三次紀錄一次加一級仍降三級留任臣周瑛謹奏，為奏聞事。

竊臣仰蒙聖恩，派赴四川領兵進藏，時切冰兢，惟恐有負聖主特畀之恩，

每遇事機無不慎思至再方敢奏聞，及臣帶兵抵察木多，會合滇兵分派留駐、減兵進藏情由，業經具奏題報，並咨川陝督臣岳鍾琪在案。今於雍正陸年玖月初叄日准督臣咨覆，內開，前據駐藏參將顏清如稟報，頗羅鼐領兵至藏，將阿爾布巴等擒獲緣由，當即飛咨在案，今准來咨，已經酌帶官兵兼程進藏，其餘川滇官兵派駐洛籠宗、類伍齊等處，聽候調遣，於事固無不可，但阿爾布巴等雖已就擒，而其餘黨尚未悉定，且阿爾布巴之子及壻現在工布江達領兵駐劄，若聞阿爾布巴被擒之信，未必遽肯悔罪乞哀，所以前咨內有如可招致，即行相機料理，倘勢有不能，不必遽行舉動，統於抵藏之日會商定議，今貴衛既已帶兵兼程前進，於行至工布江達之時務必確訪情節，如阿爾布巴之子並壻可以招致，仍照前咨料理，其留駐官兵似可無庸調遣，設有梗頑情狀，應即將留駐洛籠宗、類伍齊貳處官兵速調繼進，以壯軍威，以敷派遣，軍務重大，萬勿輕忽，除將前因具奏，並咨會吏部尚書查朗阿外，相應飛咨等因到臣。准此，臣查頗羅鼐未經至藏之前，阿爾布巴等聚集藏地及工布之番兵，藏西姜子、得慶〔註890〕等處堵禦要隘，阿爾布巴又傳調工布及洛籠宗、朔般多、吉墩等處碟巴速速帶兵赴藏接應，臣因遣差把總李正藩，同藏差兵丁楊倫執令前去，沿途傳諭毋許進藏，各於原住地方預備烏拉，挽運軍糧，而各處部番均皆凜遵。繼後聞頗羅鼐進藏之時隆布奈及阿爾布巴之子甘丹烹錯，亦自姜子撤兵回藏，至本年伍月貳拾陸日頗羅鼐帶兵抵藏，各處番兵俱皆潰散投順，而阿爾布巴等悉潛避於布達拉內，於貳拾捌日皆已獻出，俱經頗羅鼐拘禁，等候欽差大人抵藏定奪，餘黨陸續悉已就擒。臣至吉墩地方，據前差把總李正藩回營稟稱，到工布江達見工布聚集之兵皆已解散，頗羅鼐亦預發彝信至工布地方，催雇烏拉，伺候大兵，彼地人民俱皆急公應付，而阿爾布巴之子壻咸凜國威，靜候發落，是以沿途寧肅。臣於柒月拾捌日抵墨竹卡河口，接准尚書臣查朗阿等兼程進藏咨文，臣即於大則地方等候會齊。仰仗聖主天威，於捌月初壹日公同平安抵藏，隨至布達拉，與達賴喇嘛下旨畢，俱經恭疏題報在案。於初貳日尚書臣查郎阿等復赴布達拉，回至駐營處所，將阿爾布巴、隆布奈、扎納奈及附同為首兇犯逐一拘拏鞫審，至於阿爾布巴住居工布之弟兄子侄，頗羅鼐亦差目拘喚來藏，即有未經拏到之人亦已陸續拘提到案，今查朗阿現在研審定擬，具奏請旨。至西寧鎮臣周開捷帶領官兵

〔註890〕《欽定理藩院則例》（道光）卷六十二作打孜宗，《大清一統志》（嘉慶）卷五百四十七作得秦城，今西藏達孜縣。

亦於捌月貳拾陸日抵招，其留駐官兵事宜俟查朗阿定議之日再為具奏。今臣接准督臣來咨，誠恐上廑睿懷，謹將官兵仰仗聖主威德，毫無出力，安靜駐藏緣由，理合繕摺奏聞，伏乞皇上睿鑒施行。

雍正陸年玖月初肆日

〔305〕蘇州織造李秉忠奏賀擒獲侵擾西藏之阿爾布巴摺（雍正六年九月初六日）[2]-[13]-306

奴才李秉忠跪奏，為天威遠播事。

欽惟我皇上治隆千古功冠百王，文德覃敷洽深仁于異域，武功赫奕凜聲教於殊方，凡載高履厚之區，日出扶桑之地無不遠奉正朔，爭效享王，乃有阿爾布巴等逆天背理侵擾西藏，皇上胞與為懷，赫焉震怒，特命大臣等帶兵前往究察情由，分別治罪，一切機宜皆預定于宸衷勝算，今渠魁已經就擒，從此沙漠永清共樂昇平矣，奴才接閱邸抄不勝踴躍懽忭之至，為此具摺稱賀以聞，謹奏。

雍正六年九月初六日

硃批：此事實上天聖祖之賜佑所致，非人力之所能者，所奏事件摺留中。

〔306〕川陝總督岳鍾琪奏報覆查陝甘二屬承辦進藏糧騾鞍屜情由摺（雍正六年九月初九日）[2]-[13]-346

陝西總督臣岳鍾琪謹奏，為換屜情由務須查實謹先奏請睿裁事。

竊查原任甘肅撫臣莽鵠立摺奏，西安解到進藏運糧騾頭據驗收之臨洮道盧官保詳稱，鞍屜澆薄破損，架索籠環又多不全，經鎮臣周開捷查勘原辦布屜實屬薄小，力言軍糧關係重大必須另換寬厚氈屜等因，奉旨令臣等將疎忽官員嚴察糸奏，臣欽遵轉行嚴加查察，除西安承辦鞍屜之同知劉汝梅小屜一千副小鞍三百副現經查出另疏題糸外。查糧騾鞍屜原經臣分派陝屬置辦五千四百餘副，甘屬置辦四千五百副，因細查定例歷來俱用布屜，臣是以遵例飭令陝甘畫一置辦，乃撫臣莽鵠立摺內但稱西安解到者經鎮臣周開捷查勘布屜薄小應換氈屜，而甘屬所辦布屜是否寬厚有無薄小初未聲明。茲據署西寧道寧夏知府鈕廷彩詳報，發銀與鎮臣周開捷等買辦氈屜至八千餘副之多，是連甘屬布屜亦換十之八九矣，且撫臣莽鵠立初次咨臣文內但言西安解到鞍屜環嚼繩索不齊，現在發銀補製，應於各觧官名下追還等語，並無鞍屜薄小之說，即分給各營兵丁

時亦未有嫌其薄小者，惟至鎮臣周開捷於五月初一日送兵之日當眾力言必須另換氈屜，以致兵丁將糧馱一齊放手，則另換情由果因布屜非口外所宜，抑或但因薄小之故非詢鎮臣周開捷不如其確係何見也。倘止緣薄小則陝甘兩屬承辦官吏悉應查叅，若布屜果非口外所宜則計慮疎，調度舛錯咎實在臣，焉敢混劾屬員希圖諉過以致後來辦事官吏無所適從，則綱紀攸關更非細故。又查騾九千餘頭係馱四個月本色糧石，撫臣莽鵠立曾折給兵丁一月之糧，則空騾二千四百餘頭果否俱帶鞍屜亦非詢鎮臣周開捷不得其實也。至鞍屜之承辦解運又各有專責，製造澆薄責在承辦人員，破損不全責在解運官役，今陝屬承辦之劉汝梅既經糾劾而解運各官役亦現在審查，奈盧官保並未指明某運某官，但于詳內概稱破損，豈陝屬所解五千餘副竟無一副完全而甘屬所辦四千餘副是否悉皆堅整，亦必俟盧官保回日指明實據，然後報叅，庶無矇混，擬合繕摺奏請睿裁，應否俟周開捷盧官保回日詢明另奏之處伏候訓旨遵行，為此據實陳奏，伏乞皇上睿鑒施行，謹奏。

雍正六年九月初九日具。

硃批：是，自然應待二人回來詢明辦理者。

〔307〕川陝總督岳鍾琪奏報采購進藏騾頭緩急各異前後辦買亦殊原委摺（雍正六年九月初九日）[2]-[13]-347

陝西總督臣岳鍾琪謹奏，為需騾緩急各異前後辦買亦殊據實奏明仰祈睿鑒事。

竊查陝屬前次採買運糧進藏騾頭經前撫臣張保暨臣先後奏請，每騾定價十二兩十四兩，內俱以十兩動支正項，以二兩四兩於公用銀內動支分發州縣採買解省，臣親自驗明轉發西寧運糧出口。彼時因大兵尅日起程立等解運不及從容餵養，若再不挑選十分膘壯則自陝至寧即慮疲乏，加以塞外長途豈能經遠，軍糧關係至重是以臣每驗騾但微覺瘦小者不得不嚴加駁換，因而選解騾頭悉皆肥健，明知所值甚多總非十二兩十四兩所能購買，特以糧運緊急不敢稍存瞻狥。又念陝西百姓蒙聖主澄清吏制革除苛派，數年以來厚澤深恩淪膚浹髓，今偶以騾頭之事于民間用價採買自莫不踴躍趨公，共期無悮糧運。臣于挑驗騾頭之日亦曾目擊其狀，彼時雖未暇兼顧，實擬于事後查確奏聞。茲遍訪得陝屬州縣各官親自採買者不過十之一，其將奉發騾價悉交里民採買者十之九，以致里民爭購，騾價頓昂，始猶每騾三四十兩，及解省挑驗因駁

換甚多，尅期買補遂至每騾五六十兩不等，里甲戶總上緊承辦竭蹶赴公，未遑逐戶科斂，大抵不惜重利借債辦理，及至事後加倍派償，情所必至，而百姓所出較之買騾買價亦屬浮多，幸陝省連歲豐收，民情懽悅，然徵諸輿論，雖自謂分宜急公，而律以王章則州縣已干派累。今欲概行糾究，在牧令之養廉公費額數無幾，若不假借民力勢必軍需坐悮，且一入彈章則經手承辦之里甲戶總既勞瘁於事前又拷訊於事後，擾累益眾為患轉深，如竟與姑容，恐無所懲創，必至蕩閑踰檢，習為固然，臣現在遴委幹員分佐各州縣傳集官民將科派實數令其自行首報，如有不肖官役從中染指侵肥者，臣當糾劾痛懲以謝百姓以警官邪。此皆前次買騾始終情節不敢不據實細陳於君父之前者也，至目下採買戰車騾六千頭係預備軍需，時日尚寬，既得從容餵養，非前次尅期進藏需用緊急者可比，且州縣採買騾數自十餘頭以至數十頭而止，其境內所有之騾頭自不止于此數，如不預先確查則狡猾之徒必將壯騾隱匿，是以臣飭令買騾州縣先將境內所畜騾頭毋論紳衿士庶之家逐一確查騾數，彙入一冊，按戶挑選，不取樣範，不拘肥瘦，但取膘壯力強者即行挑足具報，臣即委員公估價值眼同給發本戶收領，取具領狀冊結一併報查，不許復累里民，亦不得虧短價值。其州縣于騾頭驗買給價之後即於公用項下支給草豆價銀，令其餵養，統俟各屬買齊就近撥發專司牧養處所另奏外。計至來歲出口時尚可餵養半年，自無不十分膘壯之理。惟是此番騾價臣初議每頭十六兩，亦以十兩動支正項以六兩動支公用，但臣細思前次原因騾價不敷以致民間俱有幫貼，若此番即以十六兩為定價則騾價或有稍昂不敷給發，而採買之州縣既無力可以賠墊又必派累里民，似于杜獎恤民之法仍未允協，今臣密飭買騾州縣每頭許自十六兩至二十四兩為率。又恐不肖之員見此次所買騾頭止取膘壯力強，又復增有價值，竟至捏價冒報亦未可定，臣今先於省城督令西安府并咸寧長安二縣于所屬選騾議價，即時呈驗，凡膘色過佳只可騎坐而不能負重致遠者即退還騾戶，仍以此種騾頭非營伍所需情由明白曉諭，使各屬官民咸知此次所買騾頭崇重有力耐勞，不收膘色之豐羨，況加以時日紓緩自無爭購價昂之累。今據咸長二縣所買騾價在十六兩以外者已屬無幾，而所買騾頭皆可適用，即各屬採買騾價或有不敷，以此酌計增添亦屬有限，且騾價高下不一，移盈補絀即可通融，間有增添為數甚少。臣受恩深重又蒙皇上每年賞給養廉銀數越分逾常，今將約增之騾價已行命西安布政司張廷棟于臣應支養廉銀兩照數撥給（硃批：萬不可者，卿之養廉朕心實為不足，各員養廉更不可開此捐例，

當圖公中，銀兩照給，如不敷只管據實奏聞動正項辦理，便當日之價值亦卿之所定時價，高下如何可逆料，只要秉公據實，朕自評情酌理，凡辦理皆遵此旨行，必遵旨行，不可執拗，將此批諭同巡撫兩司看），是即以聖主賞給之庫銀辦理國家之公事，並非臣自捐己貲，惟將此次買備騾頭酌辦情節又當據實上陳于君父之前者也，所有需騾緩急各異前後辦買不同并酌添價值之處理合分晰原委繕摺具奏，伏祈皇上睿鑒施行，為此謹奏。

雍正六年九月初九日具。

硃批：覽。

〔308〕吏部尚書查郎阿等奏報策妄阿喇布坦服毒身亡摺（雍正六年九月初十日）[1]-3216

赴藏辦事之吏部尚書臣查郎阿等謹奏，為奏聞事。

雍正六年八月十二日扎薩克台吉頗羅鼐至臣處稟告，我等鄰部阿里克拉達克汗〔註891〕遣使致書詢問我領兵與招之噶隆等交戰之情，我將此書及其遣使俱帶來矣等語。

經粗譯該書看得其書內稱，呈台吉頗羅鼐，康濟鼐感戴大皇帝之恩於阿里克殺了準噶爾兵，將拉藏汗之奴悉行奪獲，後又自征討中擄奪後藏噶木巴拉嶺〔註892〕那邊之人進獻大皇帝，其時我亦因與康濟鼐休戚與共，鼎力相助，亦蒙大皇帝金旨施恩。去年土伯特之噶隆等悖恩暗殺了康濟鼐，並將康濟鼐二妻妾及其屬下一併斬絕，誠屬目無法紀，且又欲派兵暗害於爾，以期盡除藏地阿里克之賢良，蓋因台吉爾之堅固防守，伊等未能得逞，爾若志如鐵石決意為大皇帝之事効力，替康濟鼐報仇，尊崇黃教〔註893〕，召聚藏地阿里克兵馬前往征討，請派人將消息轉告於我，以慰我懷。今自席克爾傳聞準噶爾策妄阿喇布坦之一妻暗中下了毒藥，策妄阿喇布坦服後疼痛方纔醒悟，遂殺其妻而後身亡，其之二子各以其父母被殺為由，帶走一半奴僕，彼此分裂等語，不知真偽。今準噶爾業已備兵，或乘衛之噶隆作惡多端之際來土伯特，否則來阿里克，或往中國俱未可料，茲爾之兵若能擊敗衛兵則最好，倘若不

〔註891〕《欽定外藩蒙古回部王公表傳》卷九十一頁二十九作尼瑪納木扎勒，《拉達克王國史 950～1842》頁一七二作尼瑪南傑，康熙三十三年至雍正七年在位。

〔註892〕《大清一統志》卷五百四十七頁載，噶穆巴拉嶺，在楚舒爾城西南三十五里，為衛之西界，藏之東界。楚舒爾城即今西藏曲水縣。

〔註893〕原文作皇教，今改為黃教。

成大皇帝之事除爾之外我則無可奈何，需多少援兵當速寄信，大皇帝必恤愛康濟鼐派兵前來，唯地方遙遠，一時難以到達，前聞衛之噶隆在藏放火焚燒房屋，搗毀佛像，殺害喇嘛民婦，幹盡壞事，此除魔鬼之外，人又豈可以為，故而諸事務必馳速奏報，鑒鑒，伯勒克附手帕帶子於五月初九日一併寄送等語。

又細問使人車稜堅贊，爾處靠近準噶爾，爾聞知何事盡數稟告，切勿隱瞞。據車稜堅贊告稱，我們那裡傳聞噶隆等以貝子康濟鼐行書喀七汗，準噶爾〔註894〕為名而殺之，大皇帝將出兵土伯特，三噶隆恐會出逃，另尋出路等語議論紛紛，如今頗羅鼐已取招地，大軍既至，形勢甚好，想必準噶爾不會來土伯特、阿里克矣，雖然如此，我拉克達〔註895〕處聞知，準噶爾兵備是實，為此將我各處要隘關口加固防守，倘土伯特地方亦設卡倫以為防備，方無礙大皇帝之恩也等語。

另據台吉頗羅鼐告稱，昔日車淩敦多布等在藏之時準噶爾曾派人至喀七言曰，我今日於大國交兵，成功則已否則將率我部前往爾處躲避，喀七汗將準噶爾使人俱殺耳。後策妄阿喇布坦又如是派人前往，亦被殺未歸，近兩年前又曾派人，也同樣被殺矣等語。此事昔日康濟鼐亦曾奏報，況阿爾布巴等殺害康濟鼐後聞大軍分兵兩路前來，商議欲帶達賴喇嘛躲避，雖未聞其將去何處，但依我之推斷伊等帶達賴喇嘛或往古木布〔註896〕，或往準噶爾俱未可料，我想伊等將往準噶爾避之，何以謂曰，昔日準噶爾賊車淩敦多布來招時對阿爾布巴、隆布鼐甚善，將伊等俱授以領兵之大戴琫，如今阿爾布巴、隆布鼐與準噶爾表面雖無往來，但暗遞消息，彼此派人之事俱未可料，今若非大軍如此速至，我之兵馬不從哈喇烏蘇前來，及駐此地之兩大臣阻止伊等帶達賴喇嘛自布達拉動身，伊等早已帶達賴喇嘛去古木布或準噶爾矣。再适纔拉達克汗〔註897〕寄信於我言曰，據聞，準噶爾之尼沙木巴部已派使人前往喀七，不知何故〔註898〕而來，此事不知真偽，其聞後即寄信於我矣等語。臣等遂問頗羅鼐，準噶爾人何故前來一事爾可否探到實信耶。據頗羅鼐言曰，我

〔註894〕原文作準喀爾，今改為準噶爾。

〔註895〕原文如此，「拉克達」疑為「拉達克」之誤。

〔註896〕即工布。

〔註897〕《欽定外藩蒙古回部王公表傳》卷九十一頁二十九作尼瑪納木扎勒，《拉達克王國史950～1842》頁一七二作尼瑪南傑，康熙三十三年至雍正七年在位。

〔註898〕原文作何放，今改為何故。

已給拉達克回文矣，令其將準噶爾因何事派人前往喀七之事務必探明，將緣由擬書繕明寄送於我，俟拉達克汗之書到後我再稟報臣等等語。故臣等將拉達克汗寄給頗羅鼐之書粗譯與使人口述之詞一併繕摺奏覽，而後俟頗羅鼐稟報準噶爾來人消息後，再另摺奏聞，為此謹奏。

　　雍正六年九月初十日

　　吏部尚書臣查郎阿。

　　副都統臣邁祿。

〔309〕吏部尚書查郎阿等奏報兩路大軍順利抵招摺（雍正六年九月初十日）[1]-3217

　　赴藏辦事之吏部尚書臣查拉阿〔註899〕等謹奏，為奏聞事。

　　切臣等前摺奏開，臣等將自木魯烏蘇領滿洲兵二百，綠旗兵一千五百，攜四十日乾糧先行馳往，於七月內至彼，總兵官周凱捷領三千四百兵馬及兩路之糧秣隨即赴招，至餘下之二千多兵馬過木魯烏蘇後擇有利地勢駐劄，將應給之米麵錢糧如數撥給，於水好草茂之處牧馬而駐，臣等至招後視其情若有用兵之處，臣等及周凱捷所帶之五千兵馬周瑛帶去之一千五百兵馬足以調用。另一方面我等留在木魯烏蘇之兵，周瑛留在洛隆宗、類烏齊等處之兵調遣亦近，且經歇息一個月憑藉馬匹之力須臾即可抵招，不致耽誤需用，若無用兵之處兩路挨次駐劄之兵即可各由駐所趁草青寒冷之前由驛馳速返回等情具奏。茲臣等領兵於八月初一日抵達招地，將阿爾布巴、隆布鼐、扎爾鼐及其子嗣悉行擎獲，無一漏網。至總兵官周凱捷所領兵馬亦於八月二十六日順利抵招，現連同至招之周瑛所領由川路進召之兵共計六千五百餘人。西寧路蒙古曠野下雪早，氣候寒冷，故留在木魯烏蘇之二千兵馬仍照臣等前奏趁草青寒冷之前由西寧路撤回，將此除咨副將劉永貴〔註900〕，令其妥善收拾兵馬趁著草青由原路撤回外，四川一路地方炎熱，故而周瑛留於洛隆宗之二千兵馬及留於類伍齊之二千兵馬暫時不動，俟臣等此處之事辦完後，於起程之前再咨洛隆宗、類伍齊處領兵之員使由原路返回，為此謹具奏聞。

　　雍正六年九月初十日

　　尚書臣查郎阿。

〔註899〕即查朗阿。

〔註900〕《陝西通志》卷二十三頁六十作波羅營副將劉永貴。

副都統臣邁祿。

參贊大臣級之鑾儀使臣周瑛。

總兵官臣周凱捷。

〔310〕陝西西寧總兵周開捷奏報進藏官兵帶運口糧不便情形摺（雍正六年九月初十日）[2]-[13]-349

帶領陝西綠旗進藏官兵陝西西寧總兵官加一級在任守制臣周開捷謹奏，為各兵帶運口糧微臣目擊情形不敢不據實奏明事。

竊此番官兵進藏應需運送肆箇月口糧經督臣岳鍾琪以利兵節費等事具奏，在督臣岳鍾琪上為計下思利兵無不詳且盡也，臣于未經出口之先亦未嘗不以帶運之法為至善之策，即臣帶領官兵出口之後目擊道路情形以及滋累之處始如其中有肆不便焉，臣就身經灼見曷敢緘默，謹為我上陳之。每馬兵貳名除本身騎馬外合給駄馬叁匹，步兵無騎馬而駄馬如之，以備駄載鑼鍋帳房軍裝什物并裹帶口糧之用，是貳兵已原有管押叁駄矣，今每兵壹名應需肆月之糧適足壹駄，分令該兵自為牽帶，則每兵又加壹駄。然人之辦事必稱力始能勝任，逾量便多竭蹶，未免其中不無力不能勝者，此壹不便也。行兵必須隊伍整齊進止盡一方可有事制勝，今以貳兵管押伍駄不無顧此悷彼，一有傾倒遺落則全隊人馬不能等候，勢必行走散亂，進止不齊，此貳不便也。再口外道路多有坑塹，漢語呼為臟坑，番語呼為塌斯頭，其至小者周圓伍陸寸深亦如之，其至大者周圓陸柒尺深自壹尺起至貳叁尺不等，大小密間，遍地皆是，百里內外如此道路必間有數里或壹貳拾里不等。臣細訪向年久雨滿坑，集聚變為陷泥，馬騾一有失足墜陷其中，將此扶起彼復落入，其為苦累不可勝言，即空身騎馬時加隄防猶有失足，至於駄馬更不待言。今臣帶領官兵沿途經過乾涸者居多，曾於數處微遇雨雪，行走便覺艱難，若值久雨益可想見，此叁不便也。兵丁出口原以進征，必將應敵運糧各分專任，庶緩急可恃，今則均屬運糧之兵而無應敵之兵矣，蓋每隊計兵伍拾名，每貳名有伍駄，共計有壹百貳拾伍駄，內除領旗壹名管隊貳名紅旗壹名專司前後照應，又有替換執大旗者貳名，背什長旗者伍名，此外或有染病者出差者不下肆伍名，以上每隊約計有拾肆伍名不能牽帶駄子，勢必均勻攤派，則貳兵約管陸柒駄不等，倘一旦有事併貳兵之駄令壹兵兼顧，其耳目筋力豈能周到，軍糧重大一有疎虞關係匪輕，此肆不便也。

此番仰賴我皇上德邁千古，威震八垓，感召天地之融和，沿途風恬日暖，

致令櫜槍而斂跡，到處烟靖塵清，西海一帶効順輸誠，道路平靖，而且兵丁感戴隆恩竭力報効，是以不至為累，直抵西藏，凡屬官兵莫不感頌，此皆仰叼聖主洪福天威之所致也，然以上不便之處督臣岳鍾琪諒無不悉，意謂拾騾撥給壹夫，雖備經管早晚揭韉裝卸之用，而日間未嘗不可令其相幫，但行走內地諳練騾夫壹名始能照管叁騾，若令遠赴塞外恐亦不能，況所僱民夫既無總領管束，又未經歷熟諳，即壹夫經管叁騾尚屬不能，一旦責以拾騾之任，何可得也。倘再過風雪彼自顧不暇，駄又焉望其相幫，況拾騾分給拾兵止此壹夫又豈能逐一相幫哉。臣初經出口之時有所信之，夫經吏部尚書臣查郎阿副都統臣邁祿與臣親見無用，徒費錢糧，是以會商裁去，亦非得已也。以上種種情形臣所目擊，在今日已經帶運到藏，事出萬全，本不敢上瀆聖聽，然臣仰荷聖恩至優至渥，誠恐將來別有軍務，所關至重，臣既備悉其艱難不得不冒奏天聽，臣謹據實繕摺具奏，伏祈皇上睿鑒施行。

雍正陸年玖月初拾日

〔311〕陝西西寧總兵周開捷奏報驛傳道盧官保慢視軍需欲蝕國帑等情摺（雍正六年九月初十日）[2]-[13]-350

帶領陝西綠旗進藏官兵陝西西寧總兵官加一級在任守制臣周開捷謹奏，為奏聞事。

竊臣接蒙戶部劄開，督臣岳鍾琪奏稱，合計陝省出師滿漢兵丁捌千肆百名，并各官弁跟隨人役統需肆箇月本色口糧，其應用駄騾玖千玖百肆拾壹頭等語。臣于出口之後查滿漢官兵共領騾玖千伍百零伍頭，所有改折壹月口糧之餘騾并總理運務驛傳道盧官保折價騾貳百壹拾頭均在其內，又撥給駄運官兵鹽菜及陸箇月食物銀兩共騾叁百頭，以上通共有騾玖千捌百零伍頭，合之督臣岳鍾琪原奏應用駄騾玖千玖百肆拾壹頭之數尚少騾壹百叁拾陸頭。內又除據總理運務驛傳道盧官保自西寧押運騾頭至哈什漢〔註901〕，沿途倒斃叁拾頭，實尚該有餘騾壹百零陸頭。臣于本年伍月初柒日備文與總理運務驛傳道盧官保，煩其將收到各處騾頭數目及官兵領過騾頭數目并有無餘騾之處備細開列粘單移覆等語，移詢去後並未覆臣，至本年伍月拾柒日臣復備文移詢，仍無一字移覆，及到木魯烏蘇經吏部尚書臣查朗阿諭令該道盧官保同畱駐官兵一同駐劄經理支放錢糧，而該道盧官保面向臣言少交餘騾壹百餘頭，求臣假捏收明，設

〔註901〕 常寫作阿什汗，青海省共和縣倒淌河鎮附近。

法報銷。臣聽聞之下不勝惶悚駭異，夫騾頭動用錢糧購買而國帑絲毫為重，臣兩次移詢置之不聞，猶敢求臣挾同捏報以圖侵蝕欺罔，貪黷莫此為甚。臣更看得總理運務驛傳道盧官保身膺重任不思仰報皇恩，慢視軍需，更欲冒蝕國帑，是其有意悮公而巧于營私，尤臣不敢不據實密奏以聞。至總理軍務驛傳道盧官保押送騾頭至哈什漢走失貳百壹拾頭，照部定每頭拾兩折價共折銀貳千貳百兩，并神木營副將周起鳳統領官兵所領糧騾倒斃疲乏不能行走并馱運餉銀騾頭亦多疲乏，動用此項銀兩僱覓牛隻接濟各緣由，臣于改折壹月口糧摺內已經奏明，并備細咨呈督臣岳鍾琪外，至少交騾頭情由臣未呈報督臣岳鍾琪，合併聲明，臣謹據實繕摺具奏，伏祈皇上睿鑒施行。

雍正陸年玖月初拾日

〔312〕陝西西寧總兵周開捷奏報改折進藏官兵一個月口糧情形摺（雍正六年九月初十日）[2]-[13]-351

帶領陝西綠旗進藏官兵陝西西寧總兵官加一級在任守制臣周開捷謹奏，為據實自陳仰祈聖恩勅部嚴加議處事。

竊臣欽奉諭旨帶領陝省綠旗官兵捌千名安撫西藏，所有官兵口糧除裹帶兩箇月之外尚有運送四箇月者，經督臣岳鍾琪以利兵節費等事具奏，經議政王大臣議覆，奉旨依議，戶部劄行到臣欽遵在案，自應遵奉曷敢紛更。但運糧騾頭於本年肆月貳拾叄肆等日起陸續觧到西寧，臣親見多係叄膲，而貳膲者間或有之，頭膲者百無壹貳，詢之觧官據云自莊浪以至西寧沿途地方官既未預備人夫而草料亦多缺乏，以至騾頭疲瘦等語。及至到寧總理運務驛傳道盧官保西寧道劉之頊西寧知府江洪不即驗收，有候至貳叄日不等者，且未預備棚槽夫役，將驗收之騾圈于空地，給以長草，不獨無料更無滴水，餓渴難忍奔逸走失貳百餘頭，其餘吊欹者下鼻者拾居貳叄。臣彼時料理兵馬事宜，于肆月貳拾陸日一聞此信即赴甘撫臣莽鵠立處，煩其傳集道府相商，而知府江洪猶欲將騾頭趕赴上川口阿蠻堡老鴉白崖堡馬家庄晁家庄，碾屬毛百勝白塔等處餵養，然以上地方又離寧百餘里以至貳百餘里者，臣云沿途缺乏料草騾頭已致疲瘦，及到西寧又復空圈數日，何堪復使遠赴他處，且兵即于初壹初陸兩日出口，計期衹隔拾天，若再發往上川口阿蠻堡等處去須兩叄日，到彼不過餵養肆伍日復要趕回，前有觧官沿途尚缺草料，今又焉望供支，勢必日疲一日矣，臣堅執不可。復思軍國重務有可分辦者不敢分文武而憚煩勞，隨與甘撫臣莽鵠立商議，莫若于驗

收之後即令各兵牽領餵養，隨于貳拾柒日令各兵接受騾壹千壹拾餘頭，向知府江洪開支草料，自辰至戌祇給草壹百叁拾餘束，臣連夜向甘撫臣莽鵠立面言始能如數給發。嗣後騾頭到寧而總理運務驛傳道盧官保等仍不隨到隨收，必要遲延貳叁日不等，如一經驗收臣即令各兵牽領向文員如數開支料草，同馱載馬匹一同餵養，蓋臣因文員未備棚槽夫役，目擊騾頭餓渴艱堪，故令各兵牽領餵養，不敢以事屬文員坐觀貽悞。至莊浪等處之地方官既無夫役復缺料草，而總理運務驛傳道盧官保西寧道劉之頊西寧知府江洪等不將騾頭隨到隨收，又未預備棚槽夫役，均屬玩忽軍需，有意違悞。至于知府江洪身為地方官豈不知兵馬起程日期，既祇相隔拾日猶欲將騾頭發往各處餵養，及各兵牽領開支草料候至壹日，以壹千有餘之騾頭祇給以壹百叁拾有餘之草束，是誠何心實不能解，此騾頭疲瘦之原委也。至于鞍屜因騾頭沿途缺乏草料至被咬嚼損壞，完全者拾無貳叁，而屜子係用布作，絮以苧蔴舊穀等類，此項屜子腳戶善于收拾方可扣鞴，而所僱夫役未曾經諳，一至損壞則不堪應用，且觧來之屜較之鞍板前後皆窄壹寸不等，若將屜子再加絮厚則鞍板愈寬扣鞴騾背不須壹貳日必致傷破成瘡。臣曾向總理運務驛傳道盧官保一一說知，必須改造氈屜始能經久不傷騾背，及臣于伍月初壹日送督撫之陝提標官兵起程時與欽差吏部尚書臣查郎阿副都統臣邁祿甘撫臣莽鵠立逐一閱看並未改造，兵糧最關重大，以疲瘦之騾頭鞴不堪之鞍屜負重致遠必然有悞，且查初起出口官兵共該糧馱壹千肆百有零，而文員祇交捌百餘馱，臣見鞍屜若此且糧馱又未齊備，隨與吏部尚書臣查朗阿副都統臣邁祿甘撫臣莽鵠立共為商議，兵行日期萬難更改，令官兵先為起程，將糧馱暫存，俟屜子改造如法再為運送前途交給各兵牽帶，吏部尚書臣查朗阿副都統臣邁祿甘撫臣莽鵠立均以為然，甘撫臣莽鵠立因屜子頗多為時甚促，恐改造不及與臣商議，臣隨嚴諭伍營將備代辦肆千陸百副，若以騎鞍屜子而論每副貴價不過貳錢肆伍分，今馱鞍之屜倍加寬厚一時採買氈子不能驟得，只得令各兵將家存之氈并其親戚家所有者概為交用，寬為發價，未免價值稍昂。再加以工價飯食等項，每副共用銀肆錢，叁日告竣肆千陸百副，蓋氈屜雖不善於收拾之人亦易于扣鞴，故為改造。而文員所造者仍然薄小，且于初伍日尚未完備，更有數處騾頭于初伍日始行觧到，又全無鞍屜者，有屜子薄小者，細算共缺貳千陸百餘副，此鞍屜不堪以及缺少之情由也。臣既親見騾頭疲瘦若故為將就，一經出口即有疲乏倒斃，既不可將兵糧委棄，勢必至于均攤馱載，遞加增重，疲乏愈多，滋累益甚。況現缺鞍屜貳千有餘計期壹日何能趕造，前後細思實難顧濟，

不得已而思改折之法，蓋西寧兵丁從前進藏曾有口糧缺乏之虞，此番仰荷聖恩除裹帶兩月之外復為運送四箇月，實屬富饒，但各兵因沿途雖有銀兩無從覓買，今蒙恩賞銀兩，情願各捐夥須自為備辦壹月口糧，倩覓牛駝運至前途，以備萬一之需。并可將馱馬所載之物量分于牛駝馱載，每肆伍兵空出馱馬壹匹空趕前行，倘前途騎馬疲乏有此餘馬緩急可恃等情，公同會商陳稟到臣，臣因各兵備口糧以自顧，空馱馬以急公，一舉兩得，情詞懇切，是以允其所稟。及各鎮營官兵抵寧見臣標如此預備，亦皆効行，臣因有此一項可以通變，查各兵有裹帶并自備之叁箇月口糧，再加運送之肆箇月共計有柒箇月口糧矣，除正額陸箇月之外已多壹月之糧，莫若于運送四箇月之內得壹月改折銀兩，其餘叁月仍運本色，如此變通則仍有陸月之糧而騾頭得有空餘，即將疲瘦之騾隨營空趕休息，倘前途有病乏者即以之替換，而油單口袋繩索可以減省，所缺鞍屜無庸製造。吏部尚書臣查朗阿副都統臣邁祿甘撫臣莽鵠立等親見騾頭疲瘦不能負重長行，鞍屜缺少難以如期趕造，因而臣等肆人會商畫一，于每兵名下將壹月粟米照市賣時價每名折銀五錢肆分柒釐捌毫，計滿漢兵捌千捌百名每兵改折壹月，其空出疲瘦之騾貳千壹百肆拾陸頭隨營空趕行走，倘前途馱騾有疲乏倒斃者以之接替馱載。而油單口袋繩索鞍屜並未支領，甘撫臣莽鵠立曾令西寧道劉之項涼莊道殷邦翰向臣言此項物件作何折價等語，但臣折口糧而領騾頭者因馱糧騾內尚多疲瘦，軍糧重大領此餘馱可以顧濟，至油單等項既不馱糧又焉用之，若云折價上關國帑，豈容冒領，臣力拒不要。及伍月初伍日貳更時在吏部尚書臣查朗阿公館甘撫臣莽鵠立復面為詢臣，臣如前覆絕，此吏部尚書臣查郎阿副都統臣邁祿之所共聞共見者也，臣復思各兵原恐裹帶之糧不足兩月之食，故各為自備以期裕饒，今于正數之內改折壹月似非體諒各兵初為自備之心矣，然臣細為計算將此折價銀兩散給各兵，在口外可買牛羊肉叁拾餘斤，每日兼搭食用，口糧可以減省，不獨無虧更得肉食，亦各兵所樂從者。臣于出口之後既如此料理，今官兵抵藏臣細查口糧除沿途支食過叁箇月零貳拾壹日外，今現存兩箇月零玖日之糧，已支未支共足陸箇月之數，並未短少，而沿途口糧豐裕未嘗缺乏，此臣改折壹月口糧之始末也。臣如此酌量改折于伍月初陸日帶領官兵出口，而文員所辦叁箇月口糧以及夫役並夫役之口糧猶未齊全，除已經交給者隨分發各該押運文武轉給本兵牽帶，其餘未交者催令速辦趕送行營，臣于伍月十一日駐營于哈什漢地方，拾貳日據總理運務驛傳道盧官保等運送未交之口糧夫役騾頭等項前來，及到哈什漢夫役有逃散者，騾頭有走失者，口糧有未運

到者，臣等駐劄等候，于拾柒日始將口糧陸續交完。據神木營副將周起鳳呈稱，准驛傳道盧官係移稱沿途倒斃騾叁拾頭走失騾貳百壹拾頭，地處口外購買不及，照依部定每騾壹頭價銀拾兩之例折給等情，臣因肆箇月口糧已經改折壹月，有空出騾頭可以通融，隨一面檄行神木營副將周起鳳令其將隨營空趲疲瘦餘騾量為均勻馱載，不得接受折價銀兩，一面移明驛傳道盧官保將此項銀兩發交鞏昌府知府高夢龍收貯，如前途可以顧濟不得擅動，倘騾頭有疲乏倒斃即以此買僱牛馬等類接濟，仍聽驛傳道盧官保報銷。後于沿途有神木營副將周起鳳所領官兵糧騾有倒斃者，有疲乏者不能行走，又有馱運官兵餉銀騾頭亦多乏斃，據各該文武呈報到臣，臣隨檄行各文武并照會鞏昌知府高夢龍動用前項銀兩僱覓牛隻，共用銀陸百柒拾陸兩，尚存銀壹千肆百貳拾肆兩，其兌發僱牛價銀以及餘剩銀兩均係鞏昌知府高夢龍收發經管。至于裁去運糧夫役以及酌添牽帶餉馱夫役各銀由吏部尚書臣查朗阿副都統臣邁祿與臣會商料理，曾于伍月拾捌日聯名繕摺奏明在案，今不敢瑣陳，上瀆聖聰。所有改折口糧理應具奏請旨，因復思臣等身經其事，親知灼見口糧足用不得已而思改折之法，若一經具奏恐于萬里之外上塵聖懷，且為時甚促不及候旨遵行，是以未敢冒昧奏聞，但臣已備細稟明督臣岳鍾琪矣。抵藏之後臣隨與吏部尚書臣查郎阿副都統臣邁祿會同聯名繕摺具奏，而吏部尚書臣查郎阿云我等俟事竣覆命再為口奏等語，然臣不待赴闕瞻天，且軍糧最關重大，未經請旨遽為改折，罪誠難逭，臣不敢不先為據實陳奏，仰祈聖恩勅部嚴加議處以儆不職，臣不勝惶悚待命之至。再吏部尚書臣查郎阿准督臣岳鍾琪咨稱，兵丁窮苦，將改折壹月口糧照肆兩之例于川省觧運軍需銀兩動用補足等因，此吏部尚書臣查郎阿向臣所云，理合一併奏明，謹繕摺具奏伏祈皇上睿鑒施行。

雍正陸年玖月初拾日

附奏片一件

竊陝省出師滿漢兵丁共捌千肆百名，內有滿兵肆百名，每名有跟役壹名亦支口糧，是以摺內繕寫捌千捌百名之數，理合奏明。

〔313〕陝西西寧總兵周開捷奏請自藏恭發奏摺由臺驛遞呈摺（雍正六年九月初十日）[2]-[13]-352

帶領陝西綠旗進藏官兵陝西西寧總兵官加一級在任守制臣周開捷謹奏，為請旨事。

竊臣荷蒙聖恩授臣西寧總兵，自抵任以來凡有奏摺敬謹封入欽賜匣內專差家人恭捧齎進，今臣帶兵在藏，口外地方既無包程可僱，復難晝夜兼行，倘有緊要事宜繕摺具奏不無稽遲時日。查自藏至打箭爐有川省官兵所設臺站，自打箭爐以至陝山直隸等省地方則有驛站，若由臺驛齎遞方能迅速。但臣未奉明旨不敢擅擾臺驛，倘蒙天恩准臣嗣後奏摺自藏恭發臺驛齎呈，俾得迅達免致稽遲則感荷隆恩于無既矣，臣謹繕摺恭請俞旨遵循，伏祈皇上睿鑒施行。

雍正陸年玖月初拾日

〔314〕川陝總督岳鍾琪奏請諭令周開捷帶罪効力摺（雍正六年九月十六日）[2]-[13]-391

陝西總督臣岳鍾琪謹奏，為奏聞事。

竊臣具奏周開捷賦性剛愎不便留住西藏一摺，蒙硃批諭旨，是，此人可以備用諄噶爾之舉，欽此。臣跪讀之下仰見我皇上愛惜人才，恩同覆載，而周開捷與此番軍務諸多妄謬，猶蒙聖慈垂憐其才可用以備諄噶爾之舉，此誠皇上洪恩寬大，凡屬臣工莫不仰感高深也。臣查西藏既經安定，而駐劄彈壓之員務得安靜和平之人與事有益，今蒙聖鑒特派邁祿周瑛駐劄藏地，甚是相宜，臣已欽遵咨會在案。至周開捷若備諄噶爾之舉實屬可用，惟俟周開捷回兵之日臣將從前奏糸諸事仍遵前奉諭旨具疏題糸，審詢明白定擬具奏之日再懇特降諭旨，令其帶罪効力庶使周開捷知所警惕，得以悛改躁妄之習，實皆聖主造就之恩也，臣謹遵旨繕摺奏聞，是否合宜臣未敢擅便，伏祈皇上睿鑒，恭候訓旨遵行，為此謹奏請旨。

雍正六年九月十六日具。

硃批：自然逐件明白審理後，觀其輕重方可有旨也。

〔315〕川陝總督岳鍾琪奏請達賴喇嘛及頗羅鼐來使留住西安可否十月後赴京摺（雍正六年九月十六日）[2]-[13]-397

陝西總督臣岳鍾琪謹奏，為請旨事。

竊臣前准理藩院咨開，議稱，嗣後達賴喇嘛如再遣人前來奏事，不必令到京城，將此行文督臣，倘達賴喇嘛之使者從打箭爐而來，令其住於西安候旨，如由西寧而來，亦發往西安候旨，將伊等所奏之事，著達鼐承領具奏，事完之後，令行發回等因，奉旨俞允，欽遵在案。今准川撫臣憲德咨，准駐藏副都統

臣馬臘、內閣學士臣僧格咨稱，有達賴喇嘛差使人洛布藏那木喀〔註902〕，又頗羅鼐差使人索諾木俱赴京請安奏事，由打箭爐進口，現在雇覓驛頭，差員護送至京，並聲明奏聞情由，移咨到臣。臣查達賴喇嘛來使業經准咨奉旨留住西安，今達賴喇嘛差來之洛布藏那木喀並頗羅鼐之來使索諾木，已於九月十四日自川至陝，似不便遽令赴京，謹將伊等齎來奏摺，臣即令自藏護送來使同來之領催七力克忒，由驛齎交理藩院轉進，其來使洛布藏那木喀等俱留住西安候旨外。但臣伏思頗羅鼐感戴聖恩，忠誠報効，實為出力有功之人，今遣使遠來，是其瞻天仰聖之心至殷且切，若照從前所議達賴喇嘛來使之例不准赴京，恐生疑懼，查觀今西藏事務尚未報竣，仍應遵照部議留住西安，可否於十月以後，藏地軍務已定，令頗羅鼐來使與達賴喇嘛來使一同赴京之處，出自聖恩，非臣所敢擅議，理合繕摺具奏，恭請訓旨遵行，為此謹奏請旨。

雍正六年九月十六日具。

硃批：此時事已全定，非先前可比，況此次來使更當至京者，照例著遣赴京來，查郎阿處為何許久不見有奏到，想伊必待諸事清楚後奏聞也，但少疑惑路上有不寧疏失之慮。再者著喇嘛來，恐索訥木達爾扎疑畏，或有立塘〔註903〕、巴塘一帶無知番眾陰留之舉，亦不可不預防，恐查郎阿等視為輕易，帶護送兵太少，臨期恐煩措置，卿可留心，知會查郎阿。再一路如何防備處，加意料理可也，料亦無此事，但亦不可不防範者。

〔316〕查朗阿奏遵旨鞫審阿爾布巴等人並分別治罪摺（雍正六年九月三十日）[3]-653

差往西藏吏部尚書查郎阿等奏。

臣等遵旨統領大兵，自五月初六日由西寧出口，於八月初一日至西藏，即會同在藏駐劄之副都統馬喇、學士僧格，將阿爾布巴、隆布奈、扎爾鼐等審訊，據阿爾布巴供稱，謀殺康濟鼐是實，查阿爾布巴等身受國恩，不思報効，乃心存叛逆，大干法紀，應分別情罪，將阿爾布巴、隆布奈俱擬凌遲，其阿爾布巴之子噶爾丹盆楚克、袞楚克拉賈布、鄂達爾漢噶爾藏吹達爾〔註904〕，隆布奈

〔註902〕第一部分第二八一號文檔作羅布藏那木喀，第二部分第四號文檔作洛布藏那木喀，第二部分第二十二號文檔作羅卜藏納木喀，第五十三號文檔作羅卜藏那木卡。

〔註903〕即裡塘。

〔註904〕《清代藏事輯要》頁一一四載阿爾布巴被殺三子名為噶爾丹盆楚克、袞楚克

之子席木本吹扎特〔註905〕俱擬斬，將扎爾鼐擬斬，其妻及子喇克桑、扎木巴〔註906〕並二逆之妻女及同胞兄弟俱離本處發遣，並將協助阿爾布巴等之喇嘛人眾亦分別治罪，番人素性兇惡，阿爾布巴等須令番眾目睹正法，以示懲戒，臣等一面奏聞，一面將阿爾布巴等及事內應斬人犯，即行正法，其應行發遣之人，由撤回兵丁內酌量派出，解送至江寧、杭州、荊州將軍處，賞給兵丁為奴，奏入報聞。

〔317〕鑾儀衛鑾儀使周瑛奏報審處西藏阿爾布巴等逆首緣由摺（雍正六年十月初一日）[2]-[13]-474

　　散秩大臣品級鑾儀衛使左都督世襲拜他喇布勒哈番帶餘功三次紀錄一次加一級仍降三級留任臣周瑛謹奏，為天威遠震，西鄙塵清，邊隅永靖事。

　　竊緣西藏阿爾布巴等身受皇恩，罔知國法，既已戕害康金鼐滿門，復欲襲陷頗羅鼐父子，以致藏地生靈受其荼毒，上干天怒，軫恤邊黎，特命臣等於川陝兩路統領大兵進藏，查究情由，就近申討。方值師次中途，遂已震驚草野，頗羅鼐仰仗天威，於後藏阿里倡聚番部，一直抵藏，將阿爾布巴等拏獲拘禁，靜候諭旨。臣等兩路官兵並未張弓發矢，而西藏人民咸登袵席，此皆我皇上神謨廣運，威德遐敷之所至也。及臣會合吏部尚書臣查郎阿等抵藏後，接准總督臣岳鍾琪咨文，內開，欽奉上諭，頗羅鼐之兵殊屬効力行走，若行文往查遷延日期，行文與查朗阿等，著於彼處備用軍餉內動支銀叁萬兩賞與頗羅鼐，令其酌量賞給隨伊行走兵丁可也，欽此欽遵，移咨到臣。臣查未准督臣移咨之先，已據管理西藏軍餉同知楊世祿〔註907〕申奉吏部尚書部牌，飭取軍餉銀叁萬兩，遵於捌月貳拾陸日將原印封銀內動支叁萬兩，呈交分賞，經頗羅鼐承領恩賞銀叁萬兩，分別賞給隨伊行走之部番，靡不歡欣踴躍，愈思奮勉。其首惡阿爾布巴等及附從之黨類，俱經查朗阿逐一嚴提鞫審

　　　　拉貫布、鄂達爾漢噶爾藏吹達爾。
〔註905〕《清代藏事輯要》頁一一四載隆布鼐被殺之子名席木本吹扎特。
〔註906〕《清代藏事輯要》頁一一四載扎爾鼐發遣內地之子名喇克桑扎木巴。
〔註907〕據下一部分第二八八號文檔，楊世祿簡歷如下，於康熙伍拾柒年由成都縣教諭奉文出口辦理唐古忒軍糈事務，伍拾玖年為奏聞安藏事案內議敘軍功一等，仰荷聖祖仁皇帝特恩著以應陞之缺加一等，本班遇缺即用，欽遵，旋授浙江湖州府監兌通判，於雍正伍年解銅進京引見，荷蒙聖恩以人去得，著以知州同知補用，行文浙江總督李衛題補紹興府海防同知，於雍正伍年柒月內奉文入川採買米石，拾貳月內復奉部文委赴西藏辦理糧務，調補陝西靖遠衛同知。

定擬，今於雍正陸年玖月叁拾日傳集藏地碟巴、喇嘛以及商賈人民，宣佈皇上天威，歷數各凶罪狀，分別重輕，悉正典刑，臣見唐古忒人民，仰叩浩蕩之皇恩，披誠傾服，凜慄雷霆之國法，滌慮洗心。但臣等身列行間，虛糜俸餉，仗神武不殺之仁威，遵睿謨預定之方略，異域咸寧，率土稱慶，臣等惟有益勵官兵，勤加訓練，綏戢部番，以期仰報聖主寧靜邊隅之洪恩於萬一耳。其一切善後事宜，俟尚書臣查朗阿會定之日另具奏聞外，所有恩敷異域，法振遐荒，中外咸欽緣由，理合繕摺恭奏，伏乞皇上睿鑒施行。

雍正陸年拾月初壹日

〔318〕川陝總督岳鍾琪奏請借支庫銀製辦進藏官兵需用之帳房鑼鍋摺（雍正六年十月初四日）[2]-[13]-490

陝西總督臣岳鍾琪謹奏，為請旨事。

竊查帳房鑼鍋旗幟等項乃軍營所必需，向係各營公費糧銀內動用製辦，嗣因公費係按季關領，一時不敷所用，經臣奏請先於司庫酌借銀兩於各營公費內按季扣還，仰蒙允准，業經欽遵辦理，併將借支銀數咨部查扣在案。查從前製造鍋帳原以二萬兵估計，今既派撥進藏兵八千名，則原造鍋帳已經動用缺額將來官兵回營其所帶鍋帳等物不惟數有短少，抑且未必適用，今臣將帳房鑼鍋二項按數確計應補造八千兵帳房二千頂鑼鍋二千口，約需銀一萬餘兩，請照前次借支之例於司庫分借銀兩預為製辦，在各營應領公費糧銀內按季酌扣還項，庶可早於辦理，倘蒙俞允臣即移行各提鎮於西安蘭州二布政司庫貯銀內照應需銀數借支承辦，仍將借過銀數臣咨明部臣核查分扣外，理合繕摺奏請，伏祈皇上睿鑒，為此謹奏請旨。

雍正六年十月初四日具。

硃批：將此奏交部存案矣，諸如此等之批諭，恐朕有遲悮，密摺無憑，不妨隨便再咨一文，明一明妥協些。

〔319〕四川按察使程如絲奏陳打箭爐口外革達等處城垣應加拆毀緣由摺[2]-[33]-260

四川按察使臣程如絲謹奏，為遠邊之防戍既停，新建之城垣宜毀，敬陳末議，仰乞睿裁事。

竊查四川打箭爐口外之革達等處於雍正二年間年羹堯奏請建造城垣，設兵鎮守，嗣於雍正三年十一月總督岳鍾琪奏將洛籠宗等一切部落賞與達賴喇

嘛管轄，其革達等處設鎮駐兵亦請停止，當奉聖旨允行，仰見我皇上至聖至仁，大公無我，誠內外一家之盛治也。然臣愚以為設鎮駐兵之處雖經停止，而建造城垣之工業將告竣，若不亟行拆毀恐非籌邊之善策。蓋番人荷蒙皇上威德並施，自必感服輸誠，但其生性狡頑，焉保始終無貳，萬一以我廢棄之空城為彼盤踞之巢穴，是今日之經營措置反為番人抗拒之資矣。況革達等處雖係荒徼不毛，實屬藏中扼要，即不欲遠戍以勞民，亦不可設險以與敵，仰乞皇上密勅巡撫將革達等處已經建築之城垣，蓋葺之衙舍并一應運到之木植等項或拆或撤，盡行毀除，庶狡番絕僥倖之心，而邊塞無不虞之患矣。是否可採伏祈皇上睿鑒施行，臣如絲臨奏曷勝戰慄悚惶之至，謹奏。

硃批：此事自有奏銷到部，但此棄城原議，再無不議拆毀之理，知道了。

附修訂摺一件

四川按察使臣程如絲謹奏，為遠邊之防戍既停，新建之城垣宜毀，敬陳末議，仰乞睿裁事。

竊查四川打箭爐口外之革達等處于雍正二年間年羹堯奏請建造城垣，設兵鎮守，嗣于雍正三年十一月督臣岳鍾琪奏將洛籠宗等一切部落賞與達賴喇嘛管轄，其革達等處設鎮駐兵亦請停止，當奉聖旨允行在案。臣愚以為設鎮駐兵之處雖經停止，而建造城垣之工業將告竣，若不亟行拆毀恐非籌邊之善策。蓋番人荷蒙皇上威德並施，自必感服輸誠，但其生性狡頑，焉保始終無貳，萬一以我廢棄之空城為彼盤踞之巢穴，是今日之經營措置反為番人抗拒之資矣。仰乞皇上密勅巡撫將革達等處已經建築之城垣、衙舍并一應運到之木植等項或拆或撤，盡行毀除，庶狡番絕僥倖之心，而邊塞無不虞之患矣。是否可採伏祈皇上睿鑒施行，謹奏。

硃批：此項城工自當有奏銷到部，但此城既棄不用，原題再無不議拆毀之理，所奏知道了。

〔320〕四川按察使程如絲奏報理藩院撥什庫黑虎帶領請安喇嘛途中橫索供應蹂踐地方摺[2]-[33]-263〔註908〕

四川按察使臣程如絲謹奏，為奏聞事。

該臣查得理藩院撥什庫黑虎帶領貝子康金鼎差來進京請安之喇嘛達拉什

〔註908〕此摺無時間，據文內內容知，文內有康濟鼐雍正五年六月十八日被殺之前遣使進京之事，可知此摺為雍正五年之前之奏摺。

等并跟隨人役五十六人於本年十月二十一日行至四川直隸邛州蒲江縣大塘鋪地方住宿，在居民鄧有爵彭簡在陶宇科三家店內，因索供應不遂，用鞭揮打百姓，及至二更時候忽向有爵取討火把，即令有爵點著，跟隨之人持至店內後房放火焚燒，邊民俱係草房，一時之間風大火猛，勢難救護，竟將大塘鋪居民二十五戶計房屋一百二十一間并收穫之米穀鋪面之貨物以及男婦大小人等衣服盡行燒燬，惟黑虎等行李馬匹俱已預先裝馱，火起趕鬧徑逹前途，並未傷燬絲毫，亦不筭還草料店錢，臣既訪聞得實，不勝驚駭。又據該縣詳報無異，隨一面自備銀兩給飭該縣撫恤人民，蓋還房屋，一面稟明巡撫王景灝請行定奪，而景灝聞言唯諾，未見施行。臣竊思貝子康金鼎素稱向化，累著功勳，今其差遣使臣請安自必遴選恭順醇謹之員啣命前來，豈肯橫索供應蹂踐地方，此不過撥什庫黑虎及跟隨人役妄逞邀求，任情酷虐，臣若自行拏問深恐罪坐喇嘛，大非皇上懷柔遠人之至意，若竟聽其縱恣，不行奏聞則將來之差使需索攪擾益無忌憚，且窮黎何辜遭此荼毒，謹特奏請皇上聖明裁度，或俟黑虎帶領喇嘛到京面聖之日詰其約束不嚴，逞殘需索之罪，庶沙漠要荒驚怖皇上神光洞矚，遠見萬里之外，而嗣後差使官員以及跟隨人役必當大加斂戢，不敢恣意橫行矣，伏候皇上睿鑒施行，臣如絲臨奏曷勝激切屏營之至，謹奏。

〔321〕陝西總督岳鍾琪奏陳處理阿爾布巴等讎殺康濟鼐一事上中下三策摺[2]-[32]-267〔註909〕

陝西總督臣岳鍾琪謹奏，為敬抒管見仰懇睿鑒事。

竊思阿爾布巴等仇殺康濟鼐一事，若云係猜忌不睦而啟釁，似不應將康濟鼐用事之頭人頗羅鼐等俱行殘害，揆此阿爾布巴等心存悖逆，故盡殺戮以其滅口也明矣。臣向聞唐古忒以蠱毒害人之事往往有之，從未聞敢彰明較著而殺人於大庭廣眾之事，況康濟鼐頗羅鼐皆係有職之人，阿爾布巴等若非受人指示意有所恃，亦斷不敢狂悖如此，今臣不揣愚昧恭議上中下三策為我皇上陳之，伏乞聖鑒採擇。查索諾木達爾扎乃阿爾布巴之母舅〔註910〕，又納隆布鼐之二女為妾，況與羅布藏丹津有翁壻之情，則其互相結納內外勾連不問可知，今又將康濟鼐等殺害，若不懲創一番將來必至益無忌憚，更恐與諄噶爾勾結日深，大為邊患，臣愚以為莫若趁此機會師出有名，仍遵前旨將陝西

〔註909〕　此摺無時間，據摺內內容知，此摺為雍正六年前清廷遣兵入藏前岳鍾琪之奏摺。
〔註910〕　此說不確，七世達賴喇嘛父索諾木達爾扎與阿爾布巴之親戚關係極微弱。見《有關康雍朝阿爾布巴一則史料之考證》郭勝利，《清史研究》二〇一〇年第四期。

川滇預備滿漢兵馬料理齊全，於明歲青草發生之時兩路併進，將達賴喇嘛移住內地，西藏之地方另行妥當料理，庶為一勞永逸。若恐逆等聞大兵進剿，將達賴喇嘛挾歸準噶爾，亦未可定，但查唐古忒之人性多懦弱，且心皆不一，若諄噶爾已經有人至藏，則將達賴喇嘛挾歸諄噶爾之處勢所必有，今諄噶爾尚無明顯幫助行迹，縱使阿爾布巴等舊有此心，而達賴喇嘛及屬下頭人番眾誰肯拋棄故土親屬隨伊遠遁。但事難逆料，設使阿爾布巴等聞大兵進藏，果將達賴喇嘛挾逃，臣愚以為我兵先將西藏安定，在彼駐劄不必撤回，即議直搗諄噶爾巢穴之計，再選官兵由噶斯、阿爾泰、巴爾坤三路併攻，其前駐藏之兵即由逆等挾達賴喇嘛逃遁之路暗襲其後，三路併進更屬萬全，似為上策。若以此番乃噶隆等仇殺之事無足重輕，必俟諄噶爾露有明顯幫助情形，然後名正言順大彰天討，一面遣兵進藏，一面直搗諄噶爾巢穴，實屬一勞永逸之計，但恐諄噶爾之人奸詭叵測，若竟不露明顯形迹，而彼此密地勾連，暗相交結，使西藏之地名為歸附天朝，反為他人心腹，與我沿邊地方大有關係，亦不可不慮也。況前聞阿爾布巴等已差人前往後藏擒殺頗羅鼐之信，若頗羅鼐果被殺害，則事權皆歸阿爾布巴等管理，西藏尚屬安靜，若頗羅鼐未被殺害，自必以報仇為名招集後藏阿哩之兵互相仇殺，殘虐藏地人民，更屬緊要，臣愚以為必待諄噶爾露有形迹，然後進剿為中策也。若謂西藏雖附內地，終屬外域，康濟鼐雖受敕封，統係番人，而此番啟釁不過噶隆等彼此仇殺，以番例論之無甚關係，且達賴喇嘛將康濟鼐被殺情由已曾懇切具奏，即可就此明白敕諭達賴喇嘛，令其另選噶隆管事，將阿爾布巴、隆布鼐革去職銜，亦不許管噶隆事務，姑念番蠻不知國法，免其治罪，似亦無傷國體，但恐索諾木達爾扎、阿爾布巴等不知感戴聖恩，益逞驕狂之氣，更恐與諄噶爾及青海人等固結日深，滋患愈大，是以臣愚以為若不懲創而就番例完結為下策也，但事關重大，臣知識短淺，恐未盡合機宜，伏乞聖恩訓示，謹奏。

〔322〕諭示松潘路周瑛等出行吉日[2]-[33]-1139〔註911〕

松潘路周瑛出行吉日，三日內擇一日用皆吉。

四月二十一日辛丑，宜用寅時，喜迎西南方大利，上吉日。

五月初一日辛亥，宜用午時，初動迎西南方利，上吉日。

五月初六日丙辰，宜用寅時，初動亦迎西南方，中吉日。

〔註911〕此文檔無日期，從內容知為雍正六年之文檔。

〔323〕諭示西寧路查郎阿等出行吉日[2]-[33]-1140〔註912〕

西寧路查郎阿等出行吉日，四日皆稱上吉，擇一日用皆利。

四月十一日辛卯，宜用卯時，初動喜迎西南方。

四月二十一日辛丑，宜用寅時，初動亦喜迎西南。

五月初一日辛亥，宜用午時，亦迎西南方大利。

五月初六日丙辰，此日甚為吉利，宜用寅時，亦向西南方利。

〔324〕藏地軍民奏報康濟鼐被暗殺等事摺[1]-5334〔註913〕

藏地隊長達奔章魯章巴〔註914〕、崩朗之吉奔、博隆孜巴、巴擦爾巴、伯爾齊巴、和爾達舒爾通門、伯爾薩爾巴、鼐臣巴、齋通巴、達爾巴、拉里孜巴、穆顏巴等頭目乃至兵民共同叩奏大皇帝赤金蓮座尊前。

竊土伯特十三萬部眾內能奮力抵抗準噶爾賊者惟康濟鼐一人，助之者惟台吉頗羅鼐一人是也，誠心誠意効力於大皇帝之事眾人皆知，頗勤於崇尚黃教，扶持諸教之事，仰副聖主安逸眾生之意竭能効力，故蒙大皇帝施鴻恩為榮。以喇嘛噶爾藏扎木蘇、索諾木達爾扎詭稱已死，得貝子銜之阿爾布巴到處敗走，得公銜之隆布鼐、舊喇藏之班第脫黃服為庶人，安居於招地，僥倖得扎薩克台吉銜之扎爾鼐〔註915〕。此五人妒忌合謀暗殺貝子康濟鼐，欲殺扎薩克台吉頗羅鼐，遣貢布地方並招地兵五百名，欲執頗羅鼐，頗羅鼐知覺，率領藏軍迎戰，斬其兵一人未留。此五人者背叛大皇帝，與叛逆之羅卜藏丹津合謀而行，我軍雖不奏諒皇上亦鑒之耳。我等以頗羅鼐為首感念大皇帝鴻恩，務能報貝子康濟鼐之仇，是以征伐，我藏地眾民原不論安逸勞苦但心向聖主及班禪額爾德尼，今言之亦依靠聖主、班禪額爾德尼而行，暗殺受賞聖主冊印委以職任辦理十三萬土伯特事為首之諾彥康濟鼐，又欲殺台吉頗羅鼐，挑衛地貢布地方人眾叛，將此等若不以國家已定之嚴法處治，以致我等部眾紛紛離散。以此為喇嘛之人，不致傷人不肇亂事，守喇嘛之道者為班禪額爾德尼是也，再是効力之扎薩克台吉頗羅鼐，若蒙大皇帝今即施衛救伊等之恩，

〔註912〕此文檔無日期，從內容知為雍正六年之文檔。

〔註913〕從內容知，應為雍正五年之奏摺。

〔註914〕《欽定西域同文志》卷二十四頁十二載，將羅置木巴阿濟克，官藏代本。是否此人待考。

〔註915〕此段翻譯不確，意為以索諾木達爾扎之子噶爾藏扎木蘇為達賴喇嘛，詭稱已死而得貝子銜之阿爾布巴，到處敗走而得公銜之隆布鼐，舊喇藏之班第脫黃服為庶人，安居於招地僥倖得扎薩克台吉銜之扎爾鼐。

則十三萬土伯特部眾一心而行，使準噶爾賊不得喘息之機，伏乞聖主鑒之，鑒之，以藏地眾軍隊長禮獻物具奏。

〔325〕小扎薩克台吉頗羅鼐等奏報派妥人管理藏衛阿里等處摺
[1]-5346〔註916〕

小扎薩克台吉噶倫頗羅鼐與藏阿里地方為首眾人虔誠叩奏統一天下文殊師利大皇帝金蓮花寶座前。

竊衛喇嘛〔註917〕、雅布、三噶倫等與大皇帝發起惡戰之事，諒金耳已睿鑒也，班禪、薩察喇嘛〔註918〕二人於大皇帝下旨間，雖陸續說和斷勿交戰，但衛喇嘛、諾彥等竟不聽勸，派兵往藏二年，侵吞全藏。又於三月初三日〔註919〕以大皇帝諭旨雖未下頒，但此間衛藏二處仍照先友善，各自撤兵，安靜以居等情，勸歸和好，將其緣由頗羅鼐遣使阿旺達爾扎等具奏。然而達賴喇嘛之舅率百兵駐劄名曰沙噶咱地方，貝子阿爾布巴之子率百兵駐劄名曰柴咱城，自此於其他藏地各城遣派馬兵三五十名。欲在大皇帝頒旨前先設計暗殺扎薩克台吉頗羅鼐，況於三月十七日由衛地暗自遣兵往納克纏〔註920〕地方，將納克纏為首之二棟科爾〔註921〕及跟役一併斬殺。衛地之人不理睬班禪額爾德尼薩察二喇嘛，破壞和好，因衛之喇嘛諾彥破壞和好，故藏阿里地方眾人亦自然不能和好。衛之喇嘛諾彥對大皇帝心懷歹意，挑起戰端，詳思之俟青草萌發時或與準噶爾或與羅卜藏丹津合夥啟釁亦未可定，因為疑惑將自名為羊八井地方至達木〔註922〕、巴布隆〔註923〕、喀喇烏蘇所居者俱取之。

〔註916〕從內容知，此摺為雍正六年五月二十六日（藏曆）頗羅鼐領兵入拉薩前後所奏。
〔註917〕指七世達賴喇嘛。
〔註918〕即薩迦喇嘛，薩察，清代檔案多作薩迦，薩察為薩迦之異譯，據《薩迦世系史續編》頁二六九為阿旺貢嘎索朗仁青扎西札巴堅贊貝桑波，其命卓尼索朗桑珠前去調停戰爭。
〔註919〕雍正六年三月初三日。
〔註920〕《欽定理藩院則例》（道光）卷六十二作納倉宗，今西藏申扎縣一帶地區。清代檔案文獻常作納克產。
〔註921〕即仲科爾。
〔註922〕原文作達木巴布隆，作一地，今改正為兩地，達木蒙古語沼澤之意，今西藏當雄縣一帶。
〔註923〕原文作達木巴布隆，作一地，誤，今改正為兩地，巴布隆《欽定大清會典事例》（嘉慶）卷五百六十作巴卜隆，自青海入藏之一站，《清代唐代青海拉薩間的道程》解為同名河之渡口，《乾隆內府輿圖》作八步隆河，為拉薩河上游，此河應為《中國分省系列地圖集》（西藏）標註之桑曲。以道里計之，當在那

再貝子康濟鼐下厄魯特人為首者中無善人，且牧場又在敵人手中，先不可和好，今扎薩克台吉頗羅鼐收取，俱合為一心。自阿里以裡、喀喇烏蘇以外，在準噶爾前來之路照康濟鼐時所辦已撥派哨兵，由此率藏、阿里、錫喇古勒〔註924〕、厄魯特之兵，為大皇帝之事，且將康濟鼐殺之，將其仇人不惜生命無論在何地欲追征之。班禪額爾德尼乃至沙拉、哲蚌、噶爾丹三寺黃教、十三萬土伯特大皇帝憐愛不棄，因此若以一賢者為首遣來則想可為善也。扎薩克台吉頗羅鼐以至藏阿里為首之棟科爾等並無首佔土伯特之意，若明白了結暗殺貝子康濟鼐緣由，仰賴大皇帝、班禪額爾德尼之仁慈，我等小人各往各地，數念珠安生，請大慈鑒之仁鑒之鑒之，頻頻叩謝，吉日由扎薩克台吉頗羅鼐同藏阿里地方為首之棟科爾所有〔註925〕喀喇烏蘇地方具奏，以奏書之禮，於鑲嵌龍月碗內裝滿喀吉庫爾古木，一併具奏。

〔326〕扎薩克台吉頗羅鼐奏謝賞賜銀綢等物摺[1]-5343〔註926〕

扎薩克台吉奴才頗羅鼐謹奏統御寰區文殊師利大皇帝明下。

先準噶爾賊蹂躪土伯特人眾時仰蒙文殊師利大皇帝憐憫土伯特人眾，遣發大軍驅逐準噶爾賊，令達賴喇嘛坐床，復補授噶倫，使土伯特人眾安生。我等眾人正祈禱永享安生之際阿爾布巴、隆布鼐、扎爾鼐三人不能仰承大皇帝仁恩，殺貝子康濟鼐，又欲殺我頗羅鼐，派兵往藏二年征討所有諸申，俗人無留後嗣，其緣由已轉奏。奴才頗羅鼐念皇上慈愛鴻恩欲效力於大皇帝之事，為報貝子康濟鼐之仇而來，仰賴大皇帝保佑之威事成，將三噶倫、罪犯俱執之，以候大皇帝諭旨時早蒙皇上洞鑒，遣發尚書〔註927〕、副都統〔註928〕大軍抵達時將所執三噶倫、罪犯俱獻，蒙大皇帝軫念奴才頗羅鼐、我土伯特人眾不吝惜數百萬兩銀而遣發大軍，自此我土伯特地方復得以太平安逸，今將罪犯噶倫及眾人以去規正並軫念〔註929〕，以滿足奴才所欲及我土伯特人眾所期。再如我之小人甚多，皇上施小奴才頗羅鼐之恩如天地高厚，奴才實難報答，蒙大皇帝施

曲縣古露鎮附近《中國分省系列地圖集》（西藏）。
〔註924〕哈拉烏蘇之蒙古。
〔註925〕原文如此，疑誤，應為「自」。
〔註926〕從內容知，此摺為雍正六年五月二十六日（藏曆）頗羅鼐領兵入拉薩後之奏摺。
〔註927〕指查郎阿，查郎阿在入藏辦事途中清世宗下旨陞吏部尚書。
〔註928〕指邁祿。
〔註929〕原文如此，文意不通，疑誤。

仁恩，此亦我前數世積下之福，被皇上疼愛，正念大皇帝憐憫之恩萬萬世不能報答之際復蒙皇上軫念阿里克等處兵丁効力，施以鴻恩賞與奴才我銀三萬兩，諭我酌情賞與効力人等，是乃無疆之奇恩，仰蒙此鴻恩我等眾人至萬萬世亦不能報答，將皇上所賞銀兩頗羅鼐我酌情分賞効力於皇上之事之阿里克等處兵丁，並曉諭伊等曰是乃皇上之恩，命賞與爾等効力人等等情。後皇上復降旨，施恩於我齎奏使臣，賞拉旺等三人銀各二十兩綢各二疋，跟役等銀各十兩綢各一疋。再對途中不幸出痘病故之四人復施恩各賞銀一百兩，復降旨賞拉旺等人眾廩畜以豐厚而遣返。皇上施此重厚之恩，小奴才實不能仰承，且頗羅鼐我喜悅如夢，莫可言喻，惟望闔率阿里克藏之眾人，以身舌心三門虔誠祈禱謝恩，請大皇帝下頒仁旨不斷，小奴才頗羅鼐我晝夜不勝期盼，祈禱三寶佛寬恕。

〔327〕川陝總督年羹堯奏報達賴遣使來為羅卜藏丹津求和並擬羈留達賴之父摺[2]-[31]-728

臣年羹堯謹奏。

從來唐古特不可倚信者，其種類性情貪而多疑，懦而好詐（硃批：兼無恥無理），自陝省用兵，十年以來青海西藏皆有輕視內地之心，是以羅卜藏丹進肆行叛逆。如康金鼎、阿爾布巴等固不願丹進〔註930〕之為藏王，然合西藏之人心皆不信我兵之必能殺賊也（硃批：不但西藏，天下皆有不料此事如此完結也），因見周瑛、鄂賴俱已到藏，勉強威武以飾觀聽，其隱衷固甚怯也。達賴喇嘛遣使到臣為羅卜藏丹進和解求寬，此不過兩處討好騎牆之見，聚族而謀乃有此使，非達賴喇嘛一人之意也（硃批：一者如此，二者出家之人不識大體，將此以誇慈悲，大概此輩皆俗謂放火救火之流輩也）。再達賴喇嘛之父索諾木達爾扎其人昏鄙好利（硃批：又有人說他甚好），一切委放第巴、堪布，惟圖些須銀物，任人指使，此人若在西藏終不免於有事，且與羅卜藏丹進最厚。即丹進必欲占拉叉布〔註931〕之妻以為小妻者，亦因此結為姻婭，藉為西藏之內援耳，來使回日臣已令達鼐密囑，只作達鼐之意寄信與索諾木達爾扎，令其親來請安謝恩，此大禮也，兼可以得厚賞。若伊果來當設法羈留之以安西藏，此亦大有關係之一條（硃批：此事大難之事，即便來時只恐亦難羈留，彼若不願恐達賴喇嘛難以為情，若願從喜留，朕想無此理，候他來時此事要大費商量，

〔註930〕指羅卜藏丹津。
〔註931〕《蒙古世系》表三十九作喇察布，顧實汗圖魯拜琥第五子伊勒都齊曾孫，其父墨爾根諾顏，祖博碩克濟農。

此一舉朕心不然），至達賴喇嘛來使人甚明白，彼見我兵威如此，歡喜之狀時溢眉宇，其胸中亦別無他意也，謹奏。

硃批：西藏人此一番事後自然畏威，若再令其懷德，普概蒙古可保無事矣，藏巴札布〔註932〕庭議斬，再二人擬剮，奏上，朕因古什汗〔註933〕之子孫，但難寬其命，剮不忍，因皆令候斬。問得藏巴札布，他言羅卜藏丹進投藏去，若投藏彼自然擒送，難道達賴喇嘛敢留彼討恕乎。

〔328〕理藩院奏報賞賜頗羅鼐銀兩摺[9]-4202

竊查扎郎阿〔註934〕延請達賴喇嘛來時曾備帶銀四萬兩前往，其中銀三萬九千兩留在西藏，因為若有用處則可以動用，如無用處則俟兵返時帶回，以補原項，既然如此，咨行馬拉、僧額等，從該項銀內動用一萬兩賞給頗羅鼐可也。

硃批：好。

〔329〕陝西蘭州按察司李元英奏報甘省料理進藏官兵並委用人員情形摺[2]-[31]-902〔註935〕

陝西蘭州按察司革職留任奴才李元英跪奏，為奏聞事。

今有甘省料理進藏官兵并委用人員一切事宜謹據所聞所見奏聞，伏乞聖主睿鑒。

一、山西河南西安甘肅所買運糧騾九千頭皆由蘭州經過，奴才時嘗看見原屬壯健可用，其經過地方俱係早領庫銀預備支應，今有平番縣屬之沙井鹹水河，碾伯縣屬之老鴉堡，西寧縣屬之平戎堡等處原備料草人夫俱皆缺少，又騾頭至鹹水河既無料草又無槽廠，且捧送收管並無一人，以致數百騾頭盡行奔散，觧騾官紛紛具報。

一、騾頭觧到西寧係臨洮道盧官保驗收，其應用料草槽廠等項則係西寧府江洪預領銀貳萬兩支應，今聞騾頭到寧遲到三五日始為驗收，其未收之前江洪不給料草，觧騾官典衣鬻馬自行餵養，亦有不能餵養竟至受餓者。至驗收之後

〔註932〕顧實汗第六子多爾濟之孫，其父畢嚕咱納，《蒙古世系》表三十七失載，《如意寶樹史》頁五五三表十作額爾德尼台吉策旺札布，其父畢塔咱那。
〔註933〕即顧實汗。
〔註934〕即查郎阿。
〔註935〕從內容知，此為雍正六年之奏摺。

並無槽廠，皆圈放于教場空地之內，每日不給粒豆，僅以整束長草拋灑地上，且涓滴之水亦不得飲，以致騾頭蹄齧萬狀，竟有奔逸四出者，西寧城中滿街盡是。官騾嗣經查筭，騾數已少數百頭矣，現今奴才在蘭城拿獲官騾二頭，訊係西寧路拾者，已經報明仍解赴寧。

一、本年三月二十日總督岳鍾琪移咨巡撫莽鵠立，內稱西寧軍需必須大員總理，已經奏明咨請赴寧等語，文到之後莽鵠立于四月初六日自蘭起程，而西寧道府等官皆以巡撫將至，諸事觀望，並不預辦齊全，及至莽鵠立到寧，各處兵馬騾頭已雲集矣，一切事務俱至臨時紛紛忙亂，莽鵠立終日怒罵，先因教場內騾頭奔散，鞍屜口袋拋撒滿路，將西寧府經歷黃恩榮杖責，後鎖拿西寧縣何得麟，又因收過騾頭忽少數百，將管騾之臨洮道盧官保痛罵，該道氣急痰決，幾欲幾乎抹頸，為殷邦翰勸阻而止，殷邦翰三更進院面言莽鵠立，許以公同代賠騾頭始解，雖督率甚嚴，無如兵馬出口之期甚近，只得草草送兵出口，即于五月初十日起程回蘭。

一、原議運送口糧四個月，所有米麵騾頭皆如數備辦，今聞止運三個月，將一個月改為折色，其折運銀兩未知作何報銷，但口糧既經折給，則運辦之米麵騾頭鞍屜俱置不用，亦未知作何完結。

一、運糧騾頭需用鞍屜共九千副，原係陝甘兩省各辦四千五百副，今聞巡撫莽鵠立挑出四千五百幅改布屜為氈屜，西寧城中紅白氈片一時取盡，但莽鵠立移咨總督岳鍾琪則稱陝省鞍屜澆薄不堪，以致改換需費，而岳鍾琪又以陝省餘屜現在俱堪應用，何至盡行改換，或係甘省鞍屜不堪，故為推卸，致彼此有紛紛之論。

一、慶陽府知府卜瑗前係寧夏府知府，從前巡撫石文焯因其才具庸常調簡，但調簡之員例應給咨赴京引見，緣卜瑗係山東人，與藩司孔毓璞親戚，孔毓璞見其年老遲鈍，未便引見，捏稱卜瑗委辦軍需，俟軍務事竣請咨赴京，其實卜瑗安坐慶陽並未承辦軍需一事，而莽鵠立明知而代為咨部。

一、蒙皇上發到甘肅以同知通判州縣試用各員如有缺出理應委用，今藩司孔毓璞逢迎巡撫莽鵠立，將帶來甘肅効用之朱亨衍署理固原州，又委署惠安堡通判，以李敏德署理固原塩茶同知，又委署平涼縣，以傅樹崇署理莊浪同知。此三官者奉旨令莽鵠立帶來効用酌量題補之員，今並未差遣効力一事，到蘭後即報委署，而且一官兩印，至試用各官初抵蘭州即令馳往西寧協辦軍務，及至事竣回蘭又不即委署。

〔330〕四川按察使程如絲奏報查明打箭爐至西藏塘站扣存夫役馬匹等項銀數摺[2]-[33]-252

四川按察使臣程如絲謹奏，為查明扣存銀兩陳請睿裁事。

竊川省於先年軍興之時自打箭爐至西藏之塘站原設有塘馬并各官捐助之馬及營兵抽用之駄馬共叁百零捌匹，每匹日支草乾銀壹錢貳分，又僱番民之騎名烏拉馬壹百貳拾伍匹，每匹日支草乾銀捌分，又僱番民烏拉夫壹百貳拾伍名，每名日支工食銀伍分，以供往來差使之用。此自軍興至今已歷有年所矣，但口外之米糧草料雖寸莖顆粒俱從遠地運去，以壹錢貳分并捌分之草乾及伍分之工食如何可足夫馬之用，即再增一倍亦屬不敷，所以歷來任事之人每多幫賠之苦。至雍正元年軍務稍緩，各塘站有倒斃馬匹可不即行買添，通省各官亦不捐補，仍照原額領銀，遇有大差現僱馬匹供應，即有用剩銀玖千餘兩為前撫臣王景灝俱歸公項用去，至雍正貳年差使漸少，該年連閏額領銀貳萬肆百餘兩，實支現在并僱用之夫馬共用銀壹萬壹百餘兩，存剩銀壹萬貳百肆拾餘兩。雍正叁年撤回又木多以西塘馬，停支伍個月草乾，僅領銀壹萬柒千叁百餘兩，實支現在并僱用夫馬共用銀玖千陸百餘兩，存剩銀柒千餘兩。惟是內地驛站係臣管理，口外塘站乃前任臬司，臣發銀交建昌道支給，年終造冊送前任臬司，臣核明造冊奏銷，是以從前未即查明。今臣與新任建昌道臣劉應鼎悉心稽查，將雍正貳叁兩年通共扣存銀壹萬柒千貳百餘兩俱存貯道庫，臣於查明之後意欲即入雍正叁年驛站奏銷冊內，報明內部，然細籌之，邊務尚未盡停，且事須慮遠，設邊方另有他事仍需塘站，則將來之撫臣斷不敢如年羹堯之強派苛徵，從何捐幫，是不得不請動正項錢糧矣。然不據實請動事未能濟，一有貽誤干係匪輕，若據實請動較之別處大相徑庭，不但部中難以准銷，兼之創此一例別省皆有希冀之心，而在本處者竟奉為永遠之定例矣，是名為皇上節省正項（硃批：情理復彰，是），其實翻開耗費之門矣。不寧惟是，目今建昌現在相機剿撫動兵之後，百務叢興，事有巨細之不同，體有公私之各別，豈僅不當瑣瀆，抑有未便顯聞，故臣不自量其冒昧，未敢遽入奏銷。茲撫臣法敏布政司臣佛喜於建昌之役即欲題請正項錢糧，臣再三籌酌不若暫緩，倘有急需權將此項應用，仍詳明巡撫批示以便事完造冊具摺奏聞，今各處調發蠻兵，先將此項酌備賞犒諸務，彼等皆感激皇恩，踴躍從事，已各疾趨赴建。近聞建昌番蠻見如此舉動，甚畏天威，然此小醜何當天王誅討，祇湏奉令之將弁一宣聖主威德，自無不稽首歸誠，設即遽請動發正項，

似與先年之出大兵無異，揆之國體與臣等在川任事之心似未允協（硃批：動正項與報銷皆可，與國體有何干涉）。但臣至愚極陋，何敢不即奏聞，伏惟皇上聖裁，如可允臣所請，祈將臣摺奏請緣由即賜勅諭撫臣，如不便准行或應詳報巡撫即行題達（硃批：爾等商酌此事，不論如何若何皆可者，即諭勅部不便），或應入於雍正肆年奏銷冊內題明，均祈聖慈批勅摺內以便欽遵，謹奏。

附修訂摺一件

四川按察使臣程如絲謹奏，為查明扣存銀兩，陳請睿裁事。

竊川省于先年軍興之時自打箭爐西藏之塘站原設有塘馬并各官捐助之馬及營兵抽用之駄馬共叁百零捌匹，每匹支草乾銀一錢二分，又僱番民之騎名烏拉馬一百二十伍匹，每日支草乾銀八分，又僱番民烏拉夫一百二十伍名，每名日支工食銀五分，以供往來差使之用。但口外之米糧草料俱從遠地運去，每屬不敷，所以歷來多幫賠之苦。至雍正元年軍務稍緩，各塘站有倒斃馬匹可不即行買添，通省各官亦不捐補，仍照原額領銀，遇有大差現催馬匹供應，即有用剩銀九千餘兩，為前撫臣王景灝俱歸公項用去。至雍正二年差使漸少，該年額領銀二萬四百餘兩，實支現在并僱用之夫馬共用銀一萬一百餘兩，存剩銀一萬二百四拾餘兩，雍正三年撤回叉木多以西塘馬，停支五個月草乾，僅領銀壹萬柒千三百餘兩，實支現在并僱用夫馬共用銀九千六百餘兩，存剩銀七千餘兩，今臣與新任建昌道臣劉應鼎悉心稽查，將雍正二三兩年通共扣存銀一萬七千二百餘兩俱存貯道庫。臣於查明之後意欲即入雍正三年驛站奏銷冊內報明內部，然細籌之邊務尚未盡停，且事須慮遠，設邊方另有他事仍需塘站，則將來之撫臣斷不敢如年羹堯之強派苛徵，從何捐幫，是不得不請動正項錢糧矣，然據實請動較之別處大相徑庭，不但部中難以准銷，兼之創此一例別省皆有希冀之心，而在本處者竟永為定例矣，是名為皇上節省正項（硃批：所諭可謂情理透徹），其實翻開耗費之門，不寧惟是，目今建昌現在相機剿撫，動兵之後，百務叢興，事有巨細之不同，體有公私之各別，豈僅不當瑣瀆抑有未便顯聞，故臣不自量其冒昧未敢遽入奏銷。撫臣藩臣于建昌之役即欲題請正項錢糧，臣再三糸酌不若暫緩，倘有急需權將此項應用，仍詳明巡撫批示以便事完造冊具摺奏聞，今各處調發蠻兵，將此項酌備賞犒諸務，彼等感激皇恩踴躍從事，諒此小醜自無不稽首歸誠，設即遽請動發正項，似與先年之出大兵無異，揆之國體與臣等在川任事之心似未允協（硃批：或動正項或捐助皆屬可行，於國體何不允協之有）。但臣至愚極陋，何敢不即奏聞，伏惟皇上聖裁，如可允臣所請，

祈將臣摺奏請緣由即賜勅諭撫臣，如不便准行或應詳報巡撫即行題達或應入于雍正四年奏銷冊內題明，均祈聖慈批示欽遵，謹奏。

硃批：此事爾與該撫確商妥議，但不誤公，無論如何若何皆可，朕不便即勅諭施行也。

〔331〕四川巡撫蔡珽奏報周瑛兵馬抵藏日期並會同貝子噶隆等調兵防堵羅卜藏丹津情形摺[2]-[33]-394〔註936〕

四川巡撫臣蔡珽謹奏，為奏聞事。

竊思羅不臧單盡〔註937〕負恩叛逆，凢西寧及四川各處俱有勝兵，且賊已敗奔，惟慮其遠遁入西藏，故總兵周瑛奉調兼程入藏以截殺之，我兵若得先入藏則逆寇雖至亦無能為，祇自送死耳，是入藏之先後所關甚大。今臣接周瑛咨稱，我兵已於雍正元年十二月十八日抵藏，貝子噶隆等已遣公隆巴乃〔註938〕帶兵八百名前徃哈拉烏蘇把守要隘，密行偵探，並挑派唐古特兵馬一萬聽候調遣。如羅不臧單盡逃竄至藏，即會同駐藏官員皷勵兵番合力擒殺等語。伏思我兵既已到藏，藏內人心又忠誠歸附，如此必獲萬勝，臣仰惟皇上宵旰至意，謹具摺用火牌郵遞奏聞，謹奏。

硃批：周瑛已奏矣，你料理的甚好。

〔332〕奏報令齎送達賴喇嘛冊印之喇嘛官員由打箭爐出口前往西藏等情片[2]-[33]-958〔註939〕

臣在莊浪遇見祭河源之副都統廣福等，詢其口外情形，得知西海一帶因羅卜藏丹盡逞兵肆惡，遂有賊人乘間影射搶奪財物，廣福祭河事畢，亦於歸途遇賊劫去衣物等語。今有齎送達賴喇嘛冊印之喇嘛官員人等前往西藏，倘有踈虞所關不小，清字摺內止以雪大草枯為詞，令由打箭爐出口前往西藏，臣意圖穩妥，專擅之罪伏祈鑒宥。再廣福等上下人多，口外驛馬無幾，臣已代為雇騾，於十月初七日〔註9400〕自蘭州起身回京，合併聲明。

硃批：妥當之極。

〔註936〕從內容知，此為雍正二年初之奏摺。
〔註937〕即羅卜藏丹津。
〔註938〕即隆布鼐。
〔註939〕此摺為年羹堯奏摺，從內容知，此為雍正元年之奏摺。
〔註9400〕　雍正元年十月初七日。

〔333〕奏聞達賴喇嘛之父事摺[7]-《滿》-195

撫遠大將軍太保公川陝總督臣年羹堯、理藩院侍郎鄂賴謹奏，為請旨事。

奉上諭，年羹堯奏朕達賴喇嘛之父索諾木達爾扎今年前來，來後欲留京城，朕意伊留於彼處可管些小事，留於此處權衡分離他父子之輕重，則此分離尚多有關聯，斷不可帶伊來京城，住於裡塘、巴塘等地，若伊甚情願方可，若伊不情願則不可等因，奉旨，所諭甚是，達賴喇嘛之父索諾木達爾扎在羅卜藏丹津事出時，因聖上封其子為達賴喇嘛，眾人皆恭稱伊為達賴喇嘛阿瑪〔註941〕雅布〔註942〕，甚為榮耀，故竭心効力，使其父子分離，帶來京城，及住於裡塘、巴塘均不可（硃批：知道了，朕也無言）。惟今駐藏總兵官周瑛、員外郎常保，自羅卜藏丹津敗逃，將去藏索諾木達爾扎之子陳累〔註943〕送來，及年羹堯送來陳累之緣由，問答皆已另摺具奏，臣我等之意聖主若不殺陳累而寬恕，也斷不可送陳累去藏，應另辦住地。陳累者乃羅卜藏丹津之婿，幾年來與羅卜藏丹津一心生活之人，今若送回藏則必多牽念，現裡塘既駐官兵，將陳累交裡塘官員，不准其各處走動，伊原為班第，伊仍為班等或為俗人，問陳累依其心願住之，為此謹奏請旨。

硃批：甚好。

〔334〕川陝總督年羹堯奏報解送達賴喇嘛使臣來京摺[1]-5154
〔註944〕

臣年羹堯謹奏。

據駐藏內閣學士鄂賴等來報稱，達賴喇嘛遣貝子康濟鼐、阿爾布巴、達賴喇嘛之父索諾木達爾扎等來告，羅布藏丹津負恩反叛，聖主仁愛，恐來我土伯特地方擾害，特派遣大軍，堅定鎮守我喀木藏衛等處，復著我照五世達賴喇嘛賜封印冊，以此我叩恩奏書，與扎薩克大喇嘛羅布藏巴勒珠爾噶布楚〔註945〕等共同遣之，遣此使臣等，既然內地堅固，可由打箭爐路派遣等情。再扎薩克大喇嘛羅布藏巴勒珠爾噶布楚、員外郎勝珠〔註946〕亦為達賴喇嘛

〔註941〕原註，滿語父親。
〔註942〕藏語，好之意。
〔註943〕第六十九號岳鍾琪漢文摺作陳類。
〔註944〕從內容知，此為雍正二年之奏摺。
〔註945〕第二十二號文檔作扎薩克喇嘛羅卜藏巴爾珠爾噶布楚，第四十七號文檔作扎薩克達喇嘛噶布楚羅布藏巴爾珠爾。
〔註946〕《大清一統志》（嘉慶）卷五百四十七載，康熙五十六年遣喇嘛楚兒沁藏布蘭

謝恩遣使，同我等於六月初七日啟程，由巴爾喀木打箭爐路前往，騎馱馬匹共需四十一情報來。竊臣查得打箭爐驛站馬匹甚少，使臣用馬匹多，故此臣行文四川巡撫王景灝，由打箭爐租騾將使臣等解送西安後由我處送往京城等情，謹此奏聞。

　　硃批：知道了。

　　　木占巴、理藩院主事勝住等繪畫西海西藏輿圖。《平定準噶爾方略》卷八頁十六作喇嘛楚兒沁藏布喇木占巴。此喇嘛與主事勝住於西藏地理考察及地圖測繪史上為重要之人物。

第二部分 七輩達賴喇嘛遷康史料

〔1〕川陝總督岳鍾琪奏覆預籌於革達地方為達賴喇嘛修建廟宇摺（雍正六年十月初四日）[2]-[13]-497

陝西總督臣岳鍾琪謹奏，為遵旨議奏事。

竊臣前奏請派撥漢土官兵剿除翁布中等處賊蠻一摺，奉到硃批諭旨，好，應懲治者，況將來又移駐喇嘛，當預令知法，喇嘛住居之廟地方，卿亦當籌畫奏聞矣，廟之形勢大概要在十萬兩之上二十萬兩之內，欲成一大局面，方能久長，卿可斟酌料理奏聞，欽此。除將翁布中、林卡石〔註1〕等處賊蠻現在派撥漢土官兵遵旨料理外，臣思達賴喇嘛既經遷移安頓，自應揀擇妥當處所，以為長久之計，今臣欽遵俞旨，細加斟酌，查口外革達地方在亞籠江〔註2〕內，又有三渡之險，可以防範稽察，且離打箭爐僅二百餘里，附近番民俱係久附版圖，頗知守法，前經年羹堯奏請於此地安設鎮營，復經王景灝修築城垣，蓋造房屋，後因停止設營，此處城垣房屋現在空閒，臣請即於革達城內居中地面建為廟宇，將喇嘛移駐於此，其中舊蓋房屋即為駐劄官兵居住之所，於事均為妥協。惟我皇上振興黃教，不惜帑金，為喇嘛修建廟宇，必須規模宏大，工料堅固，方可以肅觀瞻而垂永久，其廟宇房屋，或照內地式樣，或照番地式樣，應作何修整，方成一大局面之處，仰懇聖恩敕諭工部審量高深丈尺，衡度房屋間數，繪成廟圖，進呈御覽，恭候皇上欽定，敕發下臣，臣當謹遵圖式，遴委廉能道府大員前往革達，估計物料工程，照圖監造，則不致靡

〔註1〕今四川省巴塘縣茶洛鄉附近地區。
〔註2〕即雅礱江。

費錢糧。至於工程浩繁，廟宇一時未能告竣，現今喇嘛遷移前來，先當籌畫安頓之處，臣請將喇嘛留在裡塘寺院，暫令居住。惟裡塘為西藏來往通衢，路途四達，務須撥兵防守，方保無虞，臣請即於西藏撤回川兵之內留住二千名於裡塘地方，加謹守護，再派川省總兵官一員前往統率，以資彈壓，俟革達廟宇告成之日，然後移駐喇嘛，仍撥兵數百名，隨赴革達城內並三渡險要江口分佈駐劄，庶為萬全之策，是否合宜，仰懇皇上訓旨，臣即欽遵奉行。至革達地方形勢容臣繪圖呈進，理合先將料理緣由，繕摺恭奏，伏乞睿鑒，為此謹奏請旨。

　　雍正六年十月初四日具。

　　硃批：是，俟朕交廷臣議定廟式，繪圖頒來，卿酌量料理，若得可信之人，監工督修人員一併令來。

〔2〕川陝總督岳鍾琪奏呈口外革達地方形勢圖摺（雍正六年十月十七日）[2]-[13]-560

　　陝西總督臣岳鍾琪謹奏，為繪圖進呈恭請睿鑒事。

　　竊臣前奉諭旨謹將口外革達地方建造廟宇移駐喇嘛緣由具摺奏摺在案，伏思革達環繞大江，更有三渡之險，足資防範，城垣完固，房屋整齊，喇嘛移駐於此最為妥協，今臣謹將革達形勢繪畫城圖進呈御覽，恭候聖恩欽定施行，理合繕摺恭進，伏乞皇上睿鑒，為此謹奏。

　　雍正六年十月十七日具。

　　硃批：廟式樣已議就，差員來有面商諭之旨。

〔3〕川陝總督岳鍾琪奏報捲撤西藏臺站官兵及續運兵糧緣由摺（雍正六年十月十七日）[2]-[13]-561

　　陝西總督臣岳鍾琪謹奏，為奏聞事。

　　竊查駐防骨兒伴鎖里麻以至西藏各臺站官兵前於吏部尚書臣查郎阿在西安時與臣面議，俟至藏之日事務料理就緒先將前項官兵趁天氣未冷之時仍由西寧一路撤回等因，業經奏明在案。今藏地軍務既竣，則駐防臺站各官兵應即及時捲撤，乃近准查郎阿移送奏稿內止稱將留駐木魯烏蘇官兵二千餘員名令副將劉永貴帶領前回西寧，而駐防骨兒伴鎖里麻之撫標官兵併自骨兒伴鎖里麻至西藏各臺站官兵並未議及，亦未聲明。查時臨冬初，口外早已寒冷，若再咨商往返，則冰雪載途，草枯水凍人馬難以行走，臣因飛咨散秩大臣達鼐將原

領陝甘二撫標官兵併相近骨兒伴鎖里麻各臺站綠旗官兵即由西寧一路撤回，其附近西藏各臺站綠旗官兵若亦由西寧而來恐天寒道遠不便行走，臣亦飛咨查郎阿即就近撤回藏地，同大兵由四川一路凱旋頗為便捷，併知會查郎阿嗣後凡有奏章文報俱有四川口外臺站遞送，庶無舛悮。再查駐防骨兒伴鎖里麻官兵原估口糧裹帶一個月運送五個月共足六個月之數，計自五月初間出口起扣至十一月初已屆六個月之期，今雖行令撤回而計算中途行走日期口糧尚有不敷，臣已飛行署西寧道寧夏府知府鈕廷彩會同鎮海營叅將馬成伏照前次運送骨兒伴鎖里麻兵糧之例僱覓夫騾酌運一個月口糧解徃接濟，以免缺乏外，所有捲撤臺站各官兵併續運兵糧緣由臣謹繕摺奏聞，伏祈皇上睿鑒，為此謹奏。

　　雍正六月十日十七日具。

　　硃批：抄錄交與議政存案矣。

〔4〕川陝總督岳鍾琪奏遵旨密移查郎阿重兵護送達賴喇嘛摺（雍正六年十月十七日）[2]-[13]-562

　　陝西總督臣岳鍾琪謹奏，為欽奉上諭事。

　　雍正六年十月初七日奉到硃批諭旨，此時事已全定，非先前可比，況此項來使更當至京者照例著遣赴京來，查郎阿處為何許久不見有奏到，想伊必待諸事清楚後奏聞也，但少疑惑，路上有不寧疎失之慮。再者著喇嘛來恐素納本達爾扎〔註3〕疑畏，或有裡塘巴塘一帶無知番眾阻留之舉亦不可不預防，恐查郎阿等親為輕易，帶護送兵太少臨期恐難措置，卿可留心知會查郎阿。再一路如何防備處加意料理可也，料亦無此事但亦不可不防範者，欽此。仰見我皇上睿慮周詳無微不照，臣跪讀之下伏思巴塘裡塘等處雖屬番民，而其心實皆恭順，今聞達賴喇嘛與大兵同來自必共相歡悅。況伊等身依聖化已非一日必不致有梗頑之事，至於沿途臺站從前雖有賊番搶奪之事，業經臣奏明現在派撥附近各土司土兵相機搜勦，此等賊番不過以搶奪為事自可易於料理。臣所慮者工布地方各番蠻皆阿爾布巴等之部落，設或被伊親屬勾結，恃險負嵎未可定。適臣准吏部尚書臣查郎阿咨送奏稿，內開官兵抵藏之後阿爾布巴隆布鼐扎爾鼐併伊等之子俱已拏獲，官兵分路撤回等語，臣查阿爾布巴之子類既已擒拿，其工布地方番蠻已無可恃之逆首，況見大兵雲集，伐罪安民，未有不畏威懷德輸誠歎附，即有疑貳之心亦必潛消默化，不敢復生他釁。再

查陝省滿漢兵丁八千四百名今仍由西寧進口者，止有沿途留住之二千名，其餘官兵除派留駐藏兵一千名外尚有滿漢兵五千四百名，同川省凱旋官兵防護達賴喇嘛俱由四川一路回汛，行走之際官兵既多，聲勢聯絡自無疎虞。今臣仰承聖訓即密移查郎阿於凱旋之時將川陝兵馬務要前後聯絡，其護送喇嘛之大營居中行走，如過工布江達、拉哩等處須令前隊官兵預先駐劄，候喇嘛過後再行起營，其餘一切事宜務期慎重嚴密，以上副聖主安遠綏寧之至意也。除達賴喇嘛來使洛布藏那木喀〔註4〕併婆羅鼐來使索諾木等臣遵旨照例派官護送起程赴京外，理合繕摺具奏，伏祈皇上睿鑒，為此謹奏。

雍正六年十月十七日具。

硃批：欣悅覽之。

〔5〕川陝總督岳鍾琪奏覆頗羅鼐與拉達克罕番部止可用於諄噶兒事防守摺（雍正六年十月十七日）[2]-[13]-563

陝西總督臣岳鍾琪謹奏，為遵旨恭奏事。

雍正六年十月十六日奉到硃筆諭旨，此係查郎阿等之奏發來與卿看，內中阿里克拉達克罕〔註5〕如此用情，將來諄噶爾事或有可用其協力處否，但當日聖祖常有諭借外彝之力而攻取人者非美事等旨，恐卿未聞，亦同諭知，欽此。臣遵將查郎阿等所奏各情節備細閱看，深悉遠人感恩向化秉忠報効之心出於誠懇篤切，洵為外服之藩籬，但思阿里克拉達克罕上明大義，戮力同心以拒諄噶兒之悖逆，其心實有可取。惟其所屬番部止可用之以防守，不便用之於進勦，若用彝攻彝恐成功之後伊等藉口驕妄，所以聖祖仁皇帝明以察遠，不假伊等之力以攻取，臣敬聞之下益思聲明垂訓備極周詳，如將來諄噶兒之事惟仰懇聖恩諭知頗羅鼐，令其與拉達克罕等止在通諄噶兒各要隘處所防範堵禦，若遇諄噶兒逆惡敗逃竄匿即行擒拏，自不至於漏網，而伊等報効之誠既可得以稍竭，即於軍行之事亦屬有益，臣謹遵旨恭奏，同原奉諭旨一併恭繳，伏祈皇上睿鑒，為此謹奏。

雍正六年十月十七日具。

〔註4〕第一部分第二八一號文檔作羅布藏那木喀，第三一五號文檔及本文檔作洛布藏那木喀，第二部分第二十二號文檔作羅卜藏納木喀，第五十三號文檔作羅卜藏那木卡。

〔註5〕《欽定外藩蒙古回部王公表傳》卷九十一頁二十九作尼瑪納木扎勒，《拉達克王國史950～1842》頁一七二作尼瑪南傑，康熙三十三年至雍正七年在位。

　　硃批：是，定進剿時有諭。

　　附硃諭一件

　　此係查郎阿等之奏，發來與卿看，內中阿里克拉達克罕如此用情，將來諄噶兒事或有可用其協力處否，但當日聖祖常有諭借外彝之力而攻取人者非美事等旨，恐卿未聞，亦同諭知。

〔6〕雲南總督鄂爾泰奏陳周瑛所稱滇兵馬匹口糧甚覺狼狽並非確論摺（雍正六年十月二十日）[2]-[13]-567

　　雲南總督臣鄂爾泰謹奏，為欽奉聖諭事。

　　竊臣奏報西藏一摺荷蒙硃批，昨二十七日查郎阿等奏已于七月二十九日抵藏，未用張弓隻矢一切事如意妥協矣，此皆仰賴天地神明之垂恩聖祖天靈賜佑之所致，實非人力所能者，朕惟以手加額倍加敬畏，實深省于心，恐生放肆輕率之念，愈信敬誠感格之理也，特諭卿共囍之，欽此。臣跪誦之餘不勝懼忡，無任感切，伏念如此大事未用張弓隻矢而一切如意妥協者此實我皇上睿籌無遺，先幾預定之所致，乃時凜天地，動念聖祖，深省于心，倍加敬畏，臣讀至恐生放肆輕率之念，愈信敬誠感格之理之諭（硃批：實出朕之至誠之言），不禁神欽氣屏，悚仄久之，此固精一危微之實際，憂勤惕厲之深衷，並非尋常德性事功諸語可以謬置擬議者也，求誠致敬，戒肆防輕，隨時隨事，臣當終身勉之。再察木多糧運荷蒙硃批，此探聽回稟之說不可全信，昨周瑛奏聞滇省兵弁馬匹口糧甚覺狼狽不便前進等語，此二論只可待徹兵後徐徐自得其情也，欽此。臣查探聽之說原不可信，前據稟報時隨經批飭，有川省米運斷不至有悞，但保滇省一切莫悞，勿令川省笑等語，因彼時川米尚未運到，滇省早運到米二千石貯察，故委員先有此稟，續據報稱川米已到，預備充足，即駐剳洛籠宗官兵亦稱供支口糧足用且甚乾淨等語，是川省辦糧原自有條理也。至周瑛奏稱滇省官兵甚覺狼狽不便前進等語似亦非確論，查南天祥等于五月二十九日內業經抵察，周瑛于六月十三日始到，滇省官兵並無遲緩，且此番出師蒙聖恩優裕賞賚，臣亦量力各給盤費馬騾衣服等物以速其行，豈有初到半路便至狼狽之理，況由察進藏馬匹雖難保缺乏，然有例買補，口糧取自川省更毋須籌辦，滇兵非甚懦弱，有何不能前進。緣周瑛于郝玉麟少有嫌隙，而滇省將弁又素不滿周瑛（硃批：重在公論，朕悉知者，周瑛氣度識見原甚中半人也），以故各懷私意，殊不思以公心辦公則川滇皆公事，彼此皆公人，和衷共濟亦何事不了，

若但存一點私則私無是處，公亦無是處，究于身何益，于人何損。臣每捧誦訓諭詳繹旁推，覺公私之辨別于毫釐，愈當深自警省，專任分理，同期以公心辦公，毋各壞私意可也，合併陳明，伏乞聖主睿鑒，臣爾泰謹奏。

雍正六年十月二十日

硃批：覽。

〔7〕鑾儀衛鑾儀使周瑛奏欽奉恩旨帶兵駐藏緣由摺（雍正六年十一月初一日）[2]-[13]-637

散秩大臣品級鑾儀衛使左都督世襲拜他喇布勒哈番帶餘功三次紀錄一次加一級仍降三級留任臣周瑛謹奏，為欽奉上諭事。

雍正陸年拾月貳拾肆日准川陝總督臣岳鍾琪咨，准兵部咨，職方清吏司案呈，雍正陸年捌月貳拾壹日怡親王等奉上諭，從前降旨令留兵叄千名駐藏，今聞藏地收成稍覺歉薄，若多駐兵丁，未免多用地方糧穀，著將川陝兵丁各留壹千名駐藏，共成貳千之數，令邁祿、周瑛總統管領，並令永昌協副將馬紀師一同駐劄料理，著即行文查朗阿、岳鍾琪遵奉施行等因轉咨到臣，欽此欽遵。竊臣邊末介士，知識庸愚，上年帶兵駐藏，不惟寸長無效，而且負咎恆多，仰蒙聖主曲賜矜全，疊沛隆恩，授臣四川提督，旋拔置近御大臣之列，得以侍從輦轂，時覲天顏，曠典殊恩，有加無已，臣即竭厥駑駘，亦不能仰報高深於萬萬之一。今復荷聖恩，命臣統兵西靖，出口以來，仰仗天威，毫無報效之處，正悚屍素之慚，乃蒙諭旨，留臣駐藏，臣聞命下，感激彌深。但臣才識短淺，膺茲重寄，捫心自問，愈切冰兢，惟有益加黽勉，同副都統臣邁祿等撫綏番部，嚴束官兵，以期仰副我皇上寧戢邊氓之至意，其應撤官兵俟起程之日另疏恭奏外，所有微臣欽奉恩旨駐藏緣由，理合繕摺奏聞，伏乞皇上容鑒施行。

雍正陸年拾壹月初壹日

〔8〕散秩大臣兼副都統達鼐奏報自索羅木領兵撤返西寧摺（雍正六年十一月初三日）[1]-3241

散秩大臣兼副都統降一級臣達鼐謹奏，為奏聞事。

雍正六年十月二十八日接據赴西藏辦事之尚書查郎阿咨開，查西藏大事俱已辦完，我處業已奏聞，一應調遣皆自四川路驛站而行，故口內各驛及西寧一路驛站宜應撤銷等語。故臣率所領駐防索羅木之西安官兵及甘肅巡撫標下綠營官兵於十一月初一日向西寧返回，行至溫暖低窪水草皆好之地，臣除身邊

留下馬兵二百等候木魯烏蘇駐驛兵丁撤至，殿後進入西寧外，將臣營所有步兵綠旗營兵交與遊擊康世隆〔註6〕守備馬思仁囑令伊等好生約束兵丁餵養馱馬馱畜徐行先赴西寧，目送其率隊起程外，臣待駐驛兵至同抵西寧後再另奏聞，為此謹奏以聞。

雍正六年十一月初三日

硃批：知道了。

〔9〕散秩大臣兼副都統達鼐奏請赴京覲見摺（雍正六年十一月初三日）[1]-3242

散秩大臣兼副都統降一級臣達鼐謹奏，為請旨事。

竊奴才謹記得前年覲見請旨時奉旨，過一二年後再命爾入覲，欽此，奴才至西寧業已三載，凡事俱遵皇上指示而行，茲西藏之事仰賴聖主威德神謀俱已順利了結，甚為太平矣，目下正值冬季乃草缺馬畜掉臕之時，青海無事，故此時若蒙允准，奴才自雇騾馬馳赴京城，瞻覲聖明，面奏請旨返回，奴才得遵旨訓而行，於諸事大有裨益，聖主若准奴才所請，印務暫交何人署理之處伏乞示下，為此謹奏請旨。

雍正六年十一月初三日

硃批：爾今年免來，候旨。

〔10〕川陝總督岳鍾琪奏報準噶爾彝使特壘出口回去日期摺（雍正六年十一月初六日）[2]-[13]-673

陝西總督臣岳鍾琪謹奏，為奏聞事。

竊查諄噶兒彝使特壘等自京回至肅州，其所帶貨物因邊地商販貲本微薄不能即速交易，恐致彝使久留，臣隨于西安府屬之涇陽縣招致皮客墊給銀兩前赴肅州貿易，業經奏明在案。今准據肅州陞任鎮臣紀成斌等呈報，彝使特壘等所帶貨物于各商到肅之日即公平議價，兩相允服，隨以緞疋銀兩并酌給茶封如數交易，止剩有銀鼠灰鼠皮一萬餘張特壘等以為自有用處依舊帶回。至于原來馬駝內倒斃馬一十三匹駝二十八隻經地方文武官選買肥壯駝隻照數補給外，其倒斃馬一十三匹據特壘等口稱無庸賣給馬匹，止照原價每匹以七兩五錢折給，及詢特壘等領到欽賜經典應需馱送駱駝若干隻，亦據特壘等面

〔註6〕《甘肅通志》卷二十九頁五十一作撫標右營遊擊康世隆。

云我們牲口足以馱送，欽賜經典不必再給，隨於十月初七日自肅州起程出口回去訖，相應呈報等情前來，所有諄噶兒彝使特壘等起程日期緣由理合繕摺奏聞，伏祈皇上睿鑒，為此謹奏。

雍正六年十一月初六日具。

硃批：哈達漢回來亦奏聞矣，著追張熙之弟之事差人可有消息否，恐伊回家漏洩機事也。

〔11〕川陝總督岳鍾琪奏覆周開捷貪黷負恩俟旋兵之日按律定擬摺（雍正六年十一月初六日）[2]-[13]-675

陝西總督臣岳鍾琪謹奏，為遵旨奏明事。

雍正六年十一月初三日奉到硃筆諭旨，據此奏若實則周開捷大負朕恩者矣，俟伊回來與前案一併察審具奏，不必出露宋可進之名姓，只言密諭發下質審者，料宋可進之奏不虛，如果係實則負恩無用之物矣，前番之令効力贖罪處亦不可也，欽此。臣欽遵諭旨將提臣宋可進摺奏情事逐一查閱，不意周開捷之貪黷居心，事事背國負恩蔑法一至於此，誠如聖諭即有行走亦不便令其再供驅策也，臣查宋可進相距不遠其所奏各款自必確有見聞，今臣將宋可進原摺暫存臣處，俟周開捷旋兵之日臣謹遵旨同從前軍需情獎一併核審，按律定擬，請旨從重治罪外，謹將奉到諭旨理合恭繳，伏祈皇上睿鑒，為此謹奏。

雍正六年十一月初六日具。

硃批：覽，俟伊到時秉公審理，亦不必從重定擬也。

附硃諭一件

據此奏若實則周開捷大負朕恩者矣，俟伊回來與前案一併密審具奏，不必出露宋可進之名姓，只言密諭發下質審者，料宋可進之奏不虛，如果係實則負恩無用之物矣，前番之令効力贖罪處亦不可也。

〔12〕川陝總督岳鍾琪奏為將西藏倡亂逆犯朱吉林正法事請旨遵行摺（雍正六年十一月十四日）[2]-[13]-742

陝西總督臣岳鍾琪謹奏，為請旨事。

雍正六年十一月十二日准欽差進藏吏部尚書臣查郎阿移送疏稿內開，阿爾布巴等已經訊明分別正法，其阿爾布巴等處差令隨達賴喇嘛之額爾沁〔註7〕

〔註7〕意為使者。

一同赴京齎奏之逆黨朱吉林〔註8〕現在西安，令臣即將朱吉林正法等因。臣隨喚朱吉林詢問，據供曾經阿爾布巴等差遣同荊鼐等在哈喇烏素地方擅殺堪布，行兇不法之處俱與查郎阿查訊情節並無互異。臣查朱吉林乃係西藏所屬之迭巴，竟敢倡率領兵同為悖逆，亦屬兇惡之人，不便寬縱，臣已將朱吉林一犯發交西安按察司碩色〔註9〕加謹羈候，其帶來阿爾布巴隆布鼐等恭進方物并起跟隨之人以及一切物件俱查明收貯經管外，但查朱吉林既至內地其應行正法之處理應請旨定奪，非臣所敢擅便，理合繕摺具奏，恭請諭旨遵行，為此謹奏請旨。

雍正六年十一月十四日具。

硃批：有旨諭議政頒發矣。

〔13〕散秩大臣兼副都統達鼐奏請萬安摺（雍正六年十一月二十二日）[1]-3263

奴才達鼐跪請聖主萬安。

雍正六年十一月二十二日

硃批：朕安，新年大禧。

〔14〕欽差鑾儀衛鑾儀使周瑛奏報川陝進藏凱旋官兵起程日期摺（雍正六年十一月二十七日）[2]-[14]-48

散秩大臣品級鑾儀衛使左都督世襲拜他喇布勒哈番帶餘功三次紀錄一次加一級仍降三級留任臣周瑛謹奏，為奏聞川陝進藏凱旋官兵起程日期事。

竊臣荷蒙聖恩，命往四川統領綠旗官兵進藏，於察木多會合滇省官兵之時，接准駐藏副都統臣馬臘等咨開，頗羅鼐帶領後藏阿里兵馬已抵西藏，甚屬恭順天朝及達賴喇嘛，隨將阿爾布巴等拘禁候旨等因。臣緣西藏事雖稍定，不可不亟往彈壓，隨於川滇官兵柒千玖拾壹名內遵旨留雲南兵丁壹千名，議留開化鎮總兵官臣南天祥，帶參將守備千把等官駐劄於彼，遙為犄角。其餘川滇官兵陸千餘員名，臣挑精健川兵壹千名，令化林副將楊大立遊守千把等官隨臣兼程進藏，又派遊擊李文秀領川兵伍百名護解軍餉銀兩，尾臣繼進，

〔註8〕《頗羅鼐傳》頁二六八載康濟鼐被殺後阿爾布巴等派洛黑達河岸的秦巴和珠吉林巴去殺害了喀喇烏蘇的堪布和宰桑。此處朱吉林即《頗羅鼐傳》所載之珠吉林巴。

〔註9〕《清代職官年表》按察使年表作陝西按察使碩色。

又派守備相琳及千把叁員帶川兵伍百名沿途安設臺站，以速軍機，以資連絡，其餘川兵貳千名委令參將李棟、遊擊常力行及守備千把等官，於類伍齊水草便宜之處駐劄，滇兵貳千名委令副將李宗曆、遊擊洪楊等及守備千把等官鈐束，於洛隆宗水草便宜之處駐劄，聽候遣用，及臣等會合抵藏緣由，俱經奏聞在案。今准川陝總督臣岳鍾琪及總理軍務吏部尚書臣查朗阿咨，准兵部咨開，為欽奉上諭事，奉旨，從前降旨令留兵叁千名駐藏，今聞藏地收成稍覺欠薄，若多駐兵丁，未免多用地方糧穀，著將川陝官兵各留壹千名駐藏，共成貳千之數，令邁祿、周瑛總統管領，並令永昌協副將馬紀師一同駐藏料理，著即行文查朗阿、岳鍾琪遵奉施行，欽此欽遵，轉咨到臣。臣隨將欽奉駐藏情由，繕摺具奏，並行領兵進藏官員，將留駐兵丁逐一派定駐劄，應撤官兵候期起程，亦經咨商尚書臣查朗阿，酌定起程日期，迅為賜覆。嗣准咨開，查大兵凱旋，准於拾壹月貳拾叁日自藏起程，所有駐劄樂隆宗〔註10〕、類伍齊一帶川滇官兵肆千餘員名，前經本部堂具奏，暫令駐劄，俟料理事務畢，從原路撤回，今西藏事務俱各料理完畢，自應照依原奏，先期行文撤回。再駐劄察木多官兵，俟應撤之日本部堂另文移咨等因。臣隨行川滇留駐樂隆宗之副將李宗曆，留駐類伍齊之參將李棟等，各將所領官兵撤領回營，仍將官兵進口日期具報各省督撫提臣轉奏。今川陝自藏應撤回副將惠延祖、周起鳳、楊大立及參將遊擊等官兵於雍正陸年拾壹月貳拾叁日起程，吏部尚書臣查郎阿、副都統臣馬臘於貳拾肆日帶滿漢官兵同達賴喇嘛自藏起程，西寧鎮總兵官臣周開捷亦於本月貳拾柒日帶兵起程。再查原派川陝雲南三省綠旗官兵共壹萬伍千貳百壹拾捌員名，內除兩路留駐及安臺站外，四川進藏官兵共計壹千伍百叁拾員名，陝西進藏官兵共計伍千伍員名，總計川陝進藏綠旗官兵共陸千伍百叁拾伍員名，今遵旨將川陝兵丁各留壹千名，共成貳千之數。臣於四川派馬兵貳百伍拾捌名，步兵柒百肆拾貳名，留遊擊馬良柱、李文秀，守備洪德周、王作所，千把總十四員管領。陝西派馬兵柒百伍拾名，步兵貳百伍拾名，留遊擊馬麟、馬進仁，守備和尚〔註11〕、柳岷、柴國梁，千把總拾壹員管領，悉聽副將馬紀師鈐束，隨臣等駐藏。其餘凱旋官兵共肆千伍百員名俱經陸續起程訖，今西藏事務雖竣，現遵諭旨留駐官兵，則沿途臺站及察木多駐劄官兵未便遽撤，自應仍照常安設駐劄，俟達賴喇嘛至裡塘事定之日

〔註10〕《欽定理藩院則例》（道光）卷六十二作洛隆宗，今西藏洛隆縣康沙鎮。
〔註11〕據本部分第二九九號漢文摺，此人名和尚，後陞任駐藏陝西督標前營遊擊。

聽尚書臣查朗阿再為具奏請旨，所有查朗阿等帶兵凱旋，及同達賴喇嘛起程日期緣由，理合繕摺奏聞，伏乞皇上睿鑒施行。

雍正陸年拾壹月貳拾柒日

〔15〕川陝總督岳鍾琪奏為預辦達賴喇嘛進駐裡塘事宜請旨遵行摺（雍正六年十二月初七日）[2]-[14]-107

陝西總督臣岳鍾琪謹奏，為請旨事。

雍正六年十一月二十九日准欽差吏部尚書臣查郎阿等清咨移送奏聞摺稿到臣，內開，達賴喇嘛敬遵諭旨，於十一月二十三日自藏起身，同官兵前來裡塘等因。准此，臣查前因具奏派留統兵大員駐藏事宜，曾經奏明令查郎阿選派精兵將達賴喇嘛沿途防護前來，今達賴喇嘛既於十一月二十三日自藏起程，計期明年二月初十間可至裡塘，查裡塘原有達賴喇嘛之寺院，即可令其住坐，無庸另為置議。惟防護之官兵並領兵駐劄之大員皆關緊要，且統兵之員必須派令鎮臣前往彈壓，方為妥協，今臣議派四川重慶鎮臣任國榮前赴裡塘，並咨會查郎阿，俟官兵到裡塘之日即令任國榮於四川進藏凱旋馬步兵丁內挑選精兵二千名，並酌留員弁交與任國榮統領駐劄。再達賴喇嘛初至裡塘，凡藏內所有什物未能即到，其初來之供應皆宜預為辦理支給，以仰副我皇上振興黃教之洪仁，但達賴喇嘛應否供應，並可否令鎮臣任國榮前往統兵駐劄之處，非臣所敢擅便，理合奏請訓旨，以便欽遵料理，為此謹奏請旨。

雍正六年十二月初七日具。

硃批：甚是，另有旨諭部頒發，喇嘛一切用度供給俱當從豐裕料理之。

〔16〕川陝總督岳鍾琪奏覆欽奉敕發查郎阿奏摺欣知西藏事宜俱已妥當摺（雍正六年十二月十五日）[2]-[14]-154

陝西總督臣岳鍾琪謹奏，為回奏事。

雍正六年十二月初四日欽奉敕發辦理藏內事務吏部尚書臣查朗阿等摺奏到臣，隨即跪領捧讀，備知西藏事宜俱已安頓妥當，可勝欣幸之至。伏思阿爾布巴等逞奸狂悖，過惡多端誠為法所不宥，蒙皇上培養黃教惠愛番黎，特遣大臣統領三省官兵指授方署前徃料理，聖謨廣運睿算周詳，是以大兵未至而頗羅鼐已仰仗天威即將逆首擒獲。至吏部尚書臣查朗阿等恪遵廟算，籌畫萬全，將阿爾布巴隆布鼐等訊取確供按法梟示，又分別首從定擬斬徒，情罪允協，處置得宜，而西藏番民皆得登諸衽席不遭阿爾布巴等毒害，黃教復興，烽烟頓息，

此皆我皇上如天之仁，怙冒西土，自此億萬斯年永享義安〔註12〕之福，其樂利亦曷有窮耶，臣細讀摺內情由實深踴躍懼怵，理合繕摺回奏，伏祈睿鑒，為此謹奏。

雍正六年十二月十五日具。

硃批：此番事查朗阿辦理一一甚屬是當，朕深喜悅焉，此人朕獎他一派良心方寸中，滿大臣內為第一人，所以遇事上天神明之賜佑也，如是朕深慶幸焉。

〔17〕川陝總督岳鍾琪奏賀聖謨廣運藏地肇寧摺（雍正七年正月初五日）[2]-[14]-221

陝西總督臣岳鍾琪謹奏，為聖謨廣運藏地肇寧繕摺恭慶仰請睿鑒事。

雍正七年正月初一日奉到皇上勑發吏部尚書臣查朗阿等議奏料理西藏善後事務奏摺九件，達賴喇嘛謝恩奏摺二件，班臣厄爾得尼〔註13〕謝恩奏摺一件，臣遵即詳細繹視，是皆由睿算周詳預為訓示，因而查朗阿等遵旨辦理舉措咸宜，而達賴喇嘛并班臣厄爾得尼莫不心悅誠服，臣於歲序更新之始適逢遠服肇安之基，中心雀躍望闕歡騰，理合繕摺恭慶，伏祈皇上睿鑒，為此謹奏。

雍正七年正月初五日具。

硃批：同喜。

〔18〕諭內閣著封頗羅鼐為貝子（雍正六年十二月二十一日）[3]-690

諭內閣，從前西藏用兵之時頗羅鼐甚為効力，蒙聖祖仁皇帝授為扎薩克台吉，上年西藏噶隆等因嫉妒爭權彼此不睦，阿爾布巴、隆布奈、扎爾鼐暗結匪類公然肆惡，將朝廷敕封貝子總理事務之康濟鼐擅行殺害，並欲害及頗羅鼐，頗羅鼐受其逼迫領兵為康濟鼐復仇，將逆黨罪狀奏聞，是以朕特遣大臣等領兵前往究問情由，以便分別治罪，頗羅鼐聞大兵將至率眾奮勇前驅，直抵藏地，阿爾布巴等力屈勢窮，被各寺喇嘛等拘執獻出，欽差大臣到彼一一究問，盡得其悖逆妄亂之情，已將阿爾布巴等及逆黨正法，西藏殲此渠魁黃教可興番眾可

〔註12〕原文如此，疑為乂安之誤。

〔註13〕即五世班禪額爾德尼，《欽定西域同文志》卷二十三頁五載其名班臣羅布藏葉攝巴勒藏博，班臣羅布藏吹吉佳勒燦之呼必勒汗，出於藏之圖卜扎爾，坐扎什倫博寺床，封班臣額爾德尼，賜冊印。

輯，頗羅鼐深知大義，討逆鋤奸，俾無辜受害者得雪沉冤，背旨肆行者早正刑辟，甚屬可嘉，著封為貝子，以獎義勇以昭國憲。

〔19〕散秩大臣兼副都統達鼐奏報青海諸王貝勒等謝恩摺（雍正六年十二月二十一日）[1]-3281

散秩大臣兼副都統降一級臣達鼐謹奏，為轉奏叩謝天恩事。

據青海扎薩克和碩親王戴青和碩齊察罕丹津等王貝勒貝子公等咨臣印文，內開，為請轉奏事，聖主為區別國朝臣員大小貴賤，特頒諭旨命各按品級頂戴，欽此欽遵。察罕丹津我等所戴頂子理應由我等各自仿照朝中式樣自製，聖主鑒於我等遠居邊鄙，深恐頂戴一時難得，特命內造賜與我等，實不分內外一視同仁之至意，我等除欽遵頂戴外將此遍諭各旗台吉，凡願頂戴者俱按其官級頂戴一體遵行，如此則官級大小貴賤皆可一目了然，是以察罕丹津我等青海諸王貝勒貝子公等公同叩謝主恩，懇祈轉奏等情。故臣將青海扎薩克和碩親王戴青和碩齊察罕丹津等王貝勒貝子公叩謝天恩之處繕摺奏聞。

雍正六年十二月二十一日

硃批：知道了。

〔20〕散秩大臣兼副都統達鼐奏報駐防索羅木之官兵返回西寧日期摺（雍正六年十二月二十九日）[1]-3283

散秩大臣兼副都統降一級臣達鼐謹奏，為奏聞事。

切照臣奏前事內開，臣率領駐防索羅木之西安官兵及甘肅巡撫標下綠旗營官兵於十一月初一日向西寧撤回，行至溫暖低窪水草好地，臣除身邊留下綠旗營馬兵二百等候木魯烏蘇設驛兵丁撤至，殿後進入西寧外，俟至西寧後再另奏聞等情。此奏之後臣領二百綠旗營馬兵駐於青海浩勒以候，查臣所領此二百綠旗營馬兵，設驛之巡撫標下綠旗營兵及青海蒙古兵丁之行糧皆夠食至十一月三十日，而木魯烏蘇來兵尚無消息，若仍將該兵留於野外等候來兵則需再運行糧，徒費錢糧，且遇大雪馬畜困厄亦未可料，故臣將索羅木等處駐驛之蒙古綠旗營官兵撤回，令臣所領之二百綠旗營馬兵及駐驛之巡撫標下之一百六十名綠旗營官兵於十二月初四日自浩勒起程先入西寧，而後各返本處。又自青海附近扎薩克旗駐驛蒙古兵中選派八十名留在浩勒，盡臣所能酌量撥給行糧，等候木魯烏蘇來兵外。木魯烏蘇、索羅木等地地處高寒之處，每年秋季必定降雪，秋季行人受阻不可通行已有多年，因恐後到兵丁遇雪受阻，臣遂派人前往

迎接，十二月初六日臣所遣之人行至木魯烏蘇以裡道色勒卜地方遇見駐驛官
兵，兵丁途中未曾遇雪，於本月二十五日安抵臣等候之浩勒地方。臣伏惟此皆
聖主不思安逸，日夜勤政，仁愛天下軍民猶如赤子之至誠之意感動天合，全未
降雪，使不可通行之地暢通無阻，兵丁順利通過也，由此次兵丁順利返回一事
可見聖主仁德，承上蒼嘉應，實乃奇哉。是以臣與兵丁於十二月二十九日返抵
西寧，為此將木魯烏蘇至藏設驛官兵平安返回之事繕摺奏聞。

雍正六年十二月二十九日

硃批：覽摺甚慰朕懷，此皆爾等任事之臣為國家竭盡忠誠，上蒼明鑒施恩
所至，實喜事哉。

〔21〕川陝總督岳鍾琪奏請敕令查郎阿赴陝會辦軍務摺（雍正七年正月十三日）[2]-[14]-233

陝西總督臣岳鍾琪謹奏，為欽奉上諭事。

竊臣欽奉硃批諭旨，此任朕實不得人，便督撫中亦只鄂爾泰李衛可勝之，
如何動得，大概朕意黃廷桂補巡撫，查朗阿署卿印務，二人相共料理或可不
悞，朕意亦尚未定，或川省再命一人署川督分理，朕再斟酌之，欽此。仰見
我皇上明並日月睿慮周詳，查朗阿存心誠厚，辦事明白，足可勝任，加之黃
廷桂相共料理更屬妥當，臣跪讀之下欣悅慶幸。但查臣交代事件頭緒繁多，
況兼軍需番情更屬緊要，必得共事數月方不致遺漏事件，合無仰懇聖恩特降
諭旨令查朗阿到裡塘將達賴喇嘛安頓停妥之後即便赴陝同臣會辦軍務，以便
細心交代，庶軍務邊情俱得面商籌畫矣，理合繕摺謹奏，伏祈皇上睿鑒施行，
為此謹奏請旨。

雍正七年正月十三日具。

硃批：是，另有旨諭。

〔22〕川陝總督岳鍾琪奏請將逆犯阿爾布巴之貢物與朱濟布所帶物件賞給達賴摺（雍正七年正月十三日）[2]-[14]-234

陝西總督臣岳鍾琪謹奏，為請旨事。

竊查逆犯朱濟鄰〔註14〕從前黨助阿爾布巴等為首領兵在哈拉烏蘇地方逞

〔註14〕《頗羅鼐傳》頁二六八載康濟鼐被殺後阿爾布巴等派洛黑達河岸的秦巴和珠
吉林巴去殺害了喀喇烏蘇的堪布和宰桑。此處朱濟鄰即《頗羅鼐傳》所載之珠
吉林巴。

兇混殺，奸惡已極，今尚書臣查郎阿仰賴聖主威德平安抵藏，元兇授首，諸事俱已料理妥協，而朱濟鄰現今充使留陝，臣准理藩院咨即遵旨行令西安按察司碩色轉飭署咸寧縣事定邊縣丞張興於雍正六年十一月二十四日酉時將朱濟鄰正法訖，惟查阿爾布巴貢物併朱濟鄰所帶物件可否交與達賴喇嘛來使堪布羅卜藏納木喀〔註15〕等帶去賞給達賴喇嘛之處，臣未敢擅便，理合一併繕摺恭奏，伏乞皇上睿鑒訓示遵行，為此謹奏請旨。

雍正七年正月十三日具。

硃批：交與喇嘛來人帶去。

〔23〕川陝總督岳鍾琪奏報林卡石行劫番民業經平定並續遣官兵進勦桑阿邦等處摺（雍正七年正月十六日）[2]-[14]-248

陝西總督臣岳鍾琪謹奏，為奏聞事。

臣查裡塘一帶地方有林卡石、桑阿邦〔註16〕、翁布中、瞻兌〔註17〕等處賊蠻屢行劫奪，出沒無常，臣於上年具摺奏請派調木鴉、裡塘、瓦述〔註18〕等處番兵共三千五百名，分遣遊擊高奮志帶領化林協兵三百名督催番兵進勦翁布中、瞻兌賊蠻。又派調疊爾革、巴塘、乍丫等處番兵四千名，分遣守備吳鎮〔註19〕帶領駐防巴塘之撫標兵二百名督催番兵追勦桑阿邦、林卡石賊蠻，奉旨俞允，當即欽遵在案。今據守備吳鎮報稱林卡石地方業經平定，所獲為首賊蠻俱在該地就近正法梟示，其餘桑阿邦等處尚未平服。查桑阿邦地方遼闊，番戶眾多，雖目下現在分兵進勦，但恐地廣蠻稠，深山密箐，俱係藏奸之藪，原派土兵不足分佈或致耽延時日，臣據報已移咨吏部尚書臣查朗阿於西藏撤回官兵內酌撥川省綠旗官兵一千名督率各處土兵協同進勦。今奉諭旨據查朗阿奏

〔註15〕第一部分第二八一號文檔作羅布藏那木喀，第三一五號文檔、第二部分第四號文檔作洛布藏那木喀，第二部分第五十三號文檔作羅卜藏那木卡。

〔註16〕清代檔案文獻常作三暗巴、三岩，今西藏貢覺縣雄松鄉、四川白玉縣山岩鄉跨金沙江一帶地方，趙爾豐武力川邊改土歸流時設武城縣，縣署即位於雄松鄉。

〔註17〕常寫作瞻對，今四川省新龍縣一帶地區，自康熙五十九年清廷納西藏於治下，漸次招撫西康各藏人部落，瞻對亦受撫，授以土司，然瞻民桀驁為諸土司最，自雍正至清末清廷累次用兵平亂，然皆旋平旋復。

〔註18〕瞻對、理塘附近瓦述諸部落有瓦述毛丫長官司、瓦述崇喜長官司、瓦述曲登長官司、瓦述嘓隴長官司諸土司皆冠名瓦敘，位於四川省理塘縣禾尼鄉、曲登鄉、雅江縣紅龍鄉、西俄洛鄉、白玉縣遼西鄉境內，應即此數土司。

〔註19〕《四川通志》（乾隆）卷三十二頁三十八作小河營守備吳鎮。

稱關卓爾〔註20〕地巴阿旺札卜等抗違不法，令臣遣兵協助，臣又密咨查朗阿將駐防巴塘之瓦寺等土兵三百名就近調用，如尚不敷并將進剿桑阿邦之各處番兵皆可調遣，俟關卓爾料理妥協即酌撥官兵會剿桑阿邦賊眾，更易為力。除俟桑阿邦等處剿撫事竣，將前後進剿情形詳悉奏聞外，所有平定林卡石賊蠻并會兵剿撫桑阿邦緣由理合繕摺恭奏，伏祈皇上睿鑒，為此謹奏。

雍正七年正月十六日具。

硃批：嘉悅覽焉。

〔24〕川陝總督岳鍾琪奏覆擒拏關卓爾城之地巴阿旺扎卜等番民情形摺（雍正七年正月十六日）[2]-[14]-249

陝西總督臣岳鍾琪謹奏，為遵旨回奏事。

雍正七年正月十四日接到和碩怡親王暨大學士臣馬齊、張廷玉、蔣廷錫等來字，內開議覆辦理藏內事務吏部尚書臣查朗阿等摺奏，擒拿關卓爾城地巴阿旺札卜、敦塔爾二人緣由，奉旨，查朗阿等於十一月二十三日移接達賴喇嘛自藏起程，途中雖未必速進，計至查木多之期不過七八十日，此奏於十一月二十三日齎呈，今已四十餘日，再知會岳鍾琪又須半月，未知信到陝西時岳鍾琪發遣人去尚可趕上否，如估計可以趕上或定應遣人協助，岳鍾琪可挑選勇健之兵三百名，再於雜果九斯等處調撥善於行走山路生力之兵酌量若干發去，此遣去之兵但稱遣來迎接達賴喇嘛，不可令關卓爾城之人知覺以致阿旺札卜等脫逃，如岳鍾琪料回藏之兵已足辦理不必再遣協助亦聽其斟酌，爾等密行寄信與岳鍾琪，并將查朗阿奏摺譯出漢文寄去，欽此，寄字到臣。竊查關卓爾地方界在金沙江外，與叉不多、乍丫接壤，向係達賴喇嘛所屬，後因諄噶爾竊踞西藏，遂為羅布藏丹盡所有，青海平定之後經雲南提臣郝玉麟等招撫在案，於雍正四年奉旨欽差鄂奇等分定疆界，將關卓爾議定賞給達賴喇嘛官束，此關卓爾始末情節也。今臣細繹查朗阿奏疏內稱地巴阿旺札卜、敦塔爾等抗不與達賴喇嘛當差，心存悖逆，理應發兵懲創，但查西藏一路地巴凡有事故開缺俱係達賴喇嘛選補，與內地流官之例相同，非與土司世守之業可比，其屬下之番人斷不敢助虐地巴抗拒天朝，況番民素信黃教，今達賴喇嘛遷赴裡塘而該處番民自必踴躍迎接，更可預煩料，其斷無助惡為逆之事

〔註20〕《欽定理藩院則例》（道光）卷六十二作官覺宗，今西藏貢覺縣，宗址在今西藏貢覺縣哈加鄉曲卡村。

也。臣愚以為查郎阿所奏俟到叉木多誘擒料理必能完結，但恐阿旺札卜、敦塔爾自知有罪不肯前來迎接，或預行逃遁自應發兵擒拏未便任其兔脱，臣查凱旋綠旗官兵儘足遣用，至善於行走山路之蠻兵實不可少，臣查現有裡塘等處駐防瓦寺等土兵三百名便可就近調用，臣即遵旨密咨查朗阿如阿旺札卜、敦塔爾等敢於抗拒逃遁即將駐防之瓦寺等土兵就近調用，如尚不敷分遣，查上年裡塘一帶地方有林卡石、桑阿邦、翁布中、瞻兑等處賊蠻屢行劫，業經臣奏請派調附近土兵協力進剿，所以現在進剿之疊爾革、乍丫、木鴉、瓦述等處番兵俱可調用，除詳細密咨查朗阿外，理合繕摺密奏，伏祈皇上睿鑒，為此謹奏。

雍正七年正月十六日具。

硃批：覽奏詳悉妥協之至，釋朕微慮矣。

〔25〕散秩大臣兼副都統達鼐奏轉喀爾喀貝勒謝恩摺（雍正七年正月二十一日）[1]-3306

散秩大臣兼副都統降一級臣達鼐謹奏，為轉奏聞叩謝天恩事。

切為此事捧接部咨，臣即召喀爾喀等至，咨行赴藏員外郎班第，令貝勒車木楚克納木扎爾等來西寧，臣欽遵上諭向伊等宣諭皇上旨意，賞賜銀兩畢。伊等率眾跪稱前年過冬時蒙皇上軫念賞賜我等以銀兩，去年藏事雖定，但以時值冬季行走勞苦，恐行糧受損令賞賜行糧等因，仰蒙皇上明鑒，下頒諭旨，今恐誤呼圖克圖之事〔註21〕，復蒙重恩賞賜我等以銀兩，誠屬高厚之恩，我等全喀爾喀生計皆仰賴皇上之恩，荷蒙皇上如此種種仁恩安可能報答，我等惟世世衷心感激，祈禱皇上萬萬歲外無由報答等語，言畢眾人望闕謝恩訖，所以臣將喀爾喀貝勒車木楚克納木扎爾等叩謝天恩之處，具摺謹奏以聞。

雍正七年正月二十一日

硃批：知道了。

〔26〕散秩大臣兼副都統達鼐奏轉喀爾喀貝勒赴京請安摺（雍正七年正月二十一日）[1]-3307

散秩大臣兼副都統降一級臣達鼐謹奏，為轉奏聞事。

切喀爾喀貝勒車木楚克納木扎爾等跪稱，我等貝勒公台吉喇嘛等在遊牧

〔註21〕指哲布尊丹巴一世，土謝圖汗察琿多爾濟之弟。

所時無論我等自己或使臣等每年必請聖主安，自離遊牧所起程至此以來未獲請聖安，我等俟青草萌發又起程赴西藏，請由臣處轉奏請安之事等語，所以臣將喀爾喀貝勒車木楚克納木扎爾等所告之事，具摺謹奏以聞。

雍正七年正月二十一日

硃批：朕躬甚安，著降旨問伊等好。

〔27〕川陝總督岳鍾琪奏請撥建造革達地方廟宇銀兩摺（雍正七年二月初一日）[2]-[14]-385

陝西總督臣岳鍾琪謹奏，為請旨事。

臣查革達地方建造廟宇移駐達賴喇嘛，此我皇上培養黃教惠愛番黎之至意，但規模宏遠工程浩大，一切木植物料務須及早備辦，況達賴喇嘛遷移前來將抵裡塘，倘不亟為料理必至工程遲悞，臣約署估計廟宇工料需費十餘萬兩，而四川藩庫撥解軍需之外無可動用，臣因廟宇關係緊要，隨令四川布政使於庫內不拘何項暫撥銀二萬兩解赴革達，并檄令承辦官員先將木料預為辦理擇日起工，仰懇聖恩於附近省分勅部撥銀一十五萬兩速解來川以便轉解革達接濟工程，并補還司庫那動之項，庶廟宇得以及早告成不致濡滯時日矣，理合繕摺奏請，伏祈皇上睿鑒，為此謹奏。

雍正七年二月初一日具。

硃批：交部錄存矣。

〔28〕吏部尚書查郎阿等奏報達賴喇嘛奉諭歡忭摺（雍正七年二月初四日）[1]-3312

入藏辦事之吏部尚書臣查郎阿等謹奏，為奏聞事。

雍正七年正月二十六日奉皇上硃批御旨，朕由此處亦將派臣往迎喇嘛，著將朕命往迎之處告知喇嘛，以朕旨問喇嘛好，欽此欽遵。臣等向達賴喇嘛傳諭皇上之旨，達賴喇嘛自禪座下來聆旨，而後合十謂臣等曰，我一賤身喇嘛自幼至今日荷蒙聖祖及當今文殊師利佛皇上之恩，比天高比地厚，無以為報，茲皇上又自〔註22〕萬里之遙問好，以我來至裡塘派臣來迎，鄙喇嘛聞旨不勝歡忭，且我土伯特眾生更可承恩靡涯也，除為皇上基業永固而日夜唪古魯木經外，奏言難拙等語。再達賴喇嘛出來前身體不好，自臣等領達賴喇嘛自藏上路以來，

〔註22〕原文作旨，今改為自。

喇嘛之身體顏色漸漸好了，且甚歡悅，唯望馳抵裡塘，為此謹具奏聞。

雍正七年二月初四日

尚書臣查郎阿。

副都統臣馬喇。

硃批：此次諸事皆賴天慈聖祖皇考庇佑而成，實出朕之所望，順利完成，唯合掌叩恩耳，降爾之旨皆未收到。

〔29〕吏部尚書查郎阿奏謝御賞衣物摺（雍正七年二月初四日）[1]-3313

奴才查郎阿謹奏，為叩謝天恩事。

雍正七年正月二十六日接奉皇上硃批御旨，賞給奴才之貂尾帽、元狐皮馬褂、羊皮腰帶、火刀荷包琺瑯盒子、二匣子果子等物，奴才跪伏祗領，仰天三跪九叩，奉硃批今藏荷蒙天庥，直隸各省咸俱豐收，欽此。奴才伏惟，此皆聖主不圖安逸，日夜勤政，告祭壇廟，為天下兵民虔誠祝禱，因而感召天慈，聖意天意合而為一，致使直隸各省比年連續豐收，即使邊陲番地亦收成極佳，至此次西藏之事皇上早已洞鑒籌謀在前，奴才唯頂戴聖訓銘刻在心，欽遵而行，凡事俱遵旨辦理，毫無効力之處，茲皇上格外施恩賜降溫綸，自遙遙內廷賞給奴才衣帽果子等物，實非奴才所能承當者，奴才除叩謝天恩外，奏言難名，為此謹奏。

雍正七年二月初四日

硃批：知道了。

〔30〕吏部尚書查郎阿等奏報調兵往援臨卡石等處剿匪摺（雍正七年二月初四日）[1]-3314

入藏辦事之吏部尚書臣查郎阿等謹奏，為奏聞事。

據陝西總督公岳鍾琪咨稱，據辦理巴塘糧務之和州知州張智〔註23〕等呈報，巴塘轄屬之翁布鍾〔註24〕、桑恩邦〔註25〕、臨卡石〔註26〕、加應邦〔註27〕

〔註23〕和州為合州之誤，即今重慶市合川區。《四川通志》卷三十一頁三十四作合州知州張植。

〔註24〕本部分第一、二十三、二十四號文檔作翁布中。

〔註25〕清代檔案文獻常作三暗巴、三岩，今西藏貢覺縣雄松鄉，四川白玉縣山岩鄉跨金沙江一帶地方，趙爾豐武力川邊改土歸流時設武城縣，縣署即位於雄松鄉。

〔註26〕今四川省巴塘縣茶洛鄉附近地區。

〔註27〕今四川省巴塘縣茶洛鄉附近地區。

等處之番匪屢屢搶劫軍糧及馬騾牛，綁縛驛站兵丁，扒衣取物等語，辦理察木多糧務之徐州府知府王勛〔註28〕亦如是呈報。查得翁布鍾、桑恩邦等之番子受招撫已久，茲如此不守本分恣意搶劫，對其若不予以靖掃，日後運送軍需往返必甚艱難，故酌情調德爾格忒土司〔註29〕兵一千五百名巴塘土司兵一千五百名乍丫土司兵一千五百名，由提督標下千總吳征〔註30〕率駐巴塘之巡撫標下之兵二百，督領各土司之兵，清剿桑恩邦、臨卡石等處之番匪及所有賊匪出沒之地。又派毛丫土司兵一千五百名裡塘瓦舒等處土司兵二千，由署理化林副將事務之黎雅營遊擊高分峙〔註31〕率化林副將標下之兵三百，督領土司之兵清剿翁布鍾、瞻對〔註32〕等處之番匪及所有賊匪出沒之地等情，具奏派遣之。又據德爾格忒之達木巴齊里〔註33〕呈稱，既言所遣官員持牌來領土司兵，不敢違令，唯桑恩邦、臨卡石二地賊匪甚眾，如今俄澤、楚樹二地在浩爾〔註34〕地方以北，皆為哈喇格爾、桑恩邦之民，山寨眾多，把守嚴密，人亦皆兇悍，茲所遣內地之兵人少，卑職恐難制服伊等等語。查得遊擊高分峙率官兵已於本年十一月初六日自打箭爐出關，如今達木巴齊里既然實情呈報，祈請尚書酌情於撤回四川之兵內撥調一千，派官率領前往巴塘，與新任之肖河營守備吳徵〔註35〕兵馬會合，先肅清臨卡石後再靖掃桑恩邦地方，此二處〔註36〕賊匪靖滅後再清剿有賊匪出沒之地。遊擊高分峙剿匪時若需調兵即交付領兵而行之員，分兵援剿務必根除，不得有一匪漏網，以除日後之憂，俟各處平定後所遣官兵再返回等情。查得自四川進藏之兵共計四千，留在類伍齊之兵二千駐驛之兵五百，進藏之兵唯一千五百，現留藏之兵一千，剩餘之五百兵丁已由臣等率領出藏矣，臣等自藏起程之前曾具奏將洛隆宗、類伍齊之駐軍

〔註28〕徐州為敘州之誤。《四川通志》卷三十一頁五十一作敘州府知府王詢。
〔註29〕清時期為德爾格忒宣慰司，轄地包括今四川省德格、鄧柯、石渠、白玉諸縣。
〔註30〕《四川通志》（乾隆）卷三十二頁三十八作小河營守備吳鎮。此時為千總，應即此人。
〔註31〕《四川通志》（乾隆）卷三十二頁四十六作黎雅營遊擊高奮志。
〔註32〕今四川省新龍縣一帶地區，自康熙五十九年清廷納西藏於治下，漸次招撫西康各藏人部落，瞻對亦受撫，授以土司，然瞻民桀騖為諸土司最，自雍正至清末清廷累次用兵平亂，然皆旋平旋復。
〔註33〕《中國土司制度》頁二九六錄《四川通志》（嘉慶）作德爾格忒宣慰司宣慰使丹巴策凌。
〔註34〕常寫作霍爾，藏人對非藏人之北方游牧民族之統稱，此處似指三十九族。
〔註35〕《四川通志》（乾隆）卷三十二頁三十八作小河營守備吳鎮。
〔註36〕原文作二外，今改為二處。

撤回原省矣，今總督岳鍾琪咨稱自撤回四川之兵內挑選一千派往巴塘，增援
守備吳征〔註37〕，靖除桑恩邦等處之賊等語。臣等竊惟茲不唯於藏駐有大
軍，察木多亦有駐兵，往返運送糧秣一旦為該等番匪搶劫而去，關係非同小
可。臣等沿路打探，亦言桑恩邦等處番子甚為兇悍，人數眾多，茲乘此出兵
之機剪除該等蠻番甚為便利，故臣等將現領之五百四川兵丁除去生病馬畜羸
瘦者外，選派四百兵丁派提督標下右翼營守備劉貴〔註38〕統領該四百兵馬，
又派千總把守五各協理其事。其不足之六百兵馬於現已撤回之陝西兵丁內調
六百，湊足一千，派潼關副將屬下守備戴義雄〔註39〕率領該兵。此次派遣之
四川陝西之一千兵馬內馬兵六百零五步兵三百九十五，其中鳥槍三百九十五
支威遠炮六門子母炮四門，每炮及鳥槍皆備帶發射三百次之火藥子彈，馬匹
除馬兵自乘者外馬兵步兵每三人合給馱馬一匹，該項馬匹皆選臕肥馬壯者撥
給。四川兵丁現皆沿路領取自內地運往乍丫、巴塘、裡塘之糧米，故現調往
之四百兵丁自巴塘攜帶一個月之乾糧，撥給一個月之鹽菜銀，乾糧用完後或
於巴塘或於裡塘就近接濟。陝西之兵截止至本年五月初六日俱領取了六個月
之折銀，交各該管官員收貯，按月計日發給，現調出之六百兵丁將所領剩餘
之銀如數撥出，交領兵前往之守備戴義雄，自巴塘按時價為兵丁採買一個月
行糧，攜帶前往，乾糧用完後就近或於巴塘或裡塘買取乾糧，五月初六日後
再照四川兵之例按日領取口糧炒麵。又查總督岳鍾琪咨稱此次所調一千兵馬
派往巴塘，與守備吳征一同清剿臨卡石、桑恩邦等地番匪，遊擊高分峙若有
用兵之處立即分派兵丁前往援助等語，故臣等將所調之一千兵馬於正月二十
八日自巴塘交付守備吳征，令現派之守備戴義雄等與守備吳征商議而行，遊
擊高分峙處若需用兵，亦從此一千兵馬內酌情調遣等情，俱已牌行遊擊高分
峙、守備吳征、現派之守備戴義雄、劉貴等，為此謹具奏聞。

　　雍正七年二月初四日

　　尚書臣查郎阿。

　　副都統臣馬喇。

　　硃批：所辦甚善。

〔註37〕《四川通志》（乾隆）卷三十二頁三十八作小河營守備吳鎮。
〔註38〕《四川通志》（乾隆）卷三十二頁十五作提督標營右營守備劉貴。
〔註39〕本部分第七十八號四川重慶總兵官任國榮漢文摺作戴奕熊。

〔31〕吏部尚書查郎阿等奏請萬安摺（雍正七年二月初九日）[1]-3315

奴才查郎阿、馬喇跪請聖主萬安。

雍正七年二月初九日

硃批：朕躬甚安。

〔32〕吏部尚書查郎阿等奏報達賴喇嘛抵達裡塘摺（雍正七年二月初九日）[1]-3316

入藏辦事之吏部尚書臣查郎阿等謹奏，為奏聞事。

臣等於去年十一月二十三日攜達賴喇嘛自藏起程，本年二月初九日到達裡塘，為此謹具奏聞。

雍正七年二月初九日

尚書臣查郎阿。

副都統臣馬喇。

硃批：欣閱。

〔33〕吏部尚書查郎阿等奏報將官卓爾第巴阿旺札布等拏鎖發往內地摺（雍正七年二月二十一日）[1]-3328

入藏辦事之吏部尚書臣查郎阿等謹奏，為奏聞事。

臣前摺內奏開，據台吉頗羅鼐告稱，臣等交付將惡劣不堪之第巴降為東科爾甚是，凡應降調之人俱已調補，唯察木多東南之官卓爾〔註40〕之兩第巴，一名曰阿旺扎布，一名曰敦塔爾原為羅卜藏丹津之人，自給了達賴喇嘛後從未向商上納貢，此處之人甚為殘暴等語。臣等遂派人去傳阿旺扎布、敦塔爾前來，據差人返回稟報，阿旺扎布等言曰如今大軍駐在招地，我等前去必遭誅殺，我等不去等語。臣等斟酌再三將頗羅鼐極為可信之色布騰多爾濟、達錫旺布補為官卓爾之第巴，並交囑伊等，爾等至官卓爾後以迎達賴喇嘛為名哄騙阿旺扎布等來察木多，俟阿旺扎布等來至臣營後即予綁拏嚴審，擬罪議奏等情具奏在案。正月十五日至乍丫之日阿旺扎布等來臣營告曰，我等理應前往察木多迎接臣等，守備吳征受命剿滅桑恩邦番匪，令我等攜一千兵馬前往，因臣召喚我們，故將帶來之一千兵交付阿旺扎布姑母之子齊力敦魯布、及敦塔爾叔父之子索諾木，我們來迎臣等等

〔註40〕《欽定理藩院則例》（道光）卷六十二作官覺宗，宗址在西藏貢覺縣哈加鄉曲卡村。

語。臣等竊惟現阿旺扎布姑母之子齊力敦魯布，敦塔爾叔父之子索諾木等即已領兵立營，臣等若將阿旺扎布等綁拏治罪，齊力敦魯布、索諾木等聞知徒生變故，於事多有不利，故臣等哄騙阿旺扎布等，現達賴喇嘛商上辦事人少，送爾等去裡塘達賴喇嘛處辦事等語，將其帶來。一面行文守備吳征，爾務必以一事為借口將阿旺扎布姑母之子齊力敦魯布，敦塔爾叔父之子索諾木遣往我處，其所領之兵交付我等自藏新近補任之第巴督管，俟伊等到後我等從此拏審阿旺扎布等情密行前去。旋據陝西總督公岳鍾琪咨稱，和碩怡親王、大學士馬齊等咨開，雍正七年正月初三日辦理藏務之吏部尚書查郎阿等所奏，官卓爾第巴阿旺扎布、敦塔爾自給了達賴喇嘛後從未納貢，派人傳喚其亦不來，俟臣等至察木多後酌情將阿旺扎布等綁拏擬罪議奏一事，御命臣等議奏，遵旨臣等議奏將此事行總督岳鍾琪，由其商議辦理等情，奉旨，交岳鍾琪挑派精兵三百，另於雜谷、瓦寺等山路酌調精兵前往，著爾等密寄岳鍾琪，將查郎阿奏摺譯成漢文送去，欽此欽遵前來。查得官卓爾第巴阿旺扎布、敦塔爾二人極為狡詐，傳喚不來，情甚可惡，尚書理應將阿旺扎布等設計拏辦，若阿旺扎布、敦塔爾等畏懼不赴軍營，或預先躲逃則立即調兵捉拏勿使逃脫，除將此密奏外，祈請由尚書處酌量就近調兵，將拏獲逆賊及調兵之處回咨以聞等情移送前來。臣等遂於密檄吳征後，又行書檄令務將阿旺扎布姑母之子齊力敦魯布，敦塔爾叔父之子索諾木盡快借故哄騙來至裡塘，繼而自吳征處將齊力敦魯布、索諾木等俱拏獲，派官兵解送前來。臣等隨即將阿旺扎布、敦塔爾傳來拏下，鞫問阿旺扎布等我們在藏之時台吉頗羅鼐派人傳言，欽差大臣現在藏地命爾等進藏，有事交付於爾，爾等為何不來，比年來爾等何緣不向達賴喇嘛商上納貢，俱照實供來。據阿旺扎布等供稱，台吉頗羅鼐並未派人傳喚我等，果誠來喚我等何敢不往，將台吉所遣之人帶來對質不自明耶，至我等自隨達賴喇嘛商上後前年去年我們將應納之貢皆派人送去矣，並未遲誤，果若未曾交納派人向噶隆等查詢，即可得知，若查出此事屬實，確未交納，請臣將我等立即斬首等語。臣等竊惟阿旺扎布、敦塔爾等雖言台吉頗羅鼐並未派人傳喚伊等，向達賴喇嘛商上納貢從未延誤，但阿旺扎布等本為羅卜藏丹津之第巴，茲達賴喇嘛駐於裡塘，距官卓爾甚近，倘若將該等之人仍留此處，滋生禍亂俱未可料，故將阿旺扎布、敦塔爾俱予鎖拏，暫交領兵駐在裡塘之總兵官任國榮等嚴加看守。又行文官卓爾之第巴、德爾格忒第巴將官卓爾之阿旺扎布妻子及在德爾格忒之敦塔爾妻子俱拏送前來，適時與阿旺扎布、敦塔爾一併派官兵由驛解往四川巡撫轄屬縣內，再由該縣照前阿爾布巴等叛亂發配之例分別發往江寧杭州荊州

之地，交各該管將軍賜予兵丁為奴。至敦塔爾叔父之子原為德爾格忒地方之人，經審與案無涉，故將索諾木及妻子一併交付德爾格忒第巴，於德爾格忒司安置，阿旺扎布姑母之子齊力敦魯布雖係阿旺扎布異姓親戚，確亦素為羅卜藏丹津之人，斷不可留於官卓爾，將此行文官卓爾第巴，將齊力敦魯布之妻子一併解來，與阿旺扎布一同發往內地，賜予兵丁為奴。茲達賴喇嘛居於裡塘，官卓爾雖新補任二名第巴，但原有之小頭目尚有十幾個，須將該等俱予革職，其缺行文台吉頗羅鼐挑選賢良人可者補任，輔佐新任第巴辦理事務。至隨阿旺扎布、敦塔爾前來之十九人，隨齊力敦魯布、索諾木前來之四人，經審無青海之厄魯特，其中官卓爾地方之唐古特十九人，德爾格忒所屬之尼雅克希城人四人，是以將官卓爾之十九名唐古特交付官卓爾第巴，照舊於達賴喇嘛商上行差，德爾格忒既屬內地將尼雅克希地方之楚木塔爾等四人，交付德爾格忒之第巴，為此謹具奏聞。

　　雍正七年二月二十一日

　　尚書臣查郎阿。

　　副都統臣馬喇。

　　硃批：覽奏甚悅，辦理亦甚善，得體。

〔34〕吏部尚書查郎阿等奏報調四川兵前往裡塘護衛達賴喇嘛摺（雍正七年二月二十一日）[1]-3329

　　入藏辦事之吏部尚書臣查郎阿等謹奏，為奏聞事。

　　據陝西總督公岳鍾琪咨轉兵部咨文內開，雍正六年十二月十六日奉旨，據岳鍾琪奏言，達賴喇自藏起程，來年二月初到達裡塘，裡塘地方原來即有喇嘛寺廟可以居住，其守護之官兵今議派四川總兵官任國榮前往裡塘督管，於自藏返回之四川馬步兵內挑選二千兵丁酌情留員管理等情，此照岳鍾琪所請派任國榮領進藏之二千兵丁暫駐裡塘護守，以後如何更換再酌情而定，欽此欽遵，移至臣處。查得臣等自藏起程之前曾經具奏已將駐洛隆宗、類伍齊之四川雲南之兵撤回各省，故臣等一面咨行四川提督調四川之兵二千前往裡塘，一面於臣等所領之陝西兵內連同遊擊高分峙現派送糧之五百兵丁共選調二千兵馬，相應派遣副將王幼循〔註41〕、遊擊張尊孝〔註42〕、守備王鼎勳、焦敬泓、郎兆隆〔註43〕、潘世奇，千總把總等員督管，令寧夏副將

〔註41〕《陝西通志》卷二十三頁五十作督標中營副將王友詢。
〔註42〕待考。
〔註43〕本部分第五十五號黃廷桂漢文摺作守備郎兆龍。

回延祖〔註44〕暫時留在裡塘，俟總兵官任國榮率四川二千兵馬到達之時副將回延祖等再率陝西之二千兵馬沿途妥善管飭各返原地。又查得裡塘地方甚小，且非耕耘之地，達賴喇嘛新至此處，各地商貨尚未聚集，若駐兵人多其糧食草料採買甚難，現裡塘已駐兵二千，將其餘之陝西兵一千三百二十人令交總兵官周凱捷各自帶回原地，至西安之四百名滿洲兵除臣之親丁留下十一人外，餘下之兵亦交付協領莫爾渾〔註45〕等，令其沿途妥善管束帶回西安，為此謹具奏聞。

　　雍正七年二月二十一日

　　尚書臣查郎阿。

　　副都統臣馬喇。

　　硃批：知道了，唯爾來西安，隨從人員略少了些。

〔35〕四川提督黃廷桂奏報重慶總兵任國榮遵旨率兵馳赴裡塘駐劄防護摺（雍正七年二月二十四日）[2]-[14]-496

　　提督四川等處地方總兵官署都督同知仍帶拖沙喇番臣黃廷桂謹奏，為奏聞事。

　　竊臣前自紐姑撤兵回署，於正月拾肆日途次准督臣岳鍾琪咨開，奉上諭據岳鍾琪奏稱達賴喇嘛自藏起程，明年二月初可至裡塘，此地原有喇嘛寺院可以居住，其防護之官兵今議派重慶鎮臣任國榮前赴裡塘統領，即將四川進藏凱旋馬步兵丁內挑選二千名并酌留員弁駐劄等語，著照岳鍾琪所請，令任國榮前往帶領進藏兵丁二千名暫駐裡塘防護，將來如何酌量派換。再暫駐之弁兵等天寒路遠効力勤勞，應加賞賚以示軫念，著岳鍾琪一併分別定議具奏。達賴喇嘛初至裡塘凡藏內所有什物未能即到，其初來之供給著預為辦理支給。任國榮既往裡塘駐劄，其從前總兵印務甚屬緊要，著岳鍾琪委員署理，欽此等因到臣。伏查川省原派進藏兵丁四千名內欽奉上諭駐藏兵丁一千名，及沿途安站兵五百名，其餘兵丁二千五百名隨欽差部臣查郎阿自藏凱旋兵五百名，而奉撤駐劄類伍齊之兵丁係二千名，嗣因林卡石、側冷滾布、駕英邦〔註46〕、翁布中等處賊蠻屢行不法，經督臣岳鍾琪移咨欽差部臣查郎阿，將自藏撤回兵丁派撥一千名令領兵官至巴塘，與小河營守備吳鎮會兵剿平等因在案，茲准移覆已派川兵四

〔註44〕《甘肅通志》卷二十九頁三十二作華馬池副將惠延祖。

〔註45〕《陝西通志》卷二十三頁四十五作八旗滿洲鑲黃旗協領莫爾混。

〔註46〕今四川省巴塘縣茶洛鄉附近地區。

百名陝兵六百名前赴巴塘進剿賊番，則是藏地凱旋之兵丁二千五百名業經派用四百名，惟餘類伍齊撤回之兵丁二千名應交重慶鎮臣任國榮統率前赴裡塘遵旨駐剳防護。但卷查龍安營糸將李棟報稱，疊溪營遊擊常力行帶官兵七百九十員名於拾壹月貳拾捌日自類伍齊先行，卑職續於貳拾玖日帶領官兵共一千二百三十七員名起程，由霍耳甘孜一路回川等情。臣彼時計程扣算撤回兵丁已將入口，若或任其回汛另行酌派不但製辦行李購買馱載糜費殊多，且川省鎮協營路距省窵遠，一經派調兵丁勢必按汛分撥，動需累月始可齊集，曠日經時緩不及待。再查川省兵丁出師西藏涼山等處派遣已計一萬三千餘名，尚未回汛，不便更派，隨專員持令沿途先行止兵，臣復兼程繼進，路遇撤回兵丁已至黎雅邛州一帶，當經逐處傳集，宣布聖心，矜恤賞賚優渥至再至三，併曉以暫駐裡塘緣由，而標鎮協營兵丁無不懽欣踴躍願往報效，更專差飛催重慶鎮臣任國榮統領前往，俱統咨明督臣在案。而鎮臣任國榮於貳月初壹日抵省，即於初叁日起程帶領官兵馳赴裡塘，其重慶鎮臣任國榮率領官兵出口及至裡塘日期統俟咨覆到日臣再移咨督臣。惟是入口兵丁徍返將及一載，途間風雨無時，臣目擊所帶帳房悉皆損壞，隨飭令臣標中軍糸將張聖學備辦帳房四百頂及火藥火繩鉛彈等項齊全，已僱覓馱載委員觧送軍前分散各兵以資駐剳，理合將官兵懽欣願往及臣辦理情由一併繕摺奏明，伏乞聖鑒，為此具摺謹差臣標千總王治泰齎摺奏聞。

　　雍正柒年柒月貳拾肆日

　　硃批：辦理妥協可嘉，但喇嘛移廟住定為日無期，此兵丁從西藏遠行方回，若再令久駐，朕心深為懸惻，可商酌如何更換料理調撥請旨，此暫住兵丁一切用度當優裕賞給，務令悅容以慰朕恤體勤勞効力將士之意，少有不及責歸於汝也。

〔36〕川陝總督岳鍾琪奏報擒殺瞻兌逆司測冷滾布暨續調官兵動支賞需緣由摺（雍正七年二月二十五日）[2]-[14]-521

　　陝西總督臣岳鍾琪謹奏，為奏聞事。

　　臣查賊蠻林卡石、翁布中、瞻兌等肆行無忌，經臣奏請派調裡塘巴塘疊爾革木鴉等處番兵，令遊擊高奮志等統領分路進剿，所有剿平林卡石緣由業經奏聞在案。旋據遊擊高奮志稟稱翁布中抗橫不法，細訪情由皆係瞻兌安撫司測冷滾布〔註47〕與翁布中原屬親支，因爭奪地方竟成讐敵，測冷滾布率眾

〔註47〕《中國土司制度》頁三一七作下瞻對安撫司安撫使策冷滾卜。

搶刦坐地分贓，而以作賊之名加於翁布中，實非翁布中之敢於橫肆也，且翁布中頭人七林平已經投營分訴明白，而測冷滾布踪迹詭秘，屢次行調抗不赴營投見，自恃地險蠻多敢於負固，現在調取霍耳等處土兵協力進剿等因稟報到臣。查測冷滾布係授職土司，領有印信號紙，乃敢如此狂悖，相應添兵擒拏治罪，但恐進剿兵丁不足分佈，隨咨川提臣黃廷桂將西藏撤回駐劄裡塘之兵二千名內派撥一千名，令遊擊常力行統領協同剿捕去後。復據高奮志報稱測冷滾布強橫實甚，不特抗違調遣不赴行營，抑且狂悖逞兇，於本年正月十五日竟敢率領番蠻聚眾迎敵，被我兵奮勇攻殺，即於本日將測冷滾布臨陣擒獲，因受傷深重淹淹待斃，隨即斬首梟示訖，復有測冷滾布之妻子聚集賊蠻三四千人虎踞要隘，思圖報復等情稟報前來。臣查逆司狂悖不法，既經擒獲斬首，而餘孽未除，不便聽其橫行滋事，除一面檄行遊擊高奮志協同遊擊常力行帶領漢土官兵會合前進務將逆司妻子一併剿除，并將原領土司印信號紙查追申繳外。再查前派裡塘巴塘等處番兵共七千五百名，每名賞給口糧銀五錢已經具奏在案，今因進剿瞻兌，復據遊擊高奮志請調霍耳渣壩〔註48〕等處番兵共三千五百名以資策應，所需口糧相應一體賞給，臣隨檄行裡塘管糧官照每名五錢之數動支軍需銀一千七百五十兩賞給番兵，統於軍需項內作正報銷，所有擒殺瞻兌逆司測冷滾布以及續調漢土官兵動支賞需緣由理合繕摺恭奏，伏祈皇上睿鑒，為此謹奏。

雍正七年二月二十五日具。

硃批：已交部存案以備報銷，到日查核。

〔37〕川陝總督岳鍾琪奏報進勦瞻兌以及官兵情形摺（雍正七年二月二十九日）[2]-[14]-537

陝西總督臣岳鍾琪謹奏，為奏聞事。

臣查瞻兌逆司測冷滾布抗橫不法率眾搶劫，而以賊名加於翁布中，前據遊擊高奮志統兵進剿，屢次行調抗不赴營投見，并敢逞兇迎敵，已於本年正月十五日將測冷滾布擒獲梟首，復有伊之妻子聚眾負隅，臣隨檄行遊擊常力行帶領駐劄裡塘兵丁一千名前往協剿，俱經奏聞在案。旋准川撫臣憲德提臣黃廷桂會咨，據遊擊高奮志報稱，瞻兌賊巢形勢險峻林深箐密，其出入路口僅容一人一騎，賊眾扼據要隘我兵奮力進攻，于本年正月二十二日三更時分

〔註48〕今四川省道孚縣扎拖鄉、紅頂鄉、下拖鄉一帶藏人部落。

賊蠻突赴行營，彼此爭持直至二十三日賊始退去，我兵陣亡二十二名帶傷八
名，二十四日五更時分賊又赴營咆哮被我兵奮勇攻殺至午方退，又陣亡土兵
二十七名帶傷三十一名，二十六二十七日連日剿殺，雖經傷賊百十餘人，而
山高勢險賊眾愈熾，所帶官兵不足分佈，各兵所帶鎗炮鉛藥亦存剩無幾。奉
調藏內撤回兵丁尚未前來，遂將兵馬移檄要口駐營戒守，一面飛差武舉徐英
前赴吏部尚書臣查朗阿行營，請即就近撥兵二千名星赴瞻兌以資策應等語。
復據武舉徐英到省稟稱，二月初九日已於裡塘面稟欽差臣查朗阿，當即派撥
自藏撤回陝西兵丁二千名，令花馬池副將惠延祖帶領前往協同進剿等因咨報
到臣。臣查瞻兌逆司測冷滾布素行不法，康熙五十七年當西藏用兵之際各處
番蠻俱經出力報効，惟逆司測冷滾布潛匿一方並不寔心効力，今復狂悖逞奸，
縱令屬下之人搶劫為生，而以賊名加之于翁布中，狡詐實甚。及至遊擊高奮
志領兵進剿逆司測冷滾布不特抗違調遣不赴行營，并敢聚眾迎敵大肆猖獗，
已被我兵臨陣擒拏斬首梟示，乃黨惡未除，其妻子等又復率領番蠻數千餘人
負隅肆蠢，前據高奮志稟報，臣隨檄行遊擊常力行令其速帶駐剳裡塘兵丁星
赴瞻兌協同剿撫，似此山高勢險，賊眾強橫，自應會合大兵相機前進方保無
虞，詎高奮志不度機宜恃勇輕進深入重地，所幸我兵感激聖恩奮不顧身屢戰
數日賊兵始退，今所調裡塘駐剳兵丁尚未到齊，而吏部尚書臣查朗阿已至裡
塘，聞報之際即派陝西兵丁二千名前往策應，大兵到彼協力進攻，諒此賊蠻
不難指日蕩平，除一面檄飭遊擊高奮志等用力進剿，務除餘孽，以靖蠻方，
俟平定之日另摺奏聞外，所有進剿瞻兌以及派遣官兵緣由臣謹會同川撫臣憲
德提臣黃廷桂繕摺恭奏，伏祈皇上睿鑒，為此謹奏。

雍正七年二月二十九日具。

硃批：覽，但查郎阿所遣二千兵丁皆自西藏遠途跋涉而來者，恐馬匹器械
未必齊備，況兵官亦甚勞苦，朕深為憐憫。再高奮志所帶兵馬亦為日頗久矣，
在事人員應如何賞恤接濟加恩鼓勵處，卿酌量一面傳旨動用司庫錢糧賞給一
面具摺奏聞，必務好朕之意寬裕賞賚，不可以些須錢糧為念，特諭，再所調土
兵尤當加恩者。

〔38〕川陝總督岳鍾琪奏覆即將原駐叉木多雲南兵丁一千名撤回摺（雍正七年二月二十九日）[2]-[14]-538

陝西總督臣岳鍾琪謹奏，為遵旨回奏事。

雍正七年二月二十二日臣准部咨，議政議覆藏內辦事之吏部尚書臣查郎阿等奏請雲南官兵一千名仍留叉本多以資行走等語，其應否留駐之處令臣定擬奏聞。又所留落龍宗〔註49〕、類五齊之四川雲南兵丁缺少駄馬空缺，今將何項馬匹牲口補給，如何辦理之處一併交臣查明具奏等因，奉旨依議，欽此欽遵移咨到臣。臣查藏內初定，達賴喇嘛又移住裡塘，沿途塘汛甚關緊要，查郎阿等所請仍留雲南官兵一千名駐劄叉木多之處固屬慎重周詳，但西藏已經駐兵二千名足資彈壓，又將自藏撤回四川兵丁內留駐裡塘二千名令重慶鎮臣任國榮帶領護衛達賴喇嘛，俱經奉旨欽遵在案。而自裡塘以至西藏沿途接續安站，又有撫標及各營兵丁共一千名聲氣相通，彼此足以照應，倘有觧運兵餉需用官兵之處即於駐劄裡塘兵丁二千名內亦可派撥護送，不必再留滇省官兵糜費糧餉，臣隨咨覆吏部尚書臣查郎阿併知會雲南督臣鄂爾泰，及滇省領兵官員即將原駐叉木多之兵一千名一併撤回，至於出師官兵騎駄馬匹若有缺少前經臣奏明即將運糧之騾照數補給。今鑾儀使臣周瑛未經遵照原議請補駄馬，其所留落龍宗類五齊川滇兩省兵丁缺少駄馬果於何項補給如何辦理之處，臣現在分檄行查，除後查明另奏外，所有留駐叉木多雲南兵丁一千名令其撤回緣由（硃批：甚是，應如是辦理者）理合繕摺恭奏，伏祈皇上睿鑒，為此謹奏。

雍正七年二月二十九日具。

硃批：覽。

〔39〕吏部尚書查郎阿等奏報副都統邁祿等咨拉達克汗及其覆文摺（雍正七年三月初三日）[1]-3331

入藏辦事之吏部尚書臣查郎阿等謹奏，為奏聞事。

據駐藏副都統邁祿、內閣學士僧格稱，派往克里葉〔註50〕探信之楚魯木塔爾巴攜拉達克汗〔註51〕之書返回，據楚魯木塔爾巴告曰，我尋踪至克里葉等地毫無線索，鄂博之記未動仍然在，因雪太大我返回來矣等語，拉達克汗

〔註49〕　《欽定理藩院則例》（道光）卷六十二作洛隆宗，今西藏洛隆縣康沙鎮。
〔註50〕　《平定準噶爾方略》卷六頁二十一作克勒底雅，因今新疆克里雅河而名，準噶爾襲殺拉藏汗之兵即循此河越昆崙山而入藏，故清初檔案文獻將阿里羌塘高原一帶誤稱作克哩野。
〔註51〕　《欽定外藩蒙古回部王公表傳》卷九十一頁二十九作德忠納木扎勒，《拉達克王國史950～1842》頁一七二作德迴南傑，雍正七年至乾隆四年在位。

之咨書由我等之處粗譯送去，請臣閱後轉奏等情前來。

閱拉達克汗來文內稱，辦事諸臣告知，在彼處身體安康，遵照皇上諭旨，土伯特國平安無事，將書與伯勒克〔註52〕一併惠寄前來，故我由衷地感到欣喜無盡，我身在此處，守衛於內外疆界之間，一切如常，聞臣之所言即如親聆諸臣之教誨。貝子康濟鼐與準噶爾交兵之時我念及佛法及皇上、達賴喇嘛諸事，與康濟鼐同心協力使事告成，今衛恭布有些妖魔鬼怪不顧皇帝、達賴喇嘛之事及土伯特國之安逸，企圖總長部落，他們對康濟鼐嫉恨在心，暗害了貝子康濟鼐，一時風捲土伯特國。伊等悖逆皇上及達賴喇嘛舉行叛亂，扎薩克台吉〔註53〕整兵前往，事告成功，聞此即如親眼目睹之快也。我身為荷恩承澤之人，聞知此事理應派兵前去，唯兵戎在即，地方遙遠，且羈守疆土不能派兵前往。阿里克兵馬走後，因庫克〔註54〕、布郎〔註55〕、魯托克〔註56〕三處皆屬我領域，恐有異域之師前來故而出師郊駐守，果然奏效，如此効力實處扎薩克台吉心中必然有數，我將永世如此効力耳。在下曾經思忖，皇帝、達賴喇嘛二聖洞觀世事，土伯特之事若交令一人辦理方纔為宜，辦事人多彼此不合，必生無理之事，若能告誡各方，戰爭中如何同心同德協同効力則必有益處，如今所思之事俱聞矣，我身在此處決不違背大皇帝之旨意，先前曾經効力而今亦斷無二心，伏乞洞鑒，永世教訓，猶如濤濤江水長流不息等語。

臣查郎阿將此詢問副都統馬喇，據馬喇告曰，去年我曾會同內閣學士僧格咨文拉達克汗，內稱欽差駐藏大臣咨文拉達克汗尼瑪納木扎爾〔註57〕，昔日康濟鼐爾等二人乃為摯友，康濟鼐將爾之懿行奏聞聖主，故而大皇帝施恩於爾，今康濟鼐雖然離世，但恩恤之心如康濟鼐在世一樣，請將準噶爾之各種消息妥善告訴我們，茲博拉台吉〔註58〕來到招地，已將仇人咸俱拏獲，正候大皇帝特命審理此事之臣前來，爾等素為好兄弟，故而知會於爾等語，將

〔註52〕原文作伯克，今改為伯勒克。
〔註53〕即頗羅鼐。
〔註54〕待考。
〔註55〕待考。
〔註56〕《大清一統志》（嘉慶）卷五百四十七載，魯多克城，在喇薩西北二千九百三十餘里。《欽定理藩院則例》（道光）卷六十二作茹拖宗，宗址在今西藏日土縣日松鄉。
〔註57〕《欽定外藩蒙古回部王公表傳》卷九十一頁二十九作尼瑪納木扎勒，《拉達克王國史950～1842》頁一七二作尼瑪南傑，康熙三十三年至雍正七年在位。
〔註58〕即頗羅鼐。

伯勒克與整蟒緞一匹哈達一條一併送去等情咨送前去。茲拉達克汗之書是對我等先前咨文之回復等語，故臣等除將前副都統馬喇、內閣學士僧格咨文拉達克汗及拉達克汗給馬喇等回文之事繕摺奏聞外。再前臣及邁祿曾經奏言，據台吉頗羅鼐稟告準噶爾已派人前往拉達克處矣，頗羅鼐遣往拉達克處打探準噶爾派何人前往，為何來克里葉等地之人尚未返回，臣查郎阿自藏起程返回之時曾與邁祿商定，頗羅鼐遣往拉達克之人一旦返回，即將所探消息繕明追送於我，由我呈送皇上，倘若時拖已久則由邁祿處直接奏送，是以將頗羅鼐所遣之人尚未返回之處，一併奏聞。

雍正七年三月初三日

尚書臣查郎阿。

副都統臣馬喇。

〔40〕吏部尚書查郎阿等奏報頗羅鼐遣使請安謝恩摺（雍正七年三月初三日）[1]-3332

入藏辦事之吏部尚書臣查郎阿等謹奏，為奏聞事。

據駐藏之副都統邁祿、內閣學士僧格咨開，扎薩克台吉噶隆頗羅鼐派第巴索諾木旺堆為使前來呈送奏疏請安，叫謝天恩，祈請臣予以轉奏等語，頗羅鼐所遣之使於本年三月初一日抵達裡塘，既然如此，臣等欲於事畢返回之時再將頗羅鼐之使與達賴喇嘛所遣請安之使一同帶回，為此謹具奏聞。

雍正七年三月初三日

尚書臣查郎阿。

副都統臣馬喇。

〔41〕吏部尚書查郎阿等奏報辦理達賴喇嘛於裡塘所需食物之銀兩摺（雍正七年三月初三日）[1]-3333

入藏辦事之吏部尚書臣查郎阿等謹奏，為奏聞事。

據四川巡撫憲德咨轉陝西總督公岳鍾琪咨稱，據兵部咨開，雍正六年十二月十六日內閣奉諭，岳鍾琪奏言達賴喇嘛自藏起程，來年二月初可抵裡塘，裡塘原有喇嘛寺廟可以居住，其護守官兵今議派重慶總兵官任國榮總管，其至裡塘後即於自藏撤回之四川馬步兵內挑選二千名酌情留員管理，將此照岳鍾琪所請派任國榮於自藏撤回之兵內挑選二千名暫住裡塘護守，日後如何調遣再酌情辦理。至暫時留駐之官兵因其地方遙遠，時氣寒冷，理應予以恩賞，

將此亦交岳鍾琪分別議定具奏。達賴喇嘛方抵裡塘，其在藏各物一時不能運至，其初次來此宜酌情將應給之物預先辦理供應。任國榮既赴裡塘，重慶總兵官印務甚為重要，著岳鍾琪派人署理，欽此欽遵。由巡撫處行文布政司，動用司庫儲銀派賢能之員攜銀等候欽差尚書、達賴喇嘛至裡塘，如何供給之處該官員請示尚書後視之交付備買供給等情，臣處辦理此事時派嘉定州知州盧進〔註 59〕備以四千兩銀兩，再自儲於巴塘之三萬銀兩內將辦理裡塘糧務之員於軍務動用之二千銀兩先帶去墊用等因，知州盧進業已攜銀到達裡塘矣。查得達賴喇嘛每日用米一斗羊一隻細炒麵一斗茶葉二包酥油五斤鹽二升，每十日用牛一頭，隨行前來之二百名喇嘛每人每日炒麵一斤酥油五錢茶葉五錢，共需鹽四升。裡塘倉內既有白米則米每月自倉供給，裡塘距打箭爐甚近，將茶葉交付打箭爐收稅官動用銀兩採買達賴喇嘛之用茶，每個月送一次，將所用銀兩造冊報該部核銷，其他各物經按時價折算，達賴喇嘛每日用細炒麵一斗折銀一錢五分，酥油一斤折銀一錢五分，羊一隻折銀三錢，每十日用牛一隻，一頭牛折銀一兩五錢，每日均攤為一錢五分，鹽三升折銀一錢，馬二十匹每日餵料四斗，每斗折銀一錢三分，共計五錢一分，以上每日用銀一兩三錢七分。隨行前來之二百名喇嘛每人每日炒麵一斤，共二百斤折銀四兩，酥油各五錢共計六斤四兩，折銀九錢三分七釐五毫，茶葉各五錢共六斤四兩折銀一兩，二百名喇嘛每日用鹽四升折銀一錢一分一厘，以上每日共需銀六兩七分五毫，二項共計銀七兩四錢四分五毫，將此由四川巡撫飭令所遣知州盧進，照此交付裡塘之第巴採買送交，此項用知州盧進帶來之四千兩銀兩辦理，等情交付之，除此之外達賴喇嘛若有另需之物，則稟報駐該處辦事之臣供給。再臣等離開藏地時曾交付頗羅鼐，達賴喇嘛用物及隨行人員所需之物辦理齊備後即陸續送到裡塘，並咨行駐藏辦事之副都統邁祿、內閣學士僧格令其交付噶隆頗羅鼐，達賴喇嘛及其隨行喇嘛所需各物妥善調撥，陸續從速送來，斷不可誤，候該物送至之時再將達賴喇嘛及其隨行人員之食物停止供應。又查得臣等前奏內開，為備達賴喇嘛需用帶來之四萬兩銀兩如今尚無用處，如果帶回來頗費運力工銀，自該四萬銀兩內抽出一千兩交寶縣知縣張泰國〔註60〕，隨營支付達賴喇嘛抬轎工力之盤纏，其餘之三萬九千兩銀交

〔註59〕《四川通志》（乾隆）卷三十一頁七十一作直隸嘉定州知州陸錦。
〔註60〕《四川通志》（乾隆）卷三十一頁八十九作保縣知縣張泰國。

付在藏辦理糧餉事務之同加楊世隆〔註61〕，將自四川運解前來之墊付賞給頗羅鼐之三萬銀兩先停止送藏，存於裡塘，俟達賴喇嘛到後若有用銀之處再奏請動用等情具奏在案。茲為備達賴喇嘛之用帶來之一千兩銀兩中扣除達賴喇嘛抬轎之三十二力夫，自雍正六年九月十五日至本年二月初九日每日每人盤纏銀六分、工銀五分，共支給盤纏工銀五百三兩三錢六分，以及修理達賴喇嘛坐轎、買綢緞氈毺用銀三兩九錢九分，二項共計五百七兩三錢五分外，尚餘銀四百九十二兩六錢五分。至存於巴塘之三萬兩銀兩，辦理巴塘裡塘糧務之員呈報其總督巡撫，動用了二萬兩，餘下之一萬兩由四川邛州知州李懷志〔註62〕送至臣處，至知州盧進帶來之先前裡塘官員為軍務自該項三萬銀兩內動用之二千兩銀子亦已補送前來，合計共為一萬二千四百九十二兩六錢五分，俱交付辦理達賴喇嘛食物之嘉定州知州盧進收存，採買達賴喇嘛食物，動用知州盧進現自四川帶來之四千兩銀兩，如若不足再從該儲之一萬二千四百九十二兩六錢五分銀內提用，所用之處呈報該總督巡撫，若無用項再帶回墊補原項，為此謹具奏聞。

　　雍正七年三月初三日

　　尚書臣查郎阿。

　　副都統臣鼐格〔註63〕。

　　副都統臣馬喇。

〔42〕散秩大臣兼副都統達鼐奏謝降旨詢問得子事摺（雍正七年三月初六日）[1]-3334

　　散秩大臣副都統降一級臣達鼐謹奏，為奏聞叩謝天恩事。

　　切於去歲奴才以新年慶賀禮為恭請聖主萬安，派人齎捧奏摺前去後聖主施恩賞奴才福字貂皮綢緞、熛皮毛之鹿肉，由家人捧回，奴才跪接後望闕叩

〔註61〕據本部分第二八八號文檔，其名為楊世祿，簡歷如下，於康熙伍拾柒年由成都縣教諭奉文出口辦理唐古忒軍糈事務，伍拾玖年為奏聞安藏事案內議敘軍功一等，仰荷聖祖仁皇帝特恩著以應陞之缺加一等，本班遇缺即用，欽遵，旋授浙江湖州府監兌通判，於雍正伍年解銅進京引見，荷蒙聖恩以人去得，著以知州同知補用，行文浙江總督李衛題補紹興府海防同知，於雍正伍年柒月內奉文入川採買米石，拾貳月內復奉部文委赴西藏辦理糧務，調補陝西靖遠衛同知。

〔註62〕《四川通志》（乾隆）卷三十一頁二十六作漢洲知州李懷智。

〔註63〕《欽定八旗通志》卷三百二十四作蒙古正黃旗副都統鼐格。

謝天恩外。據家人言聖主處出來一太監轉降上諭，爾之主達鼐身邊有妻，得子後著奏聞予朕等語，曾已降旨，今是否得子，因爾主達鼐無子，朕一直掛念等語，降旨等語。奴才達鼐承蒙聖主之恩甚重，不可勝數，況且聖主又為奴才無子而掛記於心，奴才實難承受，奴才惟將聖主所賞福字供上，早晚上香，完成聖主交付事宜，為承恩得子而祈禱外莫可言喻，為此叩謝天恩，擬摺謹具奏聞。

雍正七年三月初六日

硃批：知道了，額駙阿保為請求遊牧地方具奏之摺，將交部會議。

〔43〕欽差大臣鼐格等奏報行抵裡塘會見達賴喇嘛情形摺（雍正七年三月初六日）[1]-3335

奴才鼐格、馬喇謹奏，為奏聞事。

奴才鼐格謹遵聖旨於正月初四日自京城啟程，於二月二十六日行抵裡塘，達賴喇嘛下樓恭請單主萬安，奴才告達賴喇嘛曰，爾喇嘛欲謁聖主天顏，自西藏至裡塘，聖上特派本臣照看爾喇嘛，又派副都統馬喇留駐裡塘與本臣一同照看爾喇嘛等語。達賴喇嘛合掌告稱，喇嘛自小仰蒙聖祖皇帝、文殊菩薩皇帝寵眷，似此無窮高厚之恩實難仰報於萬一，喇嘛我何敢奢望得一大臣守護，文殊菩薩神明如佛，早已洞鑒我意，即派兩大臣保護我，實乃無窮之鴻恩，喇嘛我祈禱三佛以期文殊菩薩皇帝蓮座萬代堅固，勤誦經典外莫可言喻，不勝歡忭感戴之餘不知所措等語，為此謹具奏聞。

雍正七年三月初六日

硃批：欣閱，著問喇嘛好，告朕安好，爾等須妥為恭敬優待，倍加寵愛，盡隨其願，使之歡悅，年輕之人倘有悖理之處則不可順從，務以好言奉勸，著盡力黽勉，照朕旨而行。

〔44〕吏部尚書查郎阿奏請赴京覲見摺（雍正七年三月初六日）[1]-3337

奴才查郎阿謹奏，為請旨事。

奴才本為一介卑微之人，蒙皇上殊恩漸次用至首輔之臣，奴才正思荷恩深厚，如何得以効力之途，竭盡所能効力犬馬，以仰答皇上之恩於萬一，於雍正七年二月初三日接兵部咨文內稱，雍正七年二月初一日內閣抄出奉上諭，吏部尚書查郎阿回到西安後協助岳鍾琪辦理軍需之事，暫停回京，欽此欽遵，齎送

至此，奴才祗領。伏惟奴才性素懦弱，軍需之事甚為重要，奴才之愚昧無知為皇上所稔知，伏乞皇上准奴才先乘驛馳返京城，一則奴才未覲金顏已一載有餘，二則親聆聖主教訓後再馳來西安協助岳鍾琪辦理軍需之事，此之往返馳行不過二十日也，誠望皇上恩准奴才赴京叩覲金顏，盡聆教訓，奴才將敬謹頂戴銘刻在心，遵奉施行，為此謹奏請旨。

雍正七年三月初六日

硃批：暫停來京，因岳鍾琪領兵起程後命爾署理總督事務，岳鍾琪五月底將自西安起程，此間爾可熟悉地方諸事，而後辦理起來方且易耳，武格來時口諭之旨甚明，著遵旨而行。

〔45〕吏部尚書查郎阿奏報達賴喇嘛至裡塘青海蒙古無人叩覲摺（雍正七年三月初六日）[1]-3338

奴才查郎阿謹奏，為奏聞事。

奴才查郎阿謹奏，為奏聞事，奴才奉硃批御旨，途中對青海各首領來叩見喇嘛之人，爾酌情寬容以待，切勿過於嚴厲，欽此欽遵。奴才領達賴喇嘛前來，自藏至裡塘青海無一人前來，二月初九日抵達裡塘，奴才等自起程以來看得其他地方之蒙古人亦無一人前來。再達賴喇嘛自抵裡塘後顏色甚好，心情歡暢，每日講經，奴才時常入寺觀看達賴喇嘛講經，為此謹具奏聞。

雍正七年三月初六日

硃批：知道了。

〔46〕川陝總督岳鍾琪奏覆待查郎阿到日商籌內地事宜摺（雍正七年三月十七日）[2]-[14]-645

陝西總督臣岳鍾琪謹奏，為遵旨恭奏事。

雍正七年三月初十日奉到硃筆諭旨，大兵此行，內地諸凡事宜可為朕悉心籌畫，務期妥協為要，查郎阿到時互相備悉商酌奏聞，欽此。臣跪讀諭旨，仰見我皇上垂念地方重大，上廑宸衷，臣敢不敬體聖懷因事善計，今臣欽遵諭旨謹以平日之知行以及將來之籌畫容臣悉心細思，先為斟酌，俟查郎阿到時臣與其互相商酌妥協條晰具奏請旨辦理外，理合遵旨奏明，伏祈皇上睿鑒，為此謹奏。

雍正七年三月十七日具。

硃批：好，惟卿是賴焉。

〔47〕四川重慶總兵任國榮奏覆遵旨暫居裡塘防護達賴喇嘛並陳就近兼防管見摺（雍正七年三月二十二日）[2]-[14]-676

四川重慶總兵官臣任國榮謹奏，為敬陳一得之愚，仰祈睿鑒事。

竊照達賴喇嘛前奉上諭移居噶達〔註64〕地方，派有候補小京堂趙殿最等在彼料估建造廟宇，因達賴喇嘛業經自藏而來，隨遵旨暫居裡塘喇嘛寺，派臣統領官兵駐劄，以資防護，此誠皇上推廣黃教，慎重邊隅之至意也。臣思達賴喇嘛暫居之處猶廑聖心，派撥官兵防範，將來廟宇告成，送往噶達居住，自應專設汛防，以為永遠遵行之制。但查川省各標營，皆汛廣兵單，既難抽調，若使另行添設，則又不無糜費錢糧。臣昨自成都路由黎雅、化林等汛逐一留心察勘，有雅州一帶逼近省城，原為內地，化林坪一帶皆偏巖峻嶺，而且瀘江天塹乃係一夫可守之區，以臣愚見，莫若將化林協官兵移駐噶達，就近兼防打箭爐、裡塘等處，原駐劄雅州之黎雅營遊擊移駐化林坪，守備則留駐雅州，其餘千把各依原汛駐防，仍歸該協統轄，一轉移間，重輕得當，而呼吸原通內外，足資彈壓，庶達賴喇嘛得以永安極樂之鄉，仰沐皇恩無既矣。且化林上離噶達五日之程，漢彝雜處，所有各兵之飲食、房廬素與彝民相彷，人人熟悉彝情，熟知彝路，今以之移駐噶達，允為人地相宜，況從前建有官署兵房，苫補即可居住，即無庸添設，以省朝廷之經費，又不須更替，以免官兵之跋涉，實為妥便。但臣本無知，奉旨駐劄裡塘，止應悉心防護達賴喇嘛，其移駐協營事理，何容置喙，臣目擊情形，為隨地制宜起見，故不揣冒昧，敬陳一得之愚耳，隨咨商督撫提臣外，臣謹繕摺具奏，是否可移，伏乞睿鑒，敕議施行，為此恭繕奏摺，由驛轉齎，具奏以聞。

雍正柒年叁月貳拾貳日四川重慶總兵官臣任國榮。

硃批：交廷議，候旨行。

〔48〕川陝總督岳鍾琪奏覆遵旨寬裕賞賚進勤瞻兌等處漢土兵丁摺（雍正七年三月二十三日）[2]-[14]-680

陝西總督臣岳鍾琪謹奏，為遵旨回奏事。

雍正七年三月十七日奉到硃批諭旨，覽，但查郎阿所遣二千兵丁皆自西藏遠途跋涉而來者，恐馬匹器械未必齊備，況官兵亦甚勞苦，朕深為憐憫。再高奮志所帶兵馬亦為日頗久矣，在事人員應如何賞恤接濟加恩鼓勵處，卿

〔註64〕即泰寧寺（惠遠廟）所在地之藏名。今四川省道孚縣協德鄉一帶地區。

酌量一面傳旨動用司庫錢糧賞給一面具摺奏聞，只務知朕之意寬裕賞賚，不可以些須錢糧為念，特諭。再所調土兵尤當加恩者，欽此。臣恭讀聖訓仰見我皇上優恤兵丁有加無已之至意，臣查瞻兌等處賊蠻肆行不法先後派遣漢土官兵協力進剿，師行日久殊屬勤勞，而自藏回師路途遠涉，又復深入蠻地，今蒙聖主憐念征兵，恩施格外，特命臣動用司庫錢糧酌量賞恤，更蒙訓旨諄切，務令寬裕賞賚，皇仁優渥寔為自古所未有者。臣欽遵諭旨隨即移咨川撫臣憲德檄行裡塘管糧官於軍需項內動支銀兩以為賞需之用，酌議每馬兵一名賞銀八兩每步兵一名賞銀六兩。至于各處土兵前據領兵官報稱土兵隨師効力，其間勤惰不等，今應分別賞賚，凡土兵奮勇出力者每名賞銀五兩，其効力平常者每名賞銀三兩，如有怠惰偷安並未出力者概不賞給。再進剿官兵前經吏部尚書臣查郎阿自藏撤師回至裡塘分佈調遣，今查郎阿已起程來陝，而重慶鎮臣任國榮奉旨前赴裡塘防護達賴喇嘛，現在統兵駐劄，雖不便輕離裡塘，而於進剿官兵可以就近調度，臣已令其總統官兵兼理進剿機宜，今此項賞恤銀兩即令鎮臣任國榮將在事漢土官兵逐一查造清冊核定應賞銀數，移交管糧官處支領銀兩，分別監賞，宣佈聖主德意，使伊等益加奮勉。除將動用銀兩數目俟冊報到日統於軍需項內報部查銷外，所欽遵奉恩旨（硃批：好）寬裕賞賚緣由理合繕摺回奏，伏祈皇上睿鑒，為此謹奏。

雍正七年三月二十三日具。

硃批：交部抄錄存案矣。

〔49〕散秩大臣兼副都統達鼐奏謝賞錠子藥及家書摺（雍正七年三月二十九日）[1]-3347

散秩大臣副都統降一級臣達鼐謹奏，為謹奏叩謝天恩事。

切於十二月二十六日聖主硃批奏摺及恩賞奴才之錠子藥，自驛站送來後，奴才跪接，恭設香案叩謝天恩，接摺展讀係降奴才之恩旨，見此達鼐我益加惶悚跪叩。又黃匣下有家父丹津〔註65〕之信，經詳閱得悉聖主眷愛家父施以各樣之恩，不可勝數，再次叩恩。伏思身為臣子甚難報答聖主及家父之恩，父子相隔甚遠，久方得見，相互思念，雖為人之常情，但身為大臣，一身侍奉聖主而忘家，辦理公務而忘私，應時刻不忘方是。況且奴才世代承蒙聖主之恩綦重，

〔註65〕《欽定外藩蒙古回部王公表傳》卷十五頁二作丹津。《欽定八旗通志》卷三百三十二作歸化城都統丹津。

達鼎我雖甚是愚昧，但自聖主委以重任以來日夜惶悚，惟有銘記聖主教誨，以圖仰報於萬一，此時聖主又降訓諭，奴才實難承受。再聖主天生神明，仁孝德高，洞鑒一切，明鑒奴才父子相互遠念，將奴才之家信裝入黃匣內一併賞送，見此奴才如同父相見，百感交集，不勝歡忭，嗣後謹慎加謹慎，至誠仰報天恩。再奴才父子承蒙聖主重恩，達鼎我若能仰報於萬一，夢寐之中我父子之心方得平靜，故此奴才叩謝天恩，繕摺謹具奏聞。

雍正七年三月二十九日

硃批：知道了，據悉爾貪圖小利不能律己，再爾等蒙古人之貪性爾理應時常驚異而引以為慚愧方是，倘若不能克服此毛病則將成為廢物，我滿蒙大臣官員等操守甚差者，其滿洲大臣內仍有一二人，而爾蒙古大臣等品行端正者不曾聞有一人，如此卑劣下賤之習俗斷不可效仿，即是爾之父朕亦不時教誨，著爾亦理應乘便提醒爾父，宜當一同勗勉。

〔50〕散秩大臣兼副都統達鼎奏轉喀爾喀喇嘛諾門汗等謝恩摺（雍正七年三月二十九日）[1]-3348

散秩大臣副都統降一級臣達鼎謹奏，為轉奏叩謝天恩事。

切據率喀爾喀喇嘛諾門汗〔註 66〕等赴西藏之委參領兼員外郎班第呈文內稱，喀爾喀喇嘛諾門汗、諾顏綽爾濟〔註 67〕、墨爾根班第達〔註 68〕、多羅貝勒車木楚克納木扎勒〔註 69〕、公車稜旺布〔註 70〕、沙克扎〔註 71〕、扎薩克一等台吉巴郎〔註 72〕、協理旗務台吉拉蘇龍〔註 73〕等會同來文內稱，承蒙聖主眷佑，我等世代不斷荷沐種種重恩不可勝數，今又明鑒恐我等斷缺盤纏，足賞茶米直至跟役，承蒙聖主如此鴻恩卑職等惟銘記在心，除希冀竭力勗勉外將何以

〔註 66〕待考。
〔註 67〕待考。
〔註 68〕待考。
〔註 69〕《蒙古世系》表二十九作車木楚克納木扎勒，達延汗巴圖蒙克後裔，父德濟布，祖多爾濟，土謝圖汗部。
〔註 70〕《蒙古世系》表三十四作車凌旺布，達延汗巴圖蒙克後裔，父齊旺，祖巴特馬達什，車臣汗部。
〔註 71〕《蒙古世系》表二十六作沙克扎，達延汗巴圖蒙克後裔，父根敦，祖杭圖岱，札薩克圖汗部。
〔註 72〕《蒙古世系》表三十二作巴郎，達延汗巴圖蒙克第四子圖蒙肯後裔，父納木扎勒，祖圖巴，賽音諾彥部。
〔註 73〕待考。

仰報，故此率我貝子眾人叩謝天恩，恭請將此予以轉奏等語。是以將喀爾喀喇嘛諾門汗等叩謝聖恩之處，請大臣處予以轉奏等語，為此臣將員外郎班第來文及喀爾喀喇嘛諾門汗等叩謝天恩之處擬摺謹具奏聞。

雍正七年三月二十九日

硃批：知道了。

〔51〕散秩大臣兼副都統達鼐奏請往軍前剿噶爾丹策零摺（雍正七年四月初四日）[1]-3353

散秩大臣兼副都統降一級臣達鼐謹奏，為請旨事。

雍正七年四月初一日接准四川陝西總督岳鍾琪咨臣言，准部咨稱，今大軍自西北兩路進剿準噶爾噶爾丹策零等語。切臣伏思聖主仁威遍佈天下，撫遠恤近之至意無所不到，但為率土之民安生，淨化天下，永享太平，仰蒙睿鑒廟算欲剿滅賊噶爾丹策零，全體官兵仰賴皇上養育重恩無不騰歡，俱言報答於萬一。竊奴才達鼐世蒙皇上重恩，纖毫未効，年富力強正是効力之時，請將奴才派往任何路軍以効犬馬之力。再玉樹等地番子等去歲大軍進藏時臣等欽遵上諭曾調伊等安臺站，伊等感激皇恩甚為守法，沿邊番子等現皆由州縣衛所營官員管束，青海蒙古在邊界附近之番子等皆向聖化，仰荷重恩並無異端，倘稍有所思則奴才不敢為圖功瀆奏，為此謹奏請旨。

雍正七年四月初四

硃批：不顧輕重而具奏者乃未有自知之明，惟能念體面不玷厥職，不辜負朕恩，則比獨身在軍前爭勝強。

〔52〕散秩大臣兼副都統達鼐奏轉蒙古王等叩謝賞賜俸祿摺（雍正七年四月初四日）[1]-3354

散秩大臣兼副都統降一級臣達鼐謹奏，為轉奏聞叩謝天恩事。

切准理藩院咨稱，由本部具奏，雍正七午正月初一日和碩怡親王、果親王〔註74〕、大學士馬爾賽〔註75〕、尚書特古忒傳宣諭旨，昔日扎薩克蒙古王等俸祿較內地王等為少，原無分內外輕重，是因蒙古王等人多，駐蒙古地方費用少，國帑不足故減少爾等之俸祿，朕今看得仰賴上天之恩聖祖皇帝之貽福，天下無事，比年豐收，是以國帑日趨豐裕，朕為統一天下之主，凡事廟算

〔註74〕清聖祖第十七子允禮。
〔註75〕《清代職官年表》大學士年表作武英殿大學士馬爾賽。

無遺，自爾等蒙古王以下扎薩克一等台吉以下，著概行增賞俸祿一份。再者平常一等台吉等向無俸祿，今亦照前扎薩克一等台吉等所食一百兩例賞給俸祿，朕特意恩賞於爾等，但朕亦不敢即著為定例，仍著國帑收支足與不足，所以將朕此加恩之例著戶部理藩院二部會同，每年臨近元旦賞給一份二份之處具奏請旨，朕再頒旨，欽此欽遵。查得增給伊等一份俸銀應為十九萬二千九百兩，請先行撥給，嗣後將蒙古王台吉等每年所取俸祿，戶部會同臣部，其臨近元旦賞一份或二份之處具奏請旨。又查得雍正六年於眾扎薩克旗驗丁，將其丁冊從各扎薩克處尚未送全，故不必給一等台吉、塔布囊等以俸祿，將此咨行眾扎薩克等，俟將台吉等冊送全後由臣部查明一等台吉、塔布囊，再將撥給俸銀一百兩之處另行奏聞可也，為此謹奏請旨等因。於雍正七年正月二十日交付乾清門四等侍衛尹扎納等轉奏，奉旨依議，欽此欽遵。除咨行駐西寧副都統達鼐外，將奉命加增一份俸祿，親王戴青和碩齊察罕丹津等王貝勒貝子公扎薩克一等台吉等所有應取俸祿銀亦咨行達鼐，由彼處支給，俟部咨到臣即行文該總督巡撫等送到增賞一份俸祿銀後，臣將皇上所降諭旨寫成蒙古字，連俸祿銀一併散給青海眾扎薩克等。茲准扎薩克和碩親王戴青和碩齊察罕丹津等王貝勒貝子公台吉等咨稱，察罕丹津我等前仰蒙聖祖聖主之恩不計其數，其後羅卜藏丹津背聖主重恩，骨肉兄弟相征，仰蒙聖主睿鑒，罪其為惡者，餘者編為旗佐領，大頒恩賞，安居樂業，但纖毫未報。因此皇上復以比年豐收國帑豐裕，裨益我等生計，仰蒙睿鑒，特頒恩增賞一份俸祿銀，我等委實感激不盡，仰賴聖主此鴻恩，我等惟各自嚴束屬下人等，遇事不惜身命盡力勉為，以仰副皇上仁意，為率土豐裕，永享太平，我眾世享聖恩，除誠心祈禱三寶外無以為報，所以察罕丹津我等望闕叩謝聖恩，請將此由大臣處轉奏以聞等語。故臣將青海扎薩克王戴青和碩齊察罕丹津等眾王貝勒貝子公台吉等恭謝天恩之處具摺謹奏以聞。

雍正七年四月初四日

硃批：覽王等奏謝知道了。

〔53〕敕諭達賴喇嘛先在裡塘駐錫毋庸赴京覲見（雍正七年四月初八日）[3]-665

奉天承運皇帝敕諭西天大善自在佛所領天下釋教普通瓦赤喇怛喇達賴喇嘛。

去歲爾喇嘛為恭祝萬壽遣使堪布、囊素進呈表文，行至察木多時復奏書請

安，去年尚書查郎阿等至拉薩宣詔，據聞爾感激朕恩，即遵旨由拉薩啟行，長途跋涉，安然無恙，爾見朕心切，喜悅而來，遂蒙天佛眷佑，覽爾奏書，見爾至察木多，身安無恙，朕甚歡悅，裡塘乃先世達賴喇嘛住錫之所，亦係爾喇嘛出身之地，其地廣興佛法，法愈振興，在裡塘等地特命建造大廟，備爾駐錫，以振興黃教。爾喇嘛若想念拉薩，可逕請旨，任爾往來，爾喇嘛住在裡塘近邊地方，亦應勤學經典，廣興黃教。再爾奏請來京覲見，若召爾赴內地瞻仰，又恐內地炎熱，爾未出痘，多有不便，故待朕巡邊之時機，再行召見可也。隨敕賞爾六十兩重鍍金銀茶筒一個、鍍金銀茶酒壺一把、銀盅一個、各色大緞三十疋、大哈達五方、小哈達四十方、各色新樣哈達十方，俱交爾使堪布羅卜藏那木卡〔註76〕等齎回，至時祇領，特諭。（西藏館藏原件滿蒙藏文）

〔54〕西藏辦事大臣馬喇奏謝補授鑲藍滿洲旗副都統摺（雍正七年四月初十日）[1]-3358

奴才馬喇謹奏，為叩謝天恩事。

雍正七年四月初八日接據兵部咨開，我部就鑲藍滿洲旗副都統武格〔註77〕之缺將應陞轉臣員開列名銜具奏，奉旨調馬喇補以鑲藍滿洲旗副都統，欽此欽遵，須至咨者等情。竊惟奴才本一介微末之人，蒙聖主施恩漸次以用，茲又命調補鑲藍滿洲旗副都統，奴才聞之無任欣喜，唯望闕叩頭外別無奏言，為此叩謝天恩，謹奏。

雍正七年四月初十日

〔55〕四川提督黃廷桂奏報調換土兵進勦瞻兌情形摺（雍正七年四月十一日）[2]-[15]-39

提督四川等處地方總兵官署都督同知仍帶拖沙喇番臣黃廷桂謹奏，為奏明事。

竊查進勦瞻對賊彝一案，因遊擊高奮志所帶漢兵無幾，先經督臣岳鍾琪檄飭遊擊常力行帶領駐防裡塘兵丁一千名星赴瞻對，會兵勦除等因，繼准欽差部臣查郎阿將進勦桑阿邦漢土官兵調赴瞻對併力合勦，又派陝西兵丁五百名委守備郎兆龍等帶領護運軍糧各等因咨稱，業經奏明在案。惟是軍務重大，一切

〔註76〕第一部分第二八一號文檔作羅布藏那木喀，第三一五號文檔、第二部分第四號文檔作洛布藏那木喀，第二部分第二十二號文檔作羅卜藏納木喀。

〔註77〕《欽定八旗通志》卷三百二十一作滿洲鑲藍旗副都統伍格。

進剿事宜該將備等職銜相當，若無大員節制，調度恐有未便，經臣咨商督臣岳鍾琪，查重慶鎮現在駐防裡塘，可否即令該鎮就近相機調遣，以便早奏捷音，嗣准臣議覆應如來咨，令重慶鎮就近總統調度。但該鎮有防護達賴喇嘛之責，不得擅離汛守，臣隨移行重慶鎮臣任國榮遵照督臣岳鍾琪原咨惟就近相機調度，不得擅離裡塘汛守等因亦在案。但查守備吳鎮所帶巴塘、碟格〔註78〕及遊擊高奮志所帶裡塘瓦述霍爾等處土兵情形怯懦，且與瞻對賊蠻多係姻親，往往瞻顧不前，無益兵機，是以遊擊高奮志守備吳鎮等復聯名堅請派調木坪瓦寺等處土兵一千名，賊巢立即可破，賊蠻自能授首。其瓦寺等處土兵口糧鹽菜當于瓦述碟格各處土兵老弱內裁去三千五百名，以裁出之口糧即抵瓦寺各出土兵需用。現今柴草俱為賊黨燒燬，兼之雪深數尺，必得春草漸生，瓦寺等處土兵亦至方能前進等情。隨一面就近檄飭瓦寺土司桑朗溫愷揀選土兵四百名，木坪土司堅糸達結預備土兵六百名，收拾器械齊全，聽候調用。一面專差馳商督臣岳鍾琪，茲准督臣移咨准予調換土兵一千名，臣除委員分路率領星往瞻對，併將各土兵所需賑房鑼鍋等項催覓馱載專員護送軍前以資進剿，并咨明重慶鎮臣任國榮查照外，理合繕摺恭奏。再照護送糧石之陝西兵丁五百名業經檄撤回汛，合併奏明，伏祈睿鑒，為此具摺謹差臣標把總何懋儒齎摺奏聞。

　　雍正柒年肆月拾壹日

　　硃批：覽奏，不可輕視，凡事不可論大小，但以敬慎處之，上天自然賜佑也。

〔56〕四川提督黃廷桂奏密報駐藏蠻儀使周瑛劣跡摺（雍正七年四月十一日）[2]-[15]-40〔註79〕

　　提督四川等處地方總兵官署都督同知仍帶拖沙喇番臣黃廷桂謹奏，為密奏事。

　　竊照駐藏蠻儀使臣周瑛抵藏之後竟於川省兵丁隊中擇其能唱亂彈者攢湊成班，各令分任腳色，以藏布製造戲衣，不時粧扮歌唱以供笑樂，甚失軍容。且與副都統臣邁祿意見不睦，時有爭競，以致臣標後營遊擊馬良柱無所凜畏，專事迎合。而該將駐劄處所容留蠻娼出入，男婦雜沓，聲名狼藉。臣恐遙聞未確，值陝西花馬池副將惠延祖凱旋至省，臣密詢果否有無其事，據

〔註78〕清時期為德爾格忒宣慰司，轄地包括今四川省德格、鄧柯、石渠、白玉諸縣。
〔註79〕可參見本部分第七十五號文檔。

稟與臣所聞無異，又化林協副將楊大立進省謁見，臣更加細詢，所稟亦同，臣不敢蔽匿，謹據實密奏。再查遊擊馬良柱係臣於有無題缺案內會同督臣岳鍾琪保題之員，乃一旦改行敗儉，大玷官箴，臣不敢因會同保題，遂爾狗隱，但現在派留駐藏，臣未便拜疏糾參，恭理合一併奏明，伏祈睿鑒，為此具摺謹差臣標把總何懋儒齎摺奏聞。

雍正柒年肆月拾壹日

硃批：大奇，周瑛如此行為實令難信而不解矣，凡有所聞如此，據實無隱，深為可嘉，但滿兵自藏回作踐地方為何隱匿不奏也。

〔57〕川陝總督岳鍾琪奏報噶達地方修建達賴喇嘛移駐廟宇估料起工日期摺（雍正七年四月十八日）[2]-[15]-78

陝西總督臣岳鍾琪謹奏，為奏聞事。

臣查噶達地方建造廟宇，移駐達賴喇嘛，奉旨派遣候補小京堂趙殿最、員外郎鄂木圖〔註80〕前往噶達，會同駐劄打箭爐之扎薩克喇嘛粗爾齊木藏布〔註81〕、郎中伊特格爾等，照伯賴繃廟〔註82〕圖式料估工程，並奉諭旨，命臣選派賢員公同踏看，臣即欽遵檄委四川重慶府知府張光鱗協同去後。茲據趙殿最等咨稱，噶達地方周圍約有二十餘里，除城垣地基外，其餘或屬河灘，或多砂石，惟城西一里之外，計地一頃有餘，高廠寬平，土性亦覺堅潤，可以修建廟宇，蓋造房屋，隨帶堪輿章廷棟量度地基，酌定亥山巳向，一面搬運木植，謹擇雍正七年四月十一日寅時黃道大吉動工起土，所有廟宇規模，悉照伯賴繃廟款式逐一建造。至於噶達附近一帶產石無多，其四周牆圍相應用土堅築，燒磚封頂。查伯賴繃廟亦有用土築城者，此處土性堅凝，可以經久，故噶達土城歷今數年並無損動，且計燒磚工價較之遠處運用石塊所費約略相似，確估廟宇房屋一切工程物料，通共需銀七萬三百六十兩零。此外彩畫佛像以及供桌器具等項，未知款式，無憑估計，請於裡塘達賴喇嘛處調取曉事喇嘛一二名來至噶達，詢問明白，再為備辦等情，並將建廟基圖、料估

〔註80〕據本部分第一一七號漢文摺，此人名為諾穆圖。

〔註81〕《大清一統志》（嘉慶）卷五百四十七載，康熙五十六年遣喇嘛楚兒沁藏布蘭木占巴、理藩院主事勝住等繪畫西海西藏輿圖。《平定準噶爾方略》卷八頁十六作喇嘛楚兒沁藏布喇木占巴。此喇嘛與主事勝住於西藏地理考察及地圖測繪史上為重要之人物。

〔註82〕即哲蚌寺，格魯派三大寺之一，《大清一統志》（嘉慶）卷五百四十七載，布雷峰廟，在喇薩西北十六里，相傳宗喀巴弟子所建，有喇嘛五千餘。

清摺，咨報前來。又據四川布政使趙弘恩詳稱，噶達需用各項匠役俱由省城雇覓，准京堂趙殿最等前後來文，共雇匠役四百二十八人，各給安家盤費、衣帽鞋襪以及沿途口糧，並騾頭烏拉腳價等項，共於廟工案內動支銀四千兩，委員解送工所，俟各匠到工之日核實報銷等情，詳報到臣。

臣查達賴喇嘛移往噶達，此我皇上培養黃教，推廣經典之至意，凡一切廟宇牆屋務須局面宏大，工程堅固，而建廟基址尤宜寬廠高潔，以壯觀瞻。前臣奏請建廟於噶達城內，今據趙殿最等相度形勢，以城西一里之外高廠寬平，尤屬相宜，似應如其所議。至於前計工料約需銀十餘萬兩，已請旨於四川藩庫內動撥銀一十五萬兩在案，今逐項料估止有七萬餘兩，又自省城雇覓各項匠役，支給安家盤費衣帽鞋襪，並沿途口糧腳價等項共銀四千兩，雖彩畫佛像以及供桌等類未入料估冊內，然此等雜用量亦無多，大約在八萬兩之內盡可足用。查四川藩庫已經動銀二萬兩解赴噶達，又雇覓匠役動支銀四千兩，今臣檄行四川布政司再撥銀五萬六千兩，以足八萬兩之數，統俟工程告竣之日報部核銷。再查趙殿最等所擇本年四月十一日寅時正係黃道吉日，允宜動土興工，除現在如期起工外，所有起工日期以及料估緣由理合繕摺奏聞，並開料估清摺，繪畫建廟基圖，恭呈御覽，伏祈皇上睿鑒，為此謹奏。

雍正七年四月十八日具。

硃批：此事交廷議，自然如卿所議行，候旨。

附料估清摺一件

陝西總督臣岳鍾琪謹奏，謹將噶達地方建造達賴喇嘛居住廟宇房屋一切工程物料銀兩各數目據候補小京堂趙殿最等逐項料估開報前來，臣謹繕具清摺恭呈御覽。

今開

一、四面圍牆共六百丈，每面各長一百五十丈，高一丈二尺，頂寬二尺五寸，底寬五尺，二門界牆一百四十四丈四尺，高一丈二尺，頂寬二尺五寸，底寬五尺。

一、大門三間，高一丈七尺，每間濶一丈二尺，深一丈二尺。

一、午門一座，正中三間，高一丈七尺，每間濶一丈二尺，深一丈二尺，東角門一間，西角門一間，各高一丈五尺，每間各濶一丈二尺，深一丈二尺。

一、護法殿五間，高一丈七尺，每間濶一丈二尺，深一丈二尺。

以上填築地基斫運木植石墩燒造磚瓦石灰併細作粧修需工匠八千七百一

十工，需人夫十八萬八千二百一十二工，每匠一工日支口糧工價銀一錢二分，每夫一工日支口糧工價銀五分，共該銀一萬零四百五十五兩八錢。又採買運送釘鐵顏料桐油等項共該銀四百四十五兩七錢，總共銀一萬零九百一兩五錢。

一、經堂一所，下一層長十三間，闊十一間，每間高一丈一尺，潤一丈二尺，深一丈。第二層中起天井，四面共留走道二十間。正面第二層樓高一丈，潤一丈二尺，深一丈二尺。正面第三層樓高九尺，潤一丈二尺，深一丈二尺。東西南第二層樓高一丈，潤一丈二尺，深一丈二尺，統計經堂四面上下樓房共三百一十八間。

以上填築地基砍運木植石墩燒造磚瓦石灰併細作粧修需工匠三萬零九百七十三工，需人夫三十三萬二千五百四十九工，每匠一工日支口糧工價銀一錢二分，每夫一工日支口糧工價銀五分，共銀三萬零三百四十四兩二錢一分。又採買運送釘鐵顏料桐油等項共銀三千五百零五兩，總共銀二萬三千八百四十九兩二錢一分。

一、達賴喇嘛住屋一所，正面樓三層，長十間，潤二間，下一層高一丈一尺，第二層高一丈，第三層高九尺，每間潤一丈二尺，深一丈二尺。東西南三面樓兩層，各長十間，潤二間，下一層高一丈一尺，第二層高一丈，每間潤一丈二尺，深一丈二尺，統計上下住房共一百八十間。

以上填築地基砍運木植石墩燒造磚瓦石灰併細作粧修需工匠二萬零五百四工，需人夫二十五萬四千八百三十九工，每匠一工日支口糧工價銀一錢二分，每夫一工日支口糧工價銀五分，共銀一萬八千零八十一兩一錢八分。

一、眾喇嘛住屋一所，樓兩層，高二丈，上下共八百間，每間潤一丈，深一丈二尺。

以上填築地基砍運木植石墩燒造磚瓦石灰併細作粧修需工匠二萬二千一百工，需人夫一十七萬四千七百五十工，每匠一工日支口糧工價銀一錢二分，每夫一工日支口糧工價銀五分，共銀一萬一千三百八十九兩五錢。又採買運送釘鐵顏料桐油等項共銀六百一十五兩，總共銀一萬二千零四百五錢。

一、大門外一應服役人等住居平房共四百間，每間高九尺，潤一丈一尺，深一丈二尺。

以上共需工匠一萬一千零五十工，需人夫八萬零三百七十五工，每匠一工日支口糧工價一錢二分，每夫一工日支口糧工價銀五分，共銀五千三百四十四兩七錢五分。又採買運送釘鐵顏料桐油等項共銀一百八十五兩，總共銀五千

五百二十九兩零七錢五分。

通共料估銀七萬零三百六十六兩一錢四分，又自四川僱覓木匠泥水匠鐵匠磚瓦等匠前赴工所支給各匠安家盤纏費併騾頭烏拉腳價各項共銀四千兩，統於廟工案內核實報銷。

〔58〕川陝總督岳鍾琪奏議大兵進駐巴里坤時駐藏之師不便撤回並嚴守要路摺（雍正七年四月十八日）[2]-[15]-82

陝西總督臣岳鍾琪謹奏，為遵旨議奏事。

雍正七年四月十二日奉到硃筆諭旨，朕意閏七月大兵進巴里坤時，達賴喇嘛又已到裡塘，駐藏之兵似應撤回，今噶兒丹策零聞兩路進取伊里，料伊斷不能分勢擾藏，卿意如何，或仍令在藏彈壓為是，或令回汛為當，與卿商定。若防噶兒丹策零窮竭投西藏，或阿爾布巴羽孽未必盡淨，則可不必撤也，若卿意以撤回為是，應於何時從藏起行，應於何路回來，議奏以聞，不可便以朕意為是，詳細斟酌可也，欽此。仰見我皇上睿思廣遠，計事周詳，又蒙諭旨垂詢，臣敢不敬體聖懷，熟思斟酌，以期軍機妥協之至計。臣思大兵已進巴里坤，達賴喇嘛又已至裡塘，藏地底定，誠無他慮，況噶兒丹策零雖屬奸頑，今聞大兵兩路進取，則其自顧不暇，勢不能妄窺西藏。然臣仰思聖諭，或噶兒丹策零因計窮力竭，竄投藏地，或阿爾布巴之餘孽尚未盡除，足誠事之所亦有，況附近西藏之克里葉等處皆噶兒丹策零所屬之回子，將來噶兒丹策零被我兵戰敗之後，臣思西北一帶皆係伊之仇敵，必不敢向彼處逃遁，若由克里葉一路潛遁進藏，則西藏現駐大兵，加之得勝之師從後追襲，使逆彝前後受敵，不難成擒，所有駐藏之師與進剿大兵遙為聲勢，更屬緊要，不便撤回。更請皇上密飭駐藏之邁祿及頗羅鼐等，俟明年七八月間令頗羅鼐帶領阿里番兵在那克禪〔註83〕一帶，凡通諄噶爾要路預為嚴守，更屬有益。但臣知識短淺，所議是否允協，理合遵旨斟酌具奏，伏祈皇上睿鑒施行，為此謹奏。

雍正七年四月十八日具。

硃批：朕偶有此意，廷臣皆以為然，惟怡親王與卿論同，所以諭問，卿所議甚是。

〔註83〕《欽定理藩院則例》（道光）卷六十二作納倉宗，今西藏申扎縣一帶地區。清代檔案文獻常作納克產。

〔59〕吏部尚書查郎阿奏報自裡塘起程抵達西安摺（雍正七年五月初二日）[1]-3371

奴才查郎阿謹奏，為奏聞事。

奴才於本年三月初七日自裡塘起程，四月二十七日抵達西安，西安巡撫武格〔註84〕口傳皇上御旨，返回後若有應奏之事或口奏之事，爾切勿顧慮字多，言語繁冗，熟思之後繕摺明白具奏，欽此欽遵。奴才將應奏之事思忖後悉繕摺陸續具奏。再奴才自入打箭爐直至成都西安，沿途見雨水甚為調和，麥子莊稼長勢甚好，茲小麥皆已開鐮收割，百姓紛紛議論，今年小麥穀物俱好，必是豐收之年，為此謹具奏聞。

雍正七年五月初二日

硃批：秋收後方敢言之耳。

〔60〕吏部尚書查郎阿奏繳硃批摺子摺（雍正七年五月初二日）[1]-3372

奴才查郎阿謹奏，為繳送硃批摺子事。

前奴才所奏十八件摺子內皆有硃批，故現將此十八件摺子恭齎繳送，為此謹具奏聞。

雍正七年五月初二日

〔61〕吏部尚書查郎阿奏報達賴喇嘛遣其父入京請安摺（雍正七年五月初二日）[1]-3373

奴才查郎阿謹奏，為奏聞事。

奴才前摺奏聞，奴才攜達賴喇嘛所遣之使索諾木達爾扎〔註85〕、喇嘛津巴扎木素、頗羅鼐之使索諾木旺堆於三月初七日自裡塘起程等情一摺奉硃批，覽奏甚悅，索諾木達爾扎親自前來係其自發之念，或為爾之所勸，欽此欽遵。達賴喇嘛先前曾謂奴才曰，吾荷聖主之恩無邊無岸，吾至裡塘後將派吾父索諾木達爾扎、喇嘛津巴扎木素為使前往京城請安叩恩，唯內地甚熱，如若不遣，恐難至達，可否入秋之後再派前往等語，與我商量。奴才謂曰喇嘛汝至裡塘即應遣使，斷不可入秋後再遣，我內地並非甚熱，汝父索諾木達爾扎〔註86〕若

〔註84〕《清代職官年表》巡撫年表作陝西巡撫武格。
〔註85〕即七世達賴喇嘛之父。
〔註86〕原文作索諾木達扎，今改為索諾木達爾扎。

去，皇上必會恩准住於涼爽之地，派人照顧耳，喇嘛不必如此多慮，請喇嘛放心等語。達賴喇嘛遂曰，臣之所言甚是，臣返回之時派吾父索諾木達爾扎與臣一同前往京城等語，故派遣索諾木達爾扎乃出於喇嘛本意，並非奴才之所勸也，為此謹具奏聞。

　　雍正七年五月初二日

　　硃批：知道了。

〔62〕吏部尚書查郎阿奏請萬安摺（雍正七年五月初二日）[1]-3374

　　奴才查郎阿跪請聖主萬安。

　　雍正七年五月初二日

　　硃批：朕安，爾好麼。

〔63〕吏部尚書查郎阿奏報川陝兵及其糧秣增援瞻對剿匪摺（雍正七年五月初二日）[1]-3375

　　奴才查郎阿謹奏，為奏聞事。

　　奴才前與副都統馬喇、總兵官周凱捷會奏內開，雍正七年二月二十一日據化林副將楊達禮〔註87〕呈稱，據署理卑職事務之黎雅營遊擊高文智〔註88〕呈報，我領兵前往瞻對緝拏賊首，屢次交戰，因賊人多勢眾，所帶彈藥皆已放完，故疾派舉人徐瑩前往成都請調內地兵一千、金川、沃日土司兵一千等情。臣等詳議，若向成都求援往來則需二個月，軍機之事不可遲延，現巴塘有滅桑恩邦調來川陝兩省之綠旗兵及各地之土司兵，故臣等即調令剿桑恩邦之綠旗兵一千二百名土司兵四千，令守備吳征率領日夜兼程馳赴瞻對會剿。又交付駐裡塘辦理軍糧事務之郫縣知縣盧國柱〔註89〕、寧遠府經歷徐騰蛟等連夜辦理軍糧運去，以為接濟，運送此糧由臣處派固原守備郎召龍〔註90〕、寧夏守備王鼎勳及陝西兵五百，攜帶一個月乾糧，押送五百石糧秣。又從自藏返回之滿洲綠旗兵所攜之彈藥內調撥可放一萬五千三百次之炮、鳥槍之彈藥送去，高文智處若有用兵之處則將該五百兵丁留下調遣，若無用兵之處則撤回原地等情，具奏在

〔註87〕《四川通志》（乾隆）卷三十二頁五十六作泰寧協副將楊大立，泰寧協副將為雍正七年自化林營改駐，故曰化林副將。

〔註88〕《四川通志》（乾隆）卷三十二頁四十六作黎雅營遊擊高奮志。

〔註89〕《四川通志》（乾隆）卷三十一頁二十四作郫縣知縣羅國珠。

〔註90〕本部分第五十五號黃廷桂漢文摺作守備郎兆龍。

案。茲據遊擊高文智呈稱，我綠旗兵土司兵正臨斷糧之時，本年二月二十三日守備郎召龍、王鼎勳運五百石糧至此，使我綠旗土司兵丁糧食得以接續，炮鳥槍之彈藥亦得到接濟，是以除將送來之糧食彈藥照數收訖，發給各兵丁外，俟守備吳征領兵到後，再將如何而為之處另行呈報等語。茲據遊擊高文智、守備吳征、戴義雄、劉貴等公同呈報，守備吳征率四川陝西綠旗兵一千二百名，巴塘、德爾格忒土司兵二千一百名於三月初五日抵達我營，查得該綠旗兵一千二百名，加之我所攜綠旗兵三百名共計一千五百名，足敷調用，故送糧前來之固原守備郎召龍、寧夏守備王鼎勳所領總督標下、固原、寧夏之五百官兵應返回原地，於本月十日自甘格〔註91〕起程返回，為此呈報等情。故奴才查郎阿將守備郎召龍等領去之五百兵丁遊擊高文智不用派回之處謹具奏聞。

雍正七年五月初二日

硃批：欣悅，至地方總督職任之事著用漢字繕摺具奏。

〔64〕川陝總督岳鍾琪奏報續派木坪瓦寺等處土兵刻赴瞻對軍前策應並動支賞需摺（雍正七年五月初九日）[2]-[15]-218

陝西總督臣岳鍾琪謹奏，為奏聞事。

臣查瞻對逆司測冷滾布抗橫不法，雖經擒獲就誅，而餘孽聚眾拒敵，進勦之漢土官兵不足分佈，臣隨檄調駐劄裡塘之川兵一千名，又吏部尚書臣查郎阿派調自藏撤回之川陝官兵一千名前赴瞻對，令遊擊高奮志等帶領協力進勦，併奉諭旨將在事漢土官兵加恩賞給，臣即欽遵分別給賞俱經奏聞在案。嗣據遊擊高奮志報稱現在隨師之瓦述、疊爾革等處土兵七千五百名內有老弱不堪應用者留在軍前無益於事，且伊等多係瞻對姻親，未能實心效力，今撤回老弱土兵三千五百名留用精壯土兵四千名，請再派調瓦寺等處土兵一千名，奮勇前進始克有濟。目今雪深數尺春草尚未發萌，難以進兵，俟行調土兵至日春草發生方可進勦等因詳請前來。臣以兵貴神速前派瓦述疊爾革各處土兵既多老弱不堪，且與瞻對賊蠻親情關切，勢必臨陣觀望坐失機宜，相應挑選更換，臣隨咨川提臣黃廷桂即速檄調木坪土兵六百名瓦寺土兵四百名總共一千名刻赴軍前以資策應，又以調遣土兵非賞需無以鼓勵，況現在漢土官兵欽奉諭旨加恩賞給，每土兵一名勇往出力者賞銀五兩，今此續派木坪等處之土兵一千名應照每名五兩之例一體從優給賞。至此項銀兩應於裡塘管糧官處存貯軍需項內動支賞給，誠恐

〔註91〕甘格疑為甘孜之誤。

存貯軍需無多不敷支給，是以復移咨川撫臣憲德即於四川藩庫內動支銀五千兩差員解往，會同各土司照數分賞以便出口，俾伊等感戴皇仁自當竭力報効，則瞻對餘孽不難指日蕩平，而以全勝之師乘勢勦除桑阿邦〔註92〕等處賊蠻，更復勢如破竹矣。除俟勦撫事竣另摺奏聞外所有續派木坪瓦寺等處土兵一千名併動支賞需緣由理合繕摺恭奏，伏祈皇上睿鑒，為此謹奏。

雍正七年五月初九日具。

硃批：料理甚是，交部抄錄存案矣。

〔65〕署陝西大通總兵馮允中奏報雨雪麥穀情形暨誤以參將馬順管領臺站兵丁摺（雍正七年五月十二日）[2]-[15]-242

湖廣提督署理陝西大通總兵官印務副將加一級臣馮允中謹奏，為敬陳大通兩水霑足併奏明前摺踈忽伏祈睿鑒事。

竊臣於雍正柒年肆月貳拾肆日摺奏大通比西寧多得雪雨貳次，又有新開渠道可資灌溉，嗣於貳拾柒日天降大雨，至伍月初叄初拾兩日又下大雨貳場，雨水霑足，臣暨眾兵子弟所種之小麥青稞燕麥等苗得此雨澤日見發長，先種者有伍寸多高後種者亦各有肆寸多矣。臣伏查雍正柒年叄月初柒日承督臣岳鍾琪照會粘單壹紙，內開大通鎮白塔營參將馬順，臣愚以為大通標路共派臺站馬步兵丁壹千名，遂以參將馬順係管領臺站兵丁之員，於肆月貳拾肆日摺奏臺站領兵參將壹員。今於伍月初貳日准甘肅提臣宋可進咨准督臣岳鍾琪咨，內開臺站兵丁貳千名派副將貳員遊擊貳員守備肆員，臣查內無參將壹官，始知大通白塔營參將馬順係派出征之員，隨即檄行該將預備軍裝器械等項聽候調遣出征，此皆臣踈忽之處，罪實難逭，理合奏明，為此繕摺差臣家人彭孔德敬謹捧齎奏聞，伏乞皇上睿鑒施行。

雍正柒年伍月拾貳日湖廣提督署理陝西大通總兵官印務副將加一級臣馮允中。

硃批：覽。

〔66〕署陝西大通總兵馮允中奏報西寧得雨情形暨進藏官兵回營日期摺（雍正七年五月十二日）[2]-[15]-243

湖廣提督署理陝西大通總兵官印務副將加一級臣馮允中謹奏，為敬陳西

〔註92〕清代檔案文獻常作三暗巴、三岩，今西藏貢覺縣雄松鄉，四川白玉縣山岩鄉跨金沙江一帶地方，趙爾豐武力川邊改土歸流時設武城縣，縣署即位於雄松鄉。

寧得過雨澤併進藏官兵回營日期事。

竊臣於雍正柒年肆月貳拾肆日摺奏西寧自入夏以來雨水缺少，隨於肆月貳拾柒日天降雨澤，於是夜復沛大雨，至伍月初叁初拾兩日天又下雨，四鄉霑足，在地各苗俱皆發長，早種者有陸寸多高，晚種者亦有肆寸多，萬姓歡騰眾口一聲，皆稱是我皇上福庇之所及也。其解送口外牧放駝隻於肆月貳拾陸日頭運到寧，隔貳日為壹運，臣隨差人馳赴口外勘就之草廠查看，因自入夏以來缺雨，草茅止長壹寸餘高，臣思駝隻關係軍需要務，況此項駱駝在內地餵養過數月料豆，與口外之駝隻不同，必須茂草牧放方好，既廠內草長未深，即令牧放勢難臕壯，不特不能上臕且恐益加疲瘦，遂會商西寧道併報明督臣將已解到寧之駝隻暫留數日以草料餵養，俟口外草長深茂再行發廠牧放，庶於軍需有益，今已得雨，臣復差人徃廠查看其草已長豐茂，遂將自肆月貳拾陸日起至伍月初玖日止伍運共解到西寧駝叁千肆百伍拾壹隻於伍月初玖初拾拾壹拾貳等日牽送赴廠，著派定之叅守千把外委兵丁駝把什分起經管牧放。以後每運駝隻解到止令在寧住宿壹夕，次早即行送廠。至於西寧標路於雍正陸年伍月初陸日派選進藏馬戰兵壹千名步戰兵伍百名，除於雍正陸年拾貳月內從河清插漢哈達安臺撤回步戰兵貳百名，暨留駐藏馬戰兵貳百伍拾名步戰兵貳百伍拾名外，其餘從藏由川撤回罵戰兵柒百伍拾名步戰兵伍拾名西寧鎮總兵官周開捷統領行至漢中府之洀縣，總兵官周開捷暨南川營守備張洪賓為督臣岳鍾琪檄調赴西安，令陽平關叅將厚述泌管領，同西寧鎮標後營守備周秉元併標路千總叁員把總拾員，內有把總叁員，其貳員跟隨總兵官周開捷赴西安，壹員在途患病，止把總柒員同馬步兵丁奏明於伍月初陸日回營訖，理合奏明。為此繕摺差臣家人彭孔德敬謹捧齎奏聞。查西寧本標千把弁員除放卡防汛選派聽候出征派委管理牧放駝隻暨進藏繞回外乏員可差，是以謹差家人合併聲明，伏乞皇上睿鑒。

雍正柒年伍月拾貳日湖廣提督署理陝西大通總兵官印務副將加一級臣馮允中。

硃批：覽。

〔67〕吏部尚書查郎阿奏請萬安摺（雍正七年五月二十一日）[1]-3393

奴才查郎阿跪請聖主萬安。

雍正七年五月二十一日

硃批：朕躬安，除請安書及藏之軍務外，皆用漢字具奏，摺子亦太大了，請安書不必每次皆奏，另於黃紙繕寫具奏，俱照岳鍾琪而為。

〔68〕吏部尚書查郎阿奏請留任西安頒降訓諭摺（雍正七年五月二十一日）[1]-3394

奴才查郎阿謹奏，為請聖訓事。

奴才本為一介末等卑賤之奴，蒙聖主稠疊厚恩，委以尚書之職，茲又命奴才留在西安辦理軍需事務，俟岳鍾琪起程後再署理總督印務，四川陝西總督印務甚為重要，將辦理三省兵民之事，奴才甚為懦弱無知，又未經歷辦理地方事務之外官之業，且又不識漢字，奴才誠為不堪此任而不勝惶悚，伏乞天恩飭降聖訓，奴才銘刻肺腑，欽遵而行，竭力報効。再地方事務內若有需密奏請旨之事，或出乎奴才所料而無法決定之事，將奏請聖訓欽遵施行，如此則於地方事務大有裨益，且奴才不時得聞聖主訓諭亦為奴才之福者也，為此謹奏請旨。

雍正七年五月二十一日

硃批：知道了，勉之。

〔69〕吏部尚書查郎阿奏請由驛遞送摺子摺（雍正七年五月二十一日）[1]-3395

奴才查郎阿謹奏，為請旨事。

大將軍總督岳鍾琪之奏摺俱由驛遞送，目下此地正當軍機之際，若遇緊急之事不能由驛遞奏必致遲誤，伏乞亦賜奴才查郎阿驛站，凡奏摺皆由驛遞奏，為此謹奏請旨。

雍正七年五月二十一日

硃批：善哉，切勿將無用之事煩奏，以擾驛站。

〔70〕川陝總督岳鍾琪奏覆噶達添撥官兵分設汛防緣由摺（雍正七年五月二十二日）[2]-[15]-285

陝西總督臣岳鍾琪謹奏，為遵旨回奏事。

雍正七年五月初三日臣准部咨，據重慶鎮臣任國榮具奏噶達廟宇告成之後移駐達賴喇嘛，請將化林協官兵移住噶達而以黎雅營遊擊移住化林坪一案，部議以臣前于十三條內酌議噶達設兵一條將駐劄兵丁作何定議之處令臣確議具奏在案，又臣議覆噶達地方建造廟宇派撥兵丁官弁駐劄已有成議，但派撥兵

丁若干及何員統轄之處因此時廟工未成是以尚未辦理，應將抄錄任國榮原奏一併交臣會同查郎阿預行定議具奏等因，奉旨依議，著速行文，欽此，咨行到臣。臣查噶達地方在雅龍江三渡之內，誠為要地，是以臣前議年羹堯十三條內原有噶達設兵駐防之議，今復建造廟宇移住達賴喇嘛，則守護之官兵更關緊要。查噶達附近化林，該營額設副將一員守備一員千總二員把總四員馬步兵一千名，原因化林坪結連打箭爐為出口關鍵門戶，是以設立副將彈壓。今自邇年招撫以來打箭爐以外裡塘巴塘等處地方俱入版圖，各番納賦應差如同內地，則化林寔居腹裡，況高若璠〔註93〕楊自唐〔註94〕二土司地方俱經改土歸流，其所屬之碉門〔註95〕等處直通打箭爐，則出入道路便可不由化林直達成都，是化林防汛之兵更可量減。惟噶達為口外適中之地，三渡之險誠為天塹，臣等會同酌議請將化林額兵一千名內留駐化林坪三百名，以二百名移住打箭爐而以五百名移駐噶達，則輕重得宜聲勢聯絡。其留駐化林之兵請另設都司一員帶領千總一員把總二員以資彈壓，其移駐噶達之兵請即令化林副將帶領把總二員再添設中軍都司一員千總一員前往防護，至于打箭爐為出口要路，原駐把總一員兵五十名不足分佈，今駐兵二百名即令化林守備帶領把總一員移駐分防以成犄角之勢。此噶達打箭爐化林坪三處防汛兵丁統于化林協額兵一千名內分撥派調，無庸另議增添也。惟是噶達之外有雅籠江環繞其間，上中下三渡俱屬要隘，而中渡係出入通衢，尤當戒守，查臣前奏噶達設兵一條原議雅籠江中渡設守備一員千總二員兵五百名，令兩千總各帶兵一百名分守上下兩渡，今臣等復加詳議仍請于中渡設守備一員馬二步八兵二百名，於上下二渡各設千總一員各設馬二步八兵一百名。再于噶達之西二百五十里為吹音堡，亦係雅籠江渡口，過江為瞻對土司地界，而瞻對霍爾一帶番蠻渡江皆由于此，防範最宜緊嚴，更請於吹音堡添設千總一員馬二步八兵一百名以防瞻對往來之境，如此設汛安防雖噶達地處口外而營制嚴密，非特達賴喇嘛有所防護即裡塘巴塘一帶地方皆可彈壓鈐制，其各處駐防官兵如噶達城內經前撫臣王景灝盖造房屋足為官兵居住之所，無庸另議。惟打箭爐雖有房屋不敷兵丁住居，相應酌議建造，至雅籠江三渡以及吹音堡等處皆曾修理兵房，但其城堡房屋是否齊備足為官兵駐防之處應請併交川撫臣就近查明修築完備，以為駐兵防守之計。再噶達地

〔註93〕《中國土司制度》頁二五〇載天全六番招討司招討使最末者為高一柱，高若璠為其子。
〔註94〕《中國土司制度》頁二五二作天全六番副招討司副招討使楊自唐。
〔註95〕今四川省天全縣。

方臣等議設官兵之外若再有道路與別處相通亦須安兵防汛之處，臣等遠在西安未能詳悉周知，仰懇聖恩勅諭現在辦理噶達廟工之趙殿最等再加查勘，逐細察議斟酌具奏，務使內外謹嚴弗致稍有疎忽。統計化林坪打箭爐噶達三渡瞻對渡口共應設兵一千五百名，除現在化林額兵一千名外尚少兵五百名，應請召募足數，其各處領兵將弁除化林現有副將守備千把總外應添設都司二員守備一員千總三員把總一員，俟奉旨俞允之日臣查郎阿另為揀選具題咨部請補。再查雅籠江三渡設兵防汛原以稽查往來，請嗣後凡有藏內唐古特番人前來達賴喇嘛處行走者務令西藏噶隆給發圖書路引，至渡口汛防驗明方許過渡，惟西藏等處來打箭爐貿易番人若俱令噶隆給與路引不但事涉煩瑣更恐離藏窵遠之處不能赴藏取引，反阻其貿易之心，臣等詳議凡貿易番人至渡口汛防之處即令該汛官弁將人數查明，一面具報打箭爐收稅監督並該管副將，一面挨塘撥兵以護送為名押赴打箭爐，倘有在途逗留者查明押解，俟伊等貿易事畢該監督查明原來人數給與路引令渡口汛官驗明放行，如有事故逗留者即于路引內聲明，倘到渡人數與路引數日不符該汛官弁即報明監督嚴察跟究，不得任其逗留滋事。若各處蒙古有來見達賴喇嘛者務須執有理藩院及料理彝情之大人官員等印照方許過渡。如無印照一概不許擅放過渡，若打箭爐以及噶達等處人民凡有過渡行走者務令管理打箭爐之稅務官弁、噶達駐劄之副將各給路票赴渡口汛防處驗明方許放行，如此稽查周密不致往來混淆，庶于設立防汛之意殊為妥協。至於化林所屬之黎雅營地接建昌，逼近涼山，為番蠻雜處之境，今化林副將既議移駐噶達則該協營相去甚遠，實有不相聯屬之勢，請將黎雅一營就近改歸建昌鎮管轄以收指臂之效。又化林所屬之峩邊營相隔化林一千餘里，自化林至峩邊必由成都城守各營防汛之地繞道而行，路途本屬迂折，今化林副將又移駐噶達更與峩邊遙遠，愈覺呼應不靈，查峩邊汛界與永寧協屬之敘馬營接壤，請將峩邊一營亦就近改歸永寧協統轄，庶於營制更有裨益。是否合宜臣等未敢擅便，恭候皇上訓旨遵行，所有噶達添撥官兵分設汛防緣由臣謹會同署督臣查郎阿酌議具奏，伏祈睿鑒，為此謹奏。

　　雍正七年五月二十二日具。

　　硃批：此事交部議行，將原議先錄來與卿看。

〔71〕川陝總督岳鍾琪奏報審訊西寧總兵周開捷貪婪案情並請將有關案犯革職摺（雍正七年五月二十二日）[2]-[15]-289

　　陝西總督臣岳鍾琪謹奏，為遵旨察審據供回奏事。

竊臣前奉諭旨發交臣察審西寧總兵周開捷貪婪欵蹟一案，臣當即欽遵在案，今周開捷自西藏領兵由川回陝，臣即差員於中途調至西安，臣宣傳諭旨按欵詢問，據周開捷供稱雍正四年八月內前往洮岷勘查番界，因番地寬廣原帶口糧賞需所費不貲，適岷州土司趙廷賢併土司馬繡將銀子騾馬交給守備張洪賓餽送，遂不合輒行收受，記得趙廷賢是三百兩銀子一匹馬一頭騾，那馬繡是二百兩銀子一匹馬一頭騾，並沒見有金子，就是銀子馬騾數目實沒有這許多，至於食物等項並未向守備張國正勒要供應也，沒有發銀七百兩仍復收回的事。止固署洮岷協副將事臨洮營遊擊張人偉素日原有相與，曾送銀一百二十兩幫為盤費，又送銀碗兩個銀盤四個共重六十兩，說是他親丁銀兩打造的，並非扣的兵餉，所以纔收他的。又守備張國正送給金杯一對重二兩六錢、馬一匹是長隨趙坤轉交的，其科派他六十四兩銀子散給家人官頭的事開捷實不知道，今官頭孫耀仁已在口外病故，長隨趙坤雖已辭出如今現在西安可以質訊的。再鎮標五營額設公費步糧一百二十五分，統計一年該領餉銀二千餘兩，止可為營中正經之費，其餘齎送文冊盤費塘騾京報以及收拾衙門執事等項原不准在正項公費內支銷，所以五營又各設步糧一十二分共糧六十分，每年共銀一千兩名為營費，以為雜項之用，仍按季將用過銀數開報並非是開捷捏蝕入己，但未經報明私自設立實屬不合。至帳房鑼鍋遇有缺少俱動公費銀兩製造添補，現有底案可查，因兵丁在口外行走單布帳房難以隔雨，遂將帳房內稍舊破損者俱改作棚子以避雨雪，所以致有缺少，其新舊鑼鍋除出兵帶往之外其餘俱存在營，破損者亦有，開捷雖無造多報少冒銷公費之獎，但身任總兵將帳房鑼鍋等項軍裝不能修製齊全有何辦處等語。適洮岷營守備張國正因降調赴京來省領咨，臣即詰訊餽送科派情事，據張國正供稱雍正四年八月內總兵周開捷來洮岷勘番界，署副將張人偉因迎接未令相見，差人向守備要舊日製下的銀盤銀碗送禮，守備即照數給與。又奉總兵周開捷行文令備辦炒麵羊隻運送口外等處，及至送去又復不要，往返費有腳價，後到洮州要了三千勸炒麵三十五隻羊給散兵丁，曾發銀一百六十五兩，隨後周開捷家人趙坤說價銀發多了要回銀四十六兩。又向守備索送禮物，守備賒了一對金杯又馬一匹送去是實。又公送管事眾人銀六十四兩，供應過周開捷食物銀九十餘兩，以上所費的銀子俱是署副將張人偉與旗隊們商議攤派的，守備因奉文調考並不經手，及至回來見已經攤派遂沒有細查，不知道派的數目，其細帳俱在張人偉併洮岷營旂隊目兵處等語。臣正在錄供間又據周開捷伏地號泣，

口稱周開捷由微末營弁蒙皇上不次超擢補授總兵，自當勉力報効豈敢負恩玩法作此貪鄙之事，實因家貧負債又因曾祖併伯父停柩多年尚未安葬，且行年四十六歲鰥居無子，差人回籍迎娶以及父母不得已之累集於一身，遂不覺蒙面喪心，上負聖恩，今蒙聖明遠照誠為萬死莫贖，但周開捷尚有收受銀兩未經發覺之案今若隱匿不首則欺蔽之罪更不容誅，前於查勘番界時有洮州土司楊汝松送銀二千五百兩，又雍正五年十月內南川回子達爾漢拜馬廠內自盡人命一案，達爾漢拜託守備張洪賓送銀二百兩駱駝十八隻，俱已收受，今據實自首求皇上勅部定擬正法等語。及臣密調守備張洪賓至省面加詰訊，據張洪賓供稱從前跟隨總兵周開捷前往洮岷時有土司趙廷贊馬繡二人託把總今補甘州千總宋海向守備說他們要送禮的話，守備問明了數目共是五百兩銀子馬騾各二頭匹，守備轉送與周開捷俱已收受，守備也收了二土司的七十兩銀子馬一匹騾一頭，又回子達爾漢拜馬廠內跌死了偷馬的賊人，事結之後達爾漢拜送了周開捷二百兩銀子十八隻駱駝，另外送了守備一百兩銀子，還有達爾漢拜託賣的狐皮褂大小九件狐皮四張今尚在守備處等語。臣查周開捷身為總兵不思持廉守法，正己率屬，上報聖恩，乃敢貪黷營私，婪贓纍纍不法已極，臣遵旨察審據所供收受銀兩數目情節，雖與欵摺內不甚相符，但周開捷將未經發覺贓欵俱行自首，似無捏飾，或係過付人等從中侵受亦未可定。查周開捷已於劉之頊等玩悮軍需案內經臣題叅請旨解任質審，今復審有貪劣欵蹟，例應具本題叅，臣因出口在即軍務殷繁未及具題，謹據供叅奏請旨，將周開捷張人偉張國正張洪賓宋海一併革職，同犯証兵目人等應否勅交署督臣查郎阿或交蘭州撫臣許容，將原叅劉之頊等各案併案究審定擬之處恭請諭旨勅部施行。所有臣審取周開捷等確供併周開捷自首情節臣謹繕摺具奏，伏祈皇上睿鑒，為此謹奏請旨。

雍正七年五月二十二日具。

硃批：周開捷自首之案不必，餘案交與許容會同馮允中審擬具奏，著不必遲延作速察議奏聞。

〔72〕四川巡撫憲德奏覆明正土司所屬建廟頭目夫匠數目並請俟完工再行給賞摺（雍正七年五月二十二日）[2]-[15]-303

四川巡撫臣憲德謹奏，為欽奉上諭事。

雍正柒年肆月叁拾日准理藩院咨開，議政議覆趙殿最等奏稱，明正司所屬

俱係蠻民，建廟所用夫匠一呼立集踴躍爭先，實屬可憫，應加恩賜，但明正司所屬之頭目夫匠不知其數，難以議賞，相應行文四川巡撫憲德令將明正司併伊所屬頭目夫役之數查明酌量賞給緞布茶葉等物，將所賞之處奏聞可也等因，雍正柒年肆月初肆日面奉諭旨依議，欽此，移咨到臣。臣查從前修造革達等處城工所需夫役俱在打箭爐一帶明正霍爾等處各土司內分派調遣，明正司先曾出夫千有餘名。今次建廟乃於本年叁月拾陸日據派委估計廟工之重慶府知府張光麟詳稱，建廟之木已經砍就，行文明正司撥夫擡運，止據撥來貳百餘名，內多幼稚婦女，不能擡運，查所需夫役約計貳叁千名方足敷用，謹會同欽差酌議詳請行催等情前來，臣隨飛飭該管文武各衙門轉飭行催明正司及各土司在案。又於伍月初伍日准欽差趙殿最等咨稱，明正土司堅參達結〔註96〕所派人夫陸佰餘名半屬幼小婦女，不敷應用，本差屢經嚴催，據稱現在出兵運糧派往人夫甚多，本處派人甚屬艱難等語，相應轉請催提等因到臣。又經臣分檄該管之雅州及化林協申飭嚴催復在案，今明正司所派人夫既經奉旨令臣查明酌量給賞，臣焉敢不遵行給賞，但臣身在地方，現明知先遣修造城工緣無出兵運糧事，故明正司曾出夫千餘，今此次雖值出兵，運糧供應，烏拉倒斃亦多，但明正司所派人夫亦止陸佰，尚半屬幼稚婦女，不敷應用等情節，臣又何敢不據實奏明，竟自濫行給賞。且現在行催令赴城工者尚有霍爾之土司麻蘇扎撒普允那都爾諾雲章果達烏，又木坪、高陽、董卜等處，各派夫貳叁百名，或肆伍百名不第，若先將明正司並所屬夫役賞給，則各處派出土夫均係彝人，或恐懷疑致生觀望，臣愚以為應俟廟工完成再將各土司土夫查明効力與否請旨分別給賞，以廣皇仁以示鼓勵，臣將此議與提臣黃廷桂商酌，據提臣面語番民性貪多疑，似應請旨遵行，但臣未敢擅便，除行布政司命先將作何賞給明正司夫役查議外，理合將欽差趙殿最等現在轉請行催申飭及應於工完再行給賞之處，謹會同提臣黃廷桂據實奏聞，請旨批示遵行，為此謹奏。

雍正柒年伍月貳拾貳日四川巡撫臣憲德。

硃批：所奏甚是，交部察議，候旨行。

〔73〕吏部尚書查郎阿奏報總兵官周瑛唱戲及縱容川兵酗酒等情摺（雍正七年五月二十六日）[1]-3397

奴才查郎阿謹奏，為奏聞事。

〔註96〕《中國土司制度》頁二六五作明正宣慰司宣慰使堅參達吉。

奴才臨近自藏起程之日周瑛宴請奴才及邁祿、周凱捷，席間曾經唱戲矣，當時唱戲之人穿著一些舊衣服，我以為或係其之家人耳，後聽周凱捷曰其皆為四川兵丁，奴才當時即勸阻周瑛，奴才起程後周瑛如何添製戲裝奴才誠屬不知。奴才自藏返回之時曾謂邁祿云，我走後周瑛再唱戲請爾爾切勿去，督軍之人令兵丁唱戲，非但殊不合理且將如何管飭下屬，爾亦力爭管束之，我回京後必予奏聞等語。奴才觀周瑛其人管飭營伍罷軟疏忽是實，前因聞有酗酒濫飲閒蕩於藏市之兵丁，故於各官聚集時奴才即向周瑛周凱捷各副將參將宣令，昔日屢次傳令爾等須各從嚴約束各自之兵丁，不准酗酒，無事不准於市閒蕩，茲聞有兵丁於市酗酒閒蕩，今日我再喻爾等須好好管飭各自之兵丁，勤勉訓練，我將不時派侍衛巡查，一旦為我拏住將爾等所管官員一併參奏，從重懲處等語。並派出侍衛巡查，唯拏獲幾名轎夫，交其該管官員杖畢放了，兵丁尚未拏獲過，從此而後方纔好些了，奴才在藏之時未曾察覺周瑛、邁祿彼此不和，奴才帶達賴喇嘛至裡塘後靖逆營遊擊費尚之〔註97〕來我處稟報曰，據聞駐藏之臣彼此略有齟齬，我問費尚之駐藏之臣何有齟齬，據其言曰總兵官周凱捷之家人楊孝因病留在周瑛處，現病癒趕來，據其曰一日邁祿立其所居樓上見一四川兵丁違禁未配腰刀醉行於街，當即將其拏獲解送周瑛處，從此略有不和等語。奴才我來時曾謂邁祿、周瑛、副將馬濟世〔註98〕言曰，我等皆為荷主重恩之人，理應一心一意為國効力，不可意氣用事有失和睦，和睦相處不但於事大有裨益，且於爾等亦甚為有利，此等之事奴才本欲到京之後面奏聖上，因至西安後巡撫武格將旨口諭於我，故奴才唯將宜遵旨具奏之數項之事草擬成稿，又因在大將軍岳鍾琪起程之前須將各項地方要事詳細協商，事務繁冗，未能具奏，五月二十三日齎到之交送大將軍岳鍾琪之提督黃廷桂奏報周瑛唱戲等事之硃批摺子，俟大將軍岳鍾琪與奴才詳議另行具奏外，奴才謹將所聞所知之情，及尚未具奏之緣由一併奏聞。

雍正七年五月二十六日

硃批：知道了，於岳鍾琪爾等匯奏之摺子內降旨。

〔74〕吏部尚書查郎阿奏報將阿爾布巴咨給周瑛之書呈覽摺（雍正七年五月二十六日）[1]-3398

奴才查郎阿謹奏，為奏覽事。

〔註97〕《甘肅通志》卷二十九頁一百作靖逆營遊擊費上志。
〔註98〕《甘肅通志》卷二十九頁三十三作永昌營副將馬紀師。

奴才等至藏將阿爾布巴等咸俱拏下後，曾交付台吉頗羅鼐，這些人家中若有書信皆須查出，頗羅鼐將自阿爾布巴家搜出之咨給周瑛之唐古特文稿一件呈送前來，故將該書交頗羅鼐譯為蒙文如下。

呈給天賦文殊師利大皇帝之辦事大將軍大老爺足下，貴將軍殊勝佛教盛而不衰，係爾等無盡之恩者也，我本欲往迎爾等，但此若一去我則毀矣，故未能往迎爾等，祈請鑒諒勿惱，茲因頗羅鼐奸滑詭詐，使事致如此也，且緣倉猝行文，別的事一時想不起來了，茲達賴喇嘛、雅布及漢臣、噶隆、商上之人等因皆無事可為，故入布達拉堅守，招地盡為頗羅鼐取之，鄙人因老爺不能即至，正候召集貢布之兵馬，老爺爾若不速抵前來，布達拉亦將被取之，達賴喇嘛、雅布、我等三噶隆命亦難保，請老爺率領漢人兵馬星夜前來，向大皇帝不拘好言具奏，鑒鑒，呈書伯勒克及祥福大哈達一併鈐印，貝子阿爾布巴吉日呈上等語。

此事臣至藏後周瑛亦未曾稟告，故將所獲唐古特原稿及頗羅鼐所譯蒙文一併奏覽。

雍正七年五月二十六日

硃批：知道了。

〔75〕寧遠大將軍岳鍾琪奏覆駐藏蠻儀使周瑛演戲暨與副都統邁祿不睦情形請將二人更換摺（雍正七年五月二十七日）[2]-[15]-324

寧遠大將軍臣岳鍾琪等謹奏，為遵旨覆奏事。

竊查川提臣黃廷桂密奏駐藏蠻儀使臣周瑛在川省兵丁隊中挑揀能唱亂彈者湊合成班，製造戲衣不時粧扮歌唱為樂，甚失軍容，又與副都統臣邁祿意見不睦，時有爭執，川提標後營遊擊馬良柱專事迎合，容留蠻猖出入，聲名狼藉，密問自藏旋師之花馬池副將惠延祖化林協副將楊大立等所言與訪聞無異等因。欽奉硃批諭旨，卿看此奏周瑛豈如此人也，如果係真則有意懈怠也，朕所疑者此奏內言密詢惠廷祖楊大立，若如此則查郎阿亦深知者矣，再言與邁祿意見不睦之語可露于查郎阿離藏之後，在藏之時也查朗阿總未奏及，若周瑛有意怨望懈怠所關甚巨，卿可將此奏與朕之批諭細問查朗阿，汝二人密議奏明，應如何措置不可疎畧，見譏于殊域也，欽此。竊臣岳鍾琪於五月二十二日自西安領兵起程駐營三橋地方，於二十三日早晨奉到諭旨，隨將署督臣查朗阿邀至行營遵旨細問密議，臣查朗阿伏查在藏之時蠻儀使臣周瑛邀臣

等喫飯原見營內有能唱亂彈者數人，其所穿服色俱係軍牢舊衣，亦有用藏布製造者，彼時臣只疑為周瑛跟役家人之內偶有此輩數人，初不計其于川兵之中湊合者也，後聞周開捷說有兵丁在內臣曾將周瑛面為諄誡，至臣離藏之後周瑛將兵丁湊合成班，製造戲衣不時粧扮歌唱為樂之處臣實不知。再邁祿周瑛二人意見不睦一事臣在藏之時伊二人並無同辦之事，亦未見有不睦之處，臣行至裡塘聞得後來官兵等傳說，自臣離藏之後邁祿周瑛往來稀疎似有不睦之意，但周瑛係駐藏大員，性耽逸樂，令兵丁唱戲甚失軍容，又不能和衷共濟，殊乖大體。臣查郎阿原擬赴京復命時將周瑛管兵罷軟各項事宜備細面為陳奏，嗣因奉旨留陝協辦軍務，又陝撫臣武格口傳諭旨令臣凡有口奏事件俱著繕摺具奏，欽此。臣查郎阿性本庸愚，荷蒙聖恩命署總督，畀以重任，凡關軍務以及地方一切事宜趂大將軍臣岳鍾琪未起程之前均應遵旨詳加商酌，藏中諸事現在次第繕摺奏聞，並非敢于狥隱遲延也。再臣岳鍾琪于起程之前二日據鑾儀使臣周瑛差四川提標馬兵盧良煥持書到陝，內云邁祿初猶拘謹，繼奉恩諭駐藏，有總統管領之俞旨便居然托大，刻意苛求，每日放炮出府，頑牌并差人挑選蠻婆，虐兵吝賞以致蠻人藐視，將來必致呼應不靈等語。臣等伏思周瑛所言雖未可全信，而此等情節有關國體兵威，臣等寧可信有不敢信無，是以再四詳議看得邁祿周瑛意見不睦已有確據，而其行事乖張藐玩懈怠甚負我皇上任使之恩，若仍留駐藏不惟與事無益，誠如聖諭將見譏于殊域也，至應如何措置之處不敢忽畧，謹遵旨詳加斟酌。藏內一切諸事布置方新，必須秉公持廉諳練番情之大員前往更換方屬有益，查大同鎮臣張善前經隨臣岳鍾琪進藏，多有功苦，且其人歷練老成熟諳番情。又延綏鎮臣顏清如在藏二載，熟悉藏地情形，才具明敏，人亦老誠謹飭，若于二員之中欽定一員更換周瑛似屬允當，但張善從前進藏尚屬千把，止供差遣，一切西藏辦事情形恐未能周知熟練，非若顏清如自藏初回，諸凡布置安頓俱得預聞，事皆諳練也，臣等謹仰懷聖恩或將顏清如派往駐防西藏，更覺允協，惟是顏清如現在派調領兵進剿，若行更換周瑛，其領兵之任請即以張善派補，不惟番藏事務得資料理，而統兵之鎮臣亦不致乏人矣。至駐藏之滿洲總統大臣甚屬緊要，伏乞皇上於滿洲大臣內遴選老成持重曉暢番情者特命前往，現今西寧口外水草甚好，此去更換之滿洲大臣以及鎮臣顏清如等無庸由川出口，竟由西寧進藏更為便捷。再查學士僧格在藏有年，番情諳練，今滿洲大臣以及鎮臣顏清如初到彼地，令其協同糸酌藏中諸務，自得合宜，并請皇上俟滿洲大臣等到藏之

日特降諭旨即令邁祿周瑛回京，并令遊擊馬良柱回任，勅部嚴加訊問究擬以為懈怠不職者戒，緣奉硃批諭旨密議事理臣等欽遵細心斟酌，是否允當伏乞皇上睿鑒特降訓旨遵行，為此繕摺謹奏請旨。

雍正七年五月二十七日具。

寧遠大將軍臣岳鍾琪。

署陝西總督臣查朗阿〔註99〕。

硃批：所奏西藏情形朕皆洞悉矣，邁祿周瑛二人但至不睦，其皆不勝任也可知，只得更換為是，邁祿尚可留藏効力，周瑛駐藏無益，朕意仍遣馬臘前往，再斟酌一人代周瑛亦尚未定，顏清如隨征事要，仍命協往為是，路振揚到京効力，雖不覺甚棄精神，奏對甚屬昏瞶，原係不學無術詐偽邀譽之人，此奏未到之前有旨著張善來京陛見，意欲命署固原提督之任也，此事卿可不必多費心思，朕自著實留心辦理，與廷臣確議而行之。

附四川提督黃廷桂奏報周瑛劣蹟摺

提督四川等處地方總兵官署都督同知仍帶拖沙喇番臣黃廷桂謹奏，為密奏事。

竊照駐藏鑾儀使臣周瑛抵藏之後竟於川省兵丁隊中擇其能唱亂彈者攢湊成班，各令分任腳色，以藏布製造戲衣，不時粧扮歌唱以供笑樂，甚失軍容。且與副都統臣邁祿意見不睦，時有爭競，以致臣標後營遊擊馬良柱無所凜畏，專事迎合。而該將駐劄處所容留蠻娼出入，男婦雜沓，聲名狼藉。臣恐遙聞未確，值陝西花馬池副將惠延祖凱旋至省，臣密詢果否有無其事，據稟與臣所聞無異，又化林協副將楊大立進省謁見，臣更加細詢，所稟亦同，臣不敢蔽匿，謹據實密奏。再查遊擊馬良柱係臣於有無題缺案內會同督臣岳鍾琪保題之員，乃一旦改行敗儉，大玷官箴，臣不敢因會同保題，遂爾狗隱，但現在派留駐藏，臣未便拜疏糾參，恭理合一併奏明。

雍正七年四月十一日

硃批：卿看此奏周瑛豈如此人也，如果係真則有意懈怠也，朕所疑者此奏內言密詢惠延祖楊大立，若如此則查郎阿亦深知者矣。再言與邁祿意見不睦之說可露于查郎阿離藏之後，在藏之時也查朗阿總未奏及，若周瑛有意怨望懈怠，所關甚巨，卿可將此奏與朕之批諭細問查朗阿，汝二人密議奏明，應如何

措置不可踈畧，見識於殊域也，欽此。

〔76〕副都統邁祿奏謝擢補護軍統領摺（雍正七年六月初一日）[1]-3404

奴才邁祿謹奏，為叩謝天恩事。

雍正七年五月十七日准兵部咨，據本部奏稱，為補放護軍統領事，正藍旗護軍統領塔拉圖〔註100〕之缺將應陞之副都統職名照例開列，於雍正七年三月十五日具奏，本月十七日奉旨將邁祿補放正藍旗護軍統領，欽此欽遵前來。奴才見文即恭設香案望闕三跪九叩謹謝天恩，伏思奴才本係下等愚奴，迭奉天恩將奴才任為副都統，奴才日夜正為不能仰酬聖主養育隆恩於萬一而誠惶誠恐，今又逾格施恩將奴才補為正藍旗護軍統領，奴才迭蒙聖主覆載深恩，無論如何効力亦不能酬答，惟盡力圖報外竟無奏陳之言，為此叩恩謹奏。

雍正七年六月初一日

硃批：爾向周瑛胡鬧之前將爾補放，爾如此辜負朕恩不要臉面，若知，爾副都統職位尚在，阿桂夾在阿者之間，若再不能贖罪，有何面目回來見朕〔註101〕。

〔77〕四川重慶總兵任國榮奏報達賴喇嘛住居裡塘情形摺（雍正七年六月二十七日）[2]-[15]-500

四川重慶總兵官臣任國榮謹奏，為恭請皇上聖安。

該臣於叁月初叁日抵裡塘後即將一切情由具摺奏明在案，所有達賴喇嘛於叁月拾伍日起坐禪念經，彌月不出，臣與副都統臣馬德〔註102〕、臣鼐哥〔註103〕亦常去通候，至肆月拾伍日圓滿坐床，進香者實繁有徒，臣等進見款洽尤殷，總之至始至終啟齒便云感激皇恩，報答不盡，具見悃誠。且凡差人往藏搬取物件或往爐採買食物，俱令喇嘛來告臣知，臣仰體德意承順而行，現今仰賴洪庥，僧俗相安，兵民共輯，儼然極樂之區（硃批：極乘因好，但不可踈忽，若不防，樂極生悲，迨非長樂之道也，一切事寧有備方無患也，

〔註100〕《欽定八旗通志》卷三百一十八作護軍統領塔拉圖，雍正七年三月革。

〔註101〕此處硃批翻譯文意不通，此處硃批在本部分第一二四號文檔引用之，錄之以為參考。「釋放爾之前，未聞爾與周瑛混鬧，不曾想到爾如此辜負朕恩，且又不體面，倘若早知道此事，爾之副都統一職能否保留亦在兩可之間，再若不加効力贖罪，又有何面來見朕。」

〔註102〕《欽定八旗通志》卷三百二十一作滿洲正紅旗副都統馬臘。

〔註103〕《欽定八旗通志》卷三百二十四作蒙古正黃旗副都統鼐格。

機在事先，方不忙悞，敬慎為之）。更可奇者裡塘地勢最高，天時常冷，向時狂風日起，伍陸月間猶下大雪，今竟風微雪止，伍月天氣似內地暮春光景，土人所種青稞秀於往歲，白叟黃童莫不歡歌喜躍，以為瑞應，臣等與各弁兵亦皆慶幸，春生寒谷，此皆由我皇上恩光普照，一視同仁之所致也。但臣本庸愚，自膺防護之責兢兢業業常懼有不周之處，夙夜靡寧（硃批：如此方是，萬不可大意），伏懇聖訓以便欽遵，庶免隕越，頂戴罔極，臣謹具奏，伏乞睿鑒施行，為此恭繕奏摺具奏以聞。

雍正柒年陸月貳拾柒日四川重慶總兵官臣任國榮。

硃批：覽。

〔78〕四川重慶總兵任國榮奏安撫瞻對番民情形摺（雍正七年六月二十七日）[2]-[15]-501

四川重慶總兵官臣任國榮謹奏，為奏聞事。

該臣欽奉上諭駐劄裡塘，原以防護達賴喇嘛，嗣於本年肆月拾壹日臣准提督臣黃廷桂咨商總督臣岳鍾琪委臣進剿瞻對之官兵，就近相機調度，彼時臣因此事在臣未到之前，所有先今情狀，原案緣由，漢土官兵數目尚未深知，不敢造次，隨行據各領兵官逐條開報前來。臣復細加查察，看得瞻對深處萬山，羊腸鳥道，界連西海巴塘等處地方，設有安撫司一員側冷滾布管理番民，久霑王化，緣昨年巴裡貳塘地界上有被賊番搶劫之各案，經督臣岳鍾琪派令護理化林協副將黎雅營遊擊高奮志，小河營守備吳鎮分路查補，實為靖盜寧邊起見。該遊擊於陸年拾貳月內由裡塘抵翁布中地界，無憑無據，以滾布為盜魁，責差瓦述番目索朗羅布等往調滾布，該遊擊於柒年正月初拾日軍次瞻對地界占多，拾伍日滾布到營投見，該遊擊並不取一供，令其出營伺候，拾陸日將滾布傳入，使左右倒執，鳥槍劈頭打死，其跟隨柒人亦同時擊斃，遲之數日又去搗其巢穴，以致震驚番眾，顧命拒敵，及被官兵擊敗，守死不出，此實情也。詎該遊擊報為滾布屢調不出，率兵赴營拒敵被擒斬首，伍子聲言報仇赴營拒敵傷兵等情，請兵援剿，隨奉欽差吏部尚書臣查郎阿總督臣岳鍾琪先後派調自藏凱旋之陝西潼關協守備戴奕熊，四川提標守備劉貴進剿，臨卡石等處之小河營守備吳鎮、駐扎裡塘之疊溪營遊擊常力行各領兵到彼，即經滾布之子差人赴遊擊常力行營盤持信投誠，復央原供養之長蓋喇嘛至遊擊高奮志營內請降，又據滾布之母率數百餘人哭赴守備吳鎮行營投順，並遣伊家人切產等奔臣行署哀鳴，供詞慘切。併呈驗遊擊高奮志於陸年拾

壹月貳拾玖日所給番字牌壹張，上鈐化林協印信，內譯出，你差管家到我跟前來送我壹匹馬壹張豹皮猞猁孫皮壹張金子壹兩狐皮壹張，我若不收你的，羞了你，我都收了，你同我差官一齊來，我還有話吩咐等字樣，則是滾布猶知差接，猶知送禮，猶知遵調親來，固不為抗逆，即按各盜案內亦無滾布所管之人，乃既死於非命，而負險傷兵之兇犯亦嘗被官兵攻殺甚多，今伊老母幼子同眾土番又仰畏天威，傾懷帝德，紛紛歸誠恐後，情有可矜。且瞻對與裡塘相近，自用兵至今催調輓運，僧俗不無擾累，前經達賴喇嘛問及如何了結，臣答以撫順剿逆大概，彼云萬歲恩大，只要細心些等語。抑其事始末皆為欽差副都統臣馬德、臣鼐哥共所知悉，毫無疑義者。伏思聖明在上，如天好生，凡一切刑書俱蒙欽定，每於法外施仁，而況此事原由所激，千百生靈攸繫，臣敢不益加慎重，仰體聖心允其歸順，用示皇恩浩蕩耶。臣隨一面密商督撫提臣，一面宣布天朝威德，將滾布之家人切產等押回軍前，令該將備查明戶口，定明部落，造冊取結，但各管各民，嚴加約束，永絕盜源，永杜株連推諉，檄行去後。茲於陸月貳拾貳日據該將備辦理明白，呈齎印信號紙冊結到臣，經臣覆核無異，及查滾布雖生伍子，長子班滾汪扎納登年僅拾玖，餘皆幼小，原領安撫司印信號紙係康熙肆拾壹年分奉部頒給側冷滾布，今滾布既故，例應長子承襲印信，仍應發還，號紙例應換給，以便管理地方，約束番民，照例貢馬，一體當差出力報効朝廷也。再查去歲巴裡貳塘所報被劫賞需軍糧塘馬客貨叁起，除已經該將備剿撫完結外，惟桑昂邦一處因守備吳鎮調來瞻對，故未清理，臣已令該備回兵前去完結，刻期可竣，現今巴裡貳塘地方寧謐，無庸大兵久駐邊隅，是以臣將陝兵六百名先行檄回以免糜費，所有瞻對歸順各緣由臣隨通報督撫提臣在案，臣謹具奏，伏乞睿鑒施行，為此恭繕奏摺由驛轉齎具奏以聞。

雍正七年六月二十七日四川重慶總兵官臣任國榮。

硃批：當嚴察審明，據實參奏，但向後事宜務期妥協，不可因當下只圖了事，苟且草率料理，不能令惡番洗心革面，日後復有蠢動則汝領罪不起也，悉心與督提秉公忠商酌辦理可也，是如此等事棄善將就欺隱苟且，一概使不得，特諭。

〔79〕寧遠大將軍岳鍾琪奏覆先行賞給駐劄裡塘兵丁銀兩摺（雍正七年六月二十八日）[2]-[15]-507

寧遠大將軍臣岳鍾琪謹奏，為遵旨回奏事。

　　臣查達賴喇嘛移住裡塘防護之官兵甚關緊要，前經臣奏請將西藏撤回之川兵內挑選二千名令重慶鎮臣任國榮統領暫駐裡塘以資彈壓，奉旨著照岳鍾琪所請，令任國榮前往帶領進藏官兵二千名暫駐裡塘防護，將來如何酌量派換。再駐劄之弁兵等天寒路遠，効力勤勞，應加賞賚以示軫念，著岳鍾琪一併分別定議具奏，欽此。臣因彼時官兵自藏凱旋，裡塘之兵尚未派定，是以將賞需一項未經議給，及至官兵調至裡塘之日又因瞻兌賊蠻聚眾拒敵，隨將駐劄裡塘之兵派調一千名前赴瞻兌協同進剿，後奉諭旨在事官兵令臣酌量賞給，臣即欽遵議定馬兵每名賞銀八兩步兵每名賞銀六兩，俱經奏明在案。今除派赴瞻兌之兵一千名統於進剿案內分別賞給外，其挑選駐劄裡塘之兵因未派撥足數，現在止駐兵九百四十名，臣謹欽遵諭旨先行賞給以示鼓勵，謹請每馬兵一名酌給銀八兩每步兵一名酌給銀六兩。至此項賞需銀兩作何動給之處查前准部咨，奉旨邇年以來官兵遠涉西藏，又復進剿各處番蠻，行間効力甚屬勞苦，令臣動支庫銀十萬兩加恩賞賚，臣欽遵諭旨現在酌議賞給，所有駐劄裡塘官兵九百四十名賞需銀兩應即在此十萬兩內動支，解交裡塘查照馬步兵丁按數賞給。再查現今留駐藏內川陝官兵共二千名亦應先為賞給，每馬兵一名賞銀八兩每步兵一名賞銀六兩，統於前項十萬兩之內動給報銷，臣已行知鎮臣任國榮并鑾儀使臣周瑛等各俟銀兩解到之日將此貳處官兵先行賞賚。此外邇年以來隨師進藏以及進剿各處番蠻各案出師官兵應賞銀兩業經移咨提臣黃廷桂等備造清冊，臣將此案轉交署督臣查朗阿，俟冊報到日再為查明照案分別賞給。至駐劄裡塘官兵將來如何派換之處，伏查革達廟宇現在建造，將來達賴喇嘛於冬末春初廟工告竣之時便可遷移居住，而革達三渡各地方亦經臣酌議奏請設兵駐防護衛其地，業蒙俞允，則此駐劄裡塘之兵俟化林協副將移住之日即應撤回，無庸派換。所有現駐裡塘並留駐藏內兩處馬步兵丁先行賞賚緣由理合繕摺恭奏，伏祈皇上睿鑒，為此謹奏。

　　雍正七年六月二十八日具。

　　硃批：甚是，是當妥協，但此內賞恤兵丁不應用此十萬特恩之內，卿如此料理亦使得。

〔80〕寧遠大將軍岳鍾琪奏報遊擊高奮志擅殺降人測冷滾布情由摺（雍正七年六月二十八日）[2]-[15]-510

　　寧遠大將軍臣岳鍾琪等謹奏，為奏明事。

竊查瞻兌逆司測冷滾布抗違不法，前經派委遊擊高奮志領兵分路進剿，嗣據高奮志報稱，屢次行調，詎測冷滾布恃其地險蠻多，逞兇負固，不惟抗不赴營，抑且率眾迎敵，於正月十五日我兵奮勇攻殺，當將測冷滾布在陣擒獲，因身受重傷已將斃命，是以即行斬首梟示，今測冷滾布之妻子尚聚眾負嵎，踞守要隘。查賊巢形勢險峻，林深菁密，出入路徑僅容一騎，自正月二十二日至二十七日賊蠻突赴行營攻殺三次，雖互有殺傷，而山高勢險，所帶之兵不敷分布，前奉檄調藏內撤回兵丁現在未到，呈請添兵進剿等因稟報前來。臣以測冷滾布雖經授首，其妻子黨惡尚未剿滅，現今率眾恃險逞兇攻殺，而前檄遊擊常力行所領從藏撤回之兵尚未到齊，高奮志乃恃勇輕進，深入賊徑，幸我兵奮擊疾攻，賊鋒頓挫，隨暫守要隘以待大兵，是時吏部尚書臣查朗阿已到裡塘，聞報即派調自藏旋師之陝兵二千名，令副將惠延祖統領前往協同進剿各緣由，經臣節次奏明在案。誠恐所報情節不符，復密為查訪，今訪得測冷滾布於翁布中頭人七林平等投順之後奉遊擊高奮志行調，即於正月十五日到營投見，奉調之先並無率眾抗拒情事，因高奮志擅將測冷滾布并跟隨七人共八名於十六日在營中打死，以致眾番畏懼逃回，復守巢穴，肆行攻殺，此皆高奮志將已降之測冷滾布擅殺以後之事也。及遊擊常力行領兵到彼，而測冷滾布之子復差人投降，懇請招安，是測冷滾布已經投順而高奮志妄行殺害，復捏稱拒敵被傷，是以梟斬，希圖掩飾其擅殺降人之罪，既肆行狂妄於前，復任意欺詐於後，狡妄不法莫此為甚，臣訪查既確，除一面密移署督臣查朗阿并咨行川省撫提嚴查確實特參究擬外，所有訪聞遊擊高奮志妄自殺降，挾詐捏報緣由理合繕摺恭奏，伏祈皇上睿鑒，為此謹奏。

雍正七年六月二十八日具。

硃批：豈有此理，此所謂小人悮事也，但高奮志何意如此行為亦當詳察，其中或有隱情。

〔81〕四川巡撫憲德等奏陝兵沿途偷賣官鎗緣由摺（雍正七年七月初十日）[2]-[15]-586

四川巡撫臣憲德、四川提督臣黃廷桂謹奏，為據實奏明事。

雍正柒年伍月貳拾肆日據署理城守管糸將前營遊擊王谷宰稟，據千總張文璧稟稱，據察街隊目張七榮黃錦在東門內紅石柱街賣燒酒俞福鋪內查獲叉子官鎗一桿，詢據俞福供稱，因涼州撤回兵丁吃了燒酒十斤，將鎗一桿筭給小的，又找他錢六十文等語。又在南打金街常經飯店內查獲叉子官鎗四桿，詢據

常經供稱有涼州張總爺帶回兵丁三十餘人在小的店內住宿吃飯，無銀開發，將鎗籌銀四兩等語等因到臣等。臣等隨調鎗驗看果係叉子官鎗，伏思涼州兵丁於省會地方私自以官鎗抵籌酒食，則沿途或更有易賣之處均未可定，臣等隨移咨重慶鎮臣並行署川北鎮化林協城守營沿途細查川陝兵丁有無私賣拋棄之鳥鎗去後。茲據署理城守營參將王谷宰報稱，陸月初陸日據辦理左營守備事左哨千總張文璧稟稱，據駐防漢州隊目趙文隆稟稱，於漢州北街王鐵匠鋪內查有官鎗二桿，鎗上鑽有城守官鎗四字，隨詢據鐵匠王貴禮供稱，肆月內有陝西回兵在鋪內打騾馬掌八副，言定每副錢八十文，共給錢六百四十文，釘完無錢將鎗二桿籌給，強令找錢六百五十文等情。又呈據潼綿營守備于氏牧報，據駐綿州千總張廷蔚稟，據目兵賈興漢稟稱，陸月初叄日在皂角鋪單畢勤飯鋪內查有腰刀一口，又查鐵匠杜聰鋪內有鳥鎗一桿，又張奇店內有鳥鎗一桿，隨詢據單畢勤供稱，因回陝兵丁在店吃酒十六斤，飯四頓，麩子六斤，共該錢一百三十九文，將腰刀一口准籌。又詢據杜聰供稱，因陝西兵丁過彼釘騾掌二隻，該錢二十四文，無錢還償，又找錢三百三十六文，得鎗一桿找籌。又詢據張奇供稱，有固原兵二人在店吃飯四頓，該錢四十文，無錢開發，令找錢六百二十文，共錢六百六十文將鎗一桿找下各等情到臣等。除咨署督臣查郎阿飭查外，理合將陝兵偷賣官鎗緣由據實奏明。再查川兵自類伍齊奉撤回汛，臣黃廷桂訪聞得各兵沿途竟遺失鳥鎗數十餘桿，但或係偷賣或係拋棄之處，因現駐札裡塘，臣未能深悉，臣已嚴飭領兵官參將李棟據實點驗，查報至日臣再另行糾處奏聞，伏乞聖鑒，謹奏。

雍正柒年柒月初拾日

硃批：覽，此與憲德參奏王洊一例之事也，將奏過奉旨寬免處知會趙儒、沈圖，卿知之。

〔82〕四川提督黃廷桂奏覆滿兵作踐地方未敢具奏緣由摺（雍正七年七月初十日）[2]-[15]-590

提督四川等處地方總兵官署都督同知仍帶拖沙喇番臣黃廷桂謹奏，為奏明事。

竊臣為密奏事一摺奉硃批俞旨，大奇，周瑛如此行為實令難信而不解矣，凡有所聞如此，據實無隱，深為可嘉，但滿兵自藏回作踐地方為何隱匿不奏也，欽此。臣跪讀之下，彌切感激惶懼，伏思臣賦性愚昧，叨蒙天恩高厚，超擢重任，臣夙夜思維，惟知仰賴皇上，勉圖報効，復何所避忌，何所循隱。且

協領莫爾渾統兵無律，是其自取罪戾，臣雖下愚何敢循庇，莫爾渾上負隆恩，實因撫臣究擬咨明，臣愚以為各該管處自必奏聞參處，是以未敢瀆奏（硃批：好，但事事以此四字居心，可謂不負朕之人矣），此實臣昏昧之見。復荷聖慈訓示，感激靡寧，自茲以往，臣凡有見聞自應據實陳奏，臣不勝悚惕之至，理合繕摺覆奏，伏乞聖鑒，為此具摺謹差臣標外委把總馬世榮齎摺奏聞。

雍正柒年柒月初拾日

硃批：可謂鳥過張弓之論。

〔83〕四川提督黃廷桂奏報商酌更換駐藏官兵事宜並現駐裡塘官兵用度均足摺（雍正七年七月初十日）[2]-[15]-591

提督四川等處地方總兵官署都督同知仍帶拖沙喇番臣黃廷桂謹奏，為奏明事。

竊臣前恭奉硃批俞旨，辦理妥協可嘉，但喇嘛移廟住定為日無期，此兵丁從西藏遠行方回，若再令久駐，朕心深為憫惻，可商酌如何更換料理調撥請旨，此暫住官兵一切用度當優裕賞給，務令從容以慰朕恤體勤勞効力將士之意，少有不及責歸於汝也，欽此。臣隨專差致商督臣岳鍾琪，嗣據督臣覆稱，軍務不遑，囑臣與署督臣查郎阿商酌辦理，臣復咨商查郎阿，更專差備字商酌去後。據署督臣查郎阿寄覆，今臣就近核議飛覆，臣即將各營應派官兵即馱載馬匹收拾行裝定期捌月前往更換，併遵旨賞賚現駐裡塘弁兵等事於陸月拾玖日專差寄知署督臣查郎阿。茲於柒月初玖日據署督臣覆稱，已經定議具摺會奏請旨遵行，惟是署督臣來札內稱，酌將派撥官兵擬於柒月中會集省城，柒月底起程更換等語，但為期迫促，川省營汛窵遠，官兵勢難驟集，今臣於柒月初玖日始據署督臣查郎阿寄覆定議具奏前來，即便書夜嚴催各鎮協官兵斷不能於柒月中會集省城，臣已專差至各營迅即催調，計程必需閏柒月底方能會齊，由省起程。除將此段情節更行寄如署督臣查郎阿外，理合繕摺奏明。至於現駐裡塘官兵荷蒙聖主軫念深仁厚澤，備極周詳，臣職任軍營敢不仰體天心加意辦理，業經屢次商酌前往接濟，復據重慶鎮臣任國榮札稱，現駐裡塘官兵均可足用等語，合併奏明，伏乞聖鑒，為此具摺謹差臣標外委把總馬世榮齎摺奏聞。

雍正柒年柒月初拾日

硃批：覽。

〔84〕護軍統領邁祿等奏報備辦達賴喇嘛等食用物品情形摺（雍正七年七月十二日）[1]-3430

奴才邁祿、僧格謹奏，為奏聞事。

切臣前交付貝子頗羅鼐曰，達賴喇嘛已住裡塘，達賴喇嘛現今穿戴食用等物以及隨達賴喇嘛去之二百喇嘛所食乾糧等物，爾辦後速送，至於為達賴喇嘛取何物幾個月送一次之處，爾呈文達賴喇嘛照達賴喇嘛指示陸續送去等情。據頗羅鼐告稱達賴喇嘛去裡塘時所帶衣食乾糧等所需之物足夠一年，由我處將達賴喇嘛所食上米燒羊肉上等青稞果品等物編為七十馱，交付多爾濟喇布坦於四月十九日從招地遣之去。再隨達賴喇嘛去之眾喇嘛所食米麵牛羊若由此處趕去，則路遙牲畜勞累，且臕瘦不可用，故臣遣喇錫噶布楚曰，催取繳納彼處附近一帶官卓爾、桑阿吹鍾〔註104〕、擦瓦左岡〔註105〕之官牛羊由彼即送，缺何物聽其買而用之等情，給銀四百兩遣之。臣照大臣等所托呈文達賴喇嘛曰，嗣後取何等物品幾月送一次，照達賴喇嘛指示遵行等情，今照達賴喇嘛遣星布巴送來文書，將達賴喇嘛所供佛像銅佛果品等物以及氆氇、香共編為五十馱，將於七月十三日從招地起程，其尚未得獲之物得即陸續送，亦呈文於達賴喇嘛，為此謹奏以聞。

雍正七年七月十二日

硃批：知道了。

〔85〕護軍統領邁祿等奏報迎接喀爾喀使臣等事摺（雍正七年七月十二日）[1]-3431

奴才邁祿、僧格謹奏，為奏聞事。

切為喀爾喀哲布尊丹巴呼圖克圖〔註106〕圓寂事，遣人來報達賴喇嘛、班禪額爾德尼，前來超度熬茶之喀爾喀貝勒車木楚克那木扎爾等已到近處，奴才等交付貝子頗羅鼐言，喀爾喀使臣等已到，照爾等舊例如何迎接之處，聽爾辦理等情。據頗羅鼐告稱，按我等舊例凡使臣至，直至喀喇烏蘇備辦廩給迎接，我將牛三千頭、馬騾五百整，廩給羊數百隻交付兩第巴派往喀喇烏蘇地方。喀

〔註104〕《大清一統志》（嘉慶）卷五百四十七作桑阿充宗城，在巴塘城西南六百里。《欽定理藩院則例》（道光）卷六十二作桑昂曲宗，宗址在今西藏察隅縣古玉鄉布玉村塔巴寺。

〔註105〕常寫作擦瓦岡，藏人指怒江與瀾滄江間之地帶。

〔註106〕指第一世哲布尊丹巴呼圖克圖，土謝圖汗察琿多爾濟之弟。

爾喀貝勒等來到達木後亦咨行使臣等曰，今我子朱米那木扎爾〔註107〕於達木地方備宴迎接，將使臣等馬畜放牧於喀喇烏蘇水草處，給我等備帶馬牛乘騎，馱馱等情，是以使臣等乘騎我等所備馬畜前來等語。貝勒車木楚克那木扎爾等於六月二十三日皆已平安來到招地後，即已朝拜招地佛以及結色哩木布齊，翌日具宴，使臣等猶如達賴喇嘛在時，七月初二日貝勒車木楚克那木扎爾等言，欲赴布達拉向達賴喇嘛獻佈施等語，奴才等與帶來之員外郎班第、筆帖式策稜、貝子頗羅鼐同至布達拉，貝勒車木楚克那木扎爾等向達賴喇嘛之禪床叩拜畢，將其貢物猶如達賴喇嘛在時，恭敬獻二十兩重金曼達〔註108〕一個、銀曼達一個、裝把碗銀盒一件、銀背壺一件、銀茶桶一個、銀洗手盆一個、金一百兩、銀九千兩、珠子一小包、大木酒杯一件、椅子一把、坐褥一件、磁把〔註109〕碗一件、鈴錘一套、小撇碗一套、鐃鈸一套、緞、絹、舊絹、綾等物，以招地時價估算值銀一萬八百六十餘兩，奴才等將此交付頗羅鼐收藏於布達拉宮。據頗羅鼐告訴奴才等言，喀爾喀貝勒等於噶爾丹、沙拉、哲蚌、布達拉、大昭、兩溫都遜寺〔註110〕熬茶時共計喇嘛一萬兩千名，散給每喇嘛銀各三兩、緞各一幅、花絹各四幅，小寺廟皆照此熬茶，施捨佈施。於喀爾喀貝勒等貢物內欲取銀一千兩、緞疋等物酌情齎送達賴喇嘛，其使臣等之名亦繕寫報告達賴喇嘛，使臣等赴後藏返還期間，達賴喇嘛亦將至此，達賴喇嘛必回贈伊等，伊等將高興如見達賴喇嘛等語。奴才等言爾之所辦甚當，即遣人送給達賴喇嘛等情。頗羅鼐又告稱於我此處數年未見如喀爾喀、厄魯特施捨佈施，進獻達賴喇嘛、熬茶等盛舉，此次亦仰副大聖主振興崇敬黃教之至意，切念皇上所封達賴喇嘛，大獻佈施，且於大小寺廟皆大行熬茶，此皆大聖主之重恩，請大臣等將此情由轉奏大皇帝等語。再喀爾喀使臣等大概於閏七月初旬赴後藏，完事返還後，從招地起行之時〔註111〕，除另奏聞外，為此謹奏聞。

雍正七年七月十二日

硃批：知道了。

〔註107〕《欽定西域同文志》卷二十四頁六載，居爾默特納木佳勒，轉音為朱爾默特納木扎爾，坡拉鼐索特納木多布皆次子，初授扎薩克頭等台吉，襲封郡王，後以罪誅。

〔註108〕原註，祭祀用器，意為祭盤。輯者註，亦名壇城。

〔註109〕原文如此，疑為糌粑之誤。

〔註110〕指上下密院，為西藏專習密法之兩喇嘛寺，皆位於拉薩市區。

〔註111〕原文作事，今改為時。

〔86〕護軍統領邁祿等奏報遷移呼爾敦侍衞家口牲畜摺（雍正七年七月十二日）[1]-3432

奴才邁祿、僧格謹奏，為奏聞事。

切接准副都統達鼐咨稱，以呼爾敦侍衞為遷移其妻子牲畜已赴藏之處，臣亦欲咨行駐藏大臣等知會等因具奏，既然如此則請呼爾敦侍衞遷移其妻子牲畜，抵藏後，大臣等查明呼爾敦侍衞之妻子家畜交付呼爾敦侍衞，遣伊等返回青海，俟遣返後咨覆等因前來。奴才等當即召貝子頗羅鼐至，語之曰將呼爾敦侍衞之妻子家畜查明後給之等情，今貝子頗羅鼐查明呼爾敦侍衞之妻子家畜後已交付呼爾敦侍衞，是以呼爾敦侍衞領其妻子於六月二十日自招地起行赴青海，遣還之處除咨行寧夏〔註112〕副都統達鼐知會外，為此謹奏聞。

雍正七年七月十二日

硃批：好。

〔87〕吏部尚書查郎阿奏請嘉勉厄魯特及戴琫達顏台吉摺（雍正七年七月十五日）[1]-3435

奴才查郎阿謹奏，為奏聞事。

奴才在藏之時曾聞有一名叫楚魯木塔爾巴之厄魯特先前曾以康濟鼐之使遣往京城，此次頗羅鼐進藏時楚魯木塔爾巴援助頗羅鼐極為効力，據頗羅鼐告訴奴才曰，楚魯木塔爾巴誠屬人才，甚為効力，昔日亦曾深為康濟鼐所喜愛，此人善為卡倫藩屏，故我將其遣往納克產等處設哨，守護通往準噶爾之克里葉等路。奴才在藏未曾見過楚魯木塔爾巴，自藏起程返回，於途中頗羅鼐派楚魯木塔爾巴追趕奴才送來書信，奴才帶楚魯木塔爾巴行了數日，見其為人可信，尚屬有見識之人，亦熟諳邊哨屏藩，年近六十，昔日歸隨康濟鼐之舊厄魯特及其藏人尚贊楚魯木塔爾巴為好漢。再奴才至藏時阿里克地方之人仍隨服頗羅鼐，據頗羅鼐告之奴才，阿里克之戴琫、頭領內有一名叫達顏台吉〔註113〕者，掌管阿里克之軍，其人有才幹亦為可信，現所擒要犯皆交達顏台吉監守，此親戚甚為體面。奴才觀達顏台吉其人確屬人才，為人可信，所擒要犯皆交達顏台吉看守，且奴才等不時派人前往提犯，故伏乞聖主對厄魯特之楚魯木塔爾巴、阿里克之戴琫達顏台吉降旨嘉勉施恩，則邊鄙極地所有藏阿里克人等感激無

〔註112〕　應為西寧之誤。

〔註113〕　《欽定西域同文志》卷二十四頁十四載，達顏台吉巴勒丹旺佳勒，官藏代本。同頁載其子名喇木巴喇布丹，官藏代本。

盡，倍受鼓勵，各俱捨死効力，且楚魯木塔爾巴、達顏台吉稍有効力即蒙恩勸
勉，更為感激，而倍加効力也，恩自主出，奴才謹陳愚見奏聞。

雍正七年七月十五日

硃批：所奏為是，交議政大臣議之。

附雍正帝上諭一紙

諭查郎阿，朕躬甚安，爾好麼，本年仰蒙天慈直隸各省皆獲豐收，內外安
謐，爾所奏之書所辦之事朕皆嘉許欣閱，茲於上蒼庇佑之下西藏此之大事如此
出乎所望，全部告成，皆爾誠謹効力所致，朕每每念之於此皆欣幸用人之得當
也。茲爾諸事辦理妥當功成而返，主臣將欣然相見矣，沿途於之喇嘛當甚為優
待，朕自此處亦將派臣往迎，將此宣喻喇嘛知之，以朕之旨問喇嘛好，途中凡
青海臣民前來叩見喇嘛者爾酌情予以寬待，切勿過嚴，朕將欣喜之意特抒以
降，諒爾閱後必喜，欽此。

〔88〕署陝西總督查郎阿奏請停進藏官兵借支並無庸更換駐防摺（雍正七年七月十五日）[2]-[15]-612

吏部尚書署陝西總督臣查郎阿謹奏，為請旨事。

竊查督臣岳鍾琪前因達賴喇嘛遷住裡塘應需官兵防護併請派令重慶鎮臣
任國榮統領駐劄緣由繕摺具奏，嗣准部咨，奉諭旨，據岳鍾琪奏稱，達賴喇
嘛自藏起程明年二月初可至裡塘，此地原有喇嘛寺院可以居住，其防護之官
兵今議派重慶鎮臣任國榮前徃裡塘統領，即將四川進藏凱旋馬步兵丁內挑選
二千名併酌留員弁駐劄等語，著照岳鍾琪所請令任國榮前徃帶領進藏兵丁二
千名暫駐裡塘防護，將來如何酌量派換。再暫駐之弁兵等天寒路遠，効力勤
勞，應加賞賚以示軫念，著岳鍾琪一併分別定議具奏，欽此。當經督臣岳鍾
琪欽遵轉行知照併移令川提臣黃廷桂酌派妥議去後。今臣准提臣黃廷桂議稱，
建昌松潘化林等處皆係邊營要地，除從前已經派撥之外現在存營官兵不便再
派，今計派換裡塘駐防兵二千名應於川提標派兵八百名重慶鎮派兵三百名川
北鎮派兵三百名永寧夔州二協營各派兵三百名，共足二千名之數，此所派之
兵統照馬一步九之例派調。再派領兵遊擊二員守備四員千把總二十員，預令
收拾齊全定於八月中旬齊集省城再行出口，計程一月可抵裡塘，其原駐裡塘
進藏之官兵即於九月底起程六月內可以到省，此次派徃官兵定以一年一換，
若噶達廟工早竣則彼地已設重兵似可無庸派換，倘竣工稍遲尚應更派預期再

行議請。但查原駐裡塘進藏凱旋官兵二千名內前已檄調一千名前往瞻對桑阿邦等處會勦逆番，今官兵正在奮勇進勦之際，若令此次官兵派撥一千名前赴軍營更換，不但彼此跋涉且於軍務無益，似應先將駐防官兵換回，其進勦官兵一千名應俟料理瞻對桑阿邦等處事竣一併凱旋撤回，庶為妥便。再此派換兵丁二千名內除馬兵本身騎馬外所需馬步兵馱馬以二兵一馬計算共需馱馬一千匹，應於各該標營內摘撥，但川省營制係馬二步八馬一步九，營馬原額有限，況已經摘撥進藏進勦者不一，今又復行摘調所存更屬無幾，計歷一年之久營馬不便久缺，應請照每匹八兩之定價即行購買補額，俟將來更換回營將帶回馱馬照例變價交庫，均屬有益。至於此次所派馬步兵二千名經年遠駐，一切衣裝等項皆需收拾充足，請照進勦冕山之例按名支借馬六步四餉銀以資攸往，而領兵員弁亦照冕山之例支借，其官兵應給口糧鹽菜應交巡撫照例支給。再原駐裡塘進藏官兵恭奉恩旨賞賚，今查進勦瞻對官兵一千名前經總督岳鍾琪已請將馬兵賞銀八兩步兵賞銀六兩，似無庸再行議賞外，應將現駐裡塘官兵內馬兵每名酌賞銀六兩步兵每名酌賞銀四兩，以仰副聖主軫念遠役兵丁之至意，以上事宜因准咨酌議相應議覆妥核主稿會奏等因前來。臣查留駐裡塘進藏兵丁上荷聖主加恩賞賚，今督臣岳鍾琪分別定議及移准提臣黃廷桂議稱馬兵每名應賞銀六兩步兵每名應賞銀四兩，而督臣岳鍾琪已經統兵西進，臣因查留駐裡塘兵丁二千名因凱捷時即於中途將化林協馬步兵四百名派勦桑阿邦逆番，其餘止挑選一千九百四十名先在裡塘駐劄，俟桑阿邦事竣再於化林協兵丁內挑兵六十名以足二千名之數，嗣經督臣岳鍾琪又於留駐兵丁內派兵一千名進勦瞻對，現駐裡塘者止九百餘名，除進勦瞻對官兵已於恩賞十萬兩案內分別賞給毋庸再行議賞，其現駐裡塘官兵請旨勒交提臣黃廷桂移會統兵鎮臣任國榮就近確查現駐兵數分別馬步兵丁造冊領給，庶屬妥便。至於奉旨派兵更換今准提臣黃廷桂議於提標川北重慶併永寧夔州各標營內派馬一步九兵二千名於八月底自成都會齊起程前往，臣因為期稍遲咨令於閏七月底起程，其留駐裡塘兵丁於九月內即可各回本汛，此時霜雪未降寒煖及時，兵丁徃回行走均屬稱便。至前派進勦瞻對兵丁此時正在用兵，若於今次所派二千名兵內即照數派往軍營更換，誠覺彼此跋涉，似應止將現駐裡塘兵丁換回，其進勦瞻對兵丁俟事竣撤回，洵屬駕輕就熟，於軍務實有裨益。再提臣黃廷桂議稱今次派往馬步兵二千名所需馱馬一千匹在於各營內摘給，此摘給馬匹請即照定價八兩領銀購買，誠以營馬不便久缺，於例亦屬相符，惟所議派往

官兵請照冕山之例借支俸餉以資前徃之處臣思官兵行走已給有口糧鹽菜，且冕山借支之例原因官兵進勦不無預備之需，非駐防官兵槩照此例借支也，臣請嗣後凡進勦官兵或可援例酌借，其駐防戍守官兵借支之處應請永行停止，以重庫項。再臣伏思留駐裡塘川省進藏官兵離家雖久，去家尚近，況噶達廟工欽差大員董理修建計在冬末春初即可竣工，而官兵撤回之期亦不甚遠，臣愚以為莫若仍令留駐官兵暫行駐防，似可無庸更換，庶現在官兵可免派調之煩而一切繁費亦可節省，倘以官兵久戍，上蒙聖主軫念則今次所派兵丁亦無庸定期一年再行更換，統俟噶達廟工告竣營汛分設之日將此更換兵丁撤回亦屬允協，但臣知識短淺所議恐未合宜，謹將提臣黃廷桂原議併臣酌議各情節繕摺具奏，恭請訓旨勅議遵行，為此謹奏請旨。

雍正七年七月十五日具。

硃批：此奏朕交廷臣詳議，覆奏時有旨。

〔89〕署陝西總督查郎阿奏撤回進藏綠旗兵丁在劍州沿途折價變賣鳥槍情由摺（雍正七年七月二十二日）[2]-[15]-671

吏部尚書署陝西總督臣查郎阿謹奏，為據咨奏聞事。

雍正七年七月二十一日臣准四川撫臣憲德提臣黃廷桂聯銜咨稱，據差查莫爾渾一案目兵陳天福等併駐防劍州昭化縣綿州德陽縣各弁員向聯魁等、又署理成都城守營叅將印務提標遊擊王谷宰各報稱，奉查莫爾渾所領兵丁經過地方有無擾害之處俱已備細查報。今查有陝省撤回進藏綠旗兵丁內有在劍州沿途等處將鳥鎗折算飯食草料找給銀錢者共計十七杆，內固原營四杆涼州營五杆，一杆有東許字樣一杆有一歐字城守營，二杆有城守字樣，其餘六杆不知是何標營，又昭化縣民買火器營損壞腰刀一把，舊爛帳房一頂各等情移會確查，各該營行令赴川具領等因前來。臣查征兵鳥鎗帳房關係軍裝何得折算飯食草料沿途賤價找賣，而店戶居民豈不知軍器乃違禁之物竟敢找給銀錢私自折買，誠已均屬不法，況出征兵丁器械隊目什長管兵千把總自應不時稽查，即回營之日亦應按兵點驗，如有缺少即應具報，至領兵將備亦須時加查察何竟置若罔聞，一任兵丁棄擲。再陝省撤回綠旗兵丁每月口糧支給折色銀四兩儘已豐裕充足，何至將鳥鎗等物抵算飯食草料變賣銀錢，此皆該管弁目將備不加檢束，任其花費所致，若不嚴加懲創無以肅營政而儆不法，臣現在飭查明確另行題叅究處外，所有准咨情由合先繕摺奏聞，伏祈皇上睿鑒，為此謹奏。

雍正七年七月二十二日具。

硃批：好，應如是。

〔90〕四川提督黃廷桂奏請量加松潘地方兵力摺（雍正七年七月二十四日）[2]-[15]-702

提督四川等處地方總兵官署都督同知仍帶拖沙喇番臣黃廷桂謹奏，為要地兵單，仰懇皇恩量加召補以重邊防事。

伏查松潘一鎮設處極邊，內外番部環繞，生熟不下百十餘種，彈壓誨化全資兵力，如鎮標三營及所轄漳臘疊溪平番威茂南坪龍安小河七營幅幀遼闊，計地週圓數千餘里，要隘繁多，又遍通青海草地，接連河州西寧階文等處，為全川西北咽喉門戶，實係巖疆重地，防範不可不周。查鎮屬額設馬步兵丁五千三百餘名，除各官親丁公費名糧七百餘分外，實有兵四千六百餘名，自上年派撥進藏，今歲調遣出口，二次共出兵二千二百名，現供差操者不過二千四百餘兵，此時分布緊要或次沖隘口併安置馬步塘遞，每處亦止量駐兵丁數名，即計兵九百餘名，至於存留鎮屬十營城守之兵一營或數十名及百十名不等，統計僅有兵一千五百餘名，則是全鎮城守汛防之兵均為不足。且查口外群番每歲值玖拾月間雖遠如插漢丹進〔註114〕、厄勒克代懺火洛車霍耳頓等處部落及青海一帶招安蒙古人等無不合夥以馬匹牛羊狐皮諸物由黃勝關羊角溪流沙關靜沙堡等口先後入口，至松潘城外駐扎，與漢民交易茶布始回，歷年來仰仗聖主德感遠臨，俱屬安靜。但現在汛守缺兵，誠恐伺間借端滋事均未可定，臣雖飭令署鎮臣張聖學再於各營酌抽弁兵添防番部出入必由之隘口，併於來松貿易之時小心防察彈壓，然各營兵備單弱似非保障萬番邊境所宜。伏思皇上慎重邊方，時廑睿鑒，臣受恩深重，目擊情形何敢忽視緘默，臣愚請將今歲奉派出口之馬步兵一千名懇恩暫為召補實伍，以資捍衛，俟西征大軍凱旋之後再為陸續裁汰，庶控制有賴而重地無兵單之慮矣，是否允協伏乞聖恩訓示遵行，為此具摺謹差臣標把總周璉齎摺奏聞。

雍正柒年柒月貳拾肆日

硃批：怡親王大學士等會議具奏。

〔註114〕《蒙古世系》表三十九作察罕丹津，顧實汗圖魯拜琥第五子伊勒都齊之孫，其父博碩克濟農。《欽定西域同文志》卷十七頁五作戴青和碩齊察罕丹津，戴青和碩齊為其號，察罕丹津為其名，史籍有以名稱者，有以號稱者，或號與名全稱者，實為一人。

〔91〕四川提督黃廷桂奏遊擊高奮志擅殺啟釁妄報拒敵及進勦官兵撤兵回汛摺（雍正七年七月二十四日）[2]-[15]-705

提督四川等處地方總兵官署都督同知仍帶拖沙喇番臣黃廷桂謹奏，為奏聞事。

竊查進勦口外夾壩賊蠻一案經臣會商督臣岳鍾琪委重慶鎮臣任國榮就近總統，及調換土兵一千名當即行知鎮臣併繕摺奏明在案，惟是軍前距省窵遠，諸事未能周悉，臣復寄字任國榮將勦撫情形不時寄知，嗣據該鎮札稱瞻對測冷滾布原係高遊擊調至營盤，並無拒敵兇形，因被登時擊斃，以致眾番負險，及見遊擊常力行領兵壓境，即投信請降，情有可憫等語，寄商撫臣憲德及臣。臣等隨以或勦或撫總宜相機妥協辦理，俾其永遠安靜住牧，至高奮志擅殺啟釁，妄報拒敵情由希即查實咨揭會矣，寄覆去後。臣於陸月拾捌日恭奉硃批，覽，亦不可輕視，凡事不可論大小，但以敬慎處之，上天自然賜佑也，欽此。仰見我皇上睿謨宏深，誥誡親切，臣敢不時刻謹遵循，更密示知鎮臣任國榮欽遵訓旨，加意敬慎料理，上副天心。茲准任國榮咨稱，瞻對野番紛紛投降，情詞懇切，已經招安，併遊擊高奮志受賄擅殺妄報各劣迹等通揭到臣，臣隨移明署督臣查郎阿會疏題參，請旨究擬，以儆官邪外，理合繕摺奏明。再查督臣岳鍾琪原派會勦之陝兵六百名俱已檄令回汛，遊擊常力行亦檄歸裡塘，其守備吳鎮經鎮臣任國榮檄飭現在帶領漢土官兵前往桑昂邦清理去訖，合併奏聞，伏乞睿鑒，為此具摺謹差臣標把總周璉齎摺奏明。

雍正柒年七月貳拾四日

硃批：審明自然得知其中情理。

〔92〕西藏辦事大臣鼐格奏報達賴喇嘛學習經文摺（雍正七年七月二十五日）[1]-3445

奴才鼐格謹密奏，為奏聞事。

雍正七年六月十二日奴才鼐格與達賴喇嘛之師傅噶爾丹錫勒圖〔註115〕閒談時奴才言，喇嘛爾好生給達賴喇嘛講解經卷，即可謂爾輔助黃教也。據噶爾丹錫勒圖告稱，大臣所言甚是，達賴喇嘛年雖二十二歲，但學得好，我今已有年紀，惟以所知盡心為達賴喇嘛講解等語，為此謹密奏以聞。

〔註115〕據《東噶藏學大辭典歷史人物類》頁一五二載，此噶爾丹錫勒圖為第五十一任噶爾丹錫勒圖班丹扎巴，雍正二年成為七世達賴喇嘛之經師。

雍正七年七月二十五日

硃批：觀此喇嘛樣兒，能知曉其本意耶，亦只如一般讀書人僅會口頭說講。

〔93〕西藏辦事大臣鼐格奏報達賴喇嘛坐禪學經摺（雍正七年七月二十五日）[1]-3446

奴才鼐格謹密奏，為奏聞事。

切達賴喇嘛自雍正七年五月十八日始至六月十一日坐禪二十一日，出禪之日達賴喇嘛與多尼爾等閒談時，作為奴才之語與達賴喇嘛言，為佛勤學六年經後方可知大理，無有生面知者，聖主三十五歲方知本意，喇嘛爾興廣黃教，皆為眾生靈，每日如此勤學經書、講解、坐禪者甚是，愈勤愈是等情。達賴喇嘛告稱，大臣之言甚是，為佛若不勤學六年經則安能得本意，未有生而知者，據經云釋迦牟尼佛雖於諸劫之先得知佛理，但阮努端魯布汗在時三十八歲方知本意，所謂文殊師利皇帝三十四歲時繞知本意者，文殊師利佛雖於諸劫之先知本意，但未告知於人。我為小喇嘛，仰賴皇上之恩，我自幼不斷為皇上寶座萬萬劫堅固而撰修古里木經、坐禪外，將學習講經，我不知本意等語，為此謹密奏以聞。

雍正七年七月二十五日

硃批：知道了，著爾趁與喇嘛閒談時作為一般笑話告之曰，所謂知本意後未告知於人之議論錯矣，為何不告知於人，釋迦牟尼佛即只管告訴人，豈為非耶，若真不知而謊稱知曉以欺騙人，則其罪戾甚大，斷然不可，此皆後世庸懦喇嘛等為掩蓋其無能而捏造無理之言，喇嘛爾若勤學後自己真知，則爾必及時告訴人，以引導眾生靈等語。

〔94〕西藏辦事大臣鼐格奏報將達賴喇嘛移住噶達地方摺（雍正七年七月二十五日）[1]-3447

奴才鼐格謹密奏，為欽遵上諭陳奏管見事。

切准和碩怡親王等咨稱，雍正七年六月初七日奉上諭，曾諭令將達賴喇嘛移住噶達地方，於眾蒙古中若有欲謁見達賴喇嘛者則到噶達地方行禮，今既令達賴喇嘛暫住裡塘地方，則於眾蒙古中有無特來行禮之人以及有無來後滋事之人，或寧靜從法，後達賴喇嘛移住噶達地方後仍准蒙古等任意往來行走有無關係之處，著爾等詳細具文寄給鼐格，令其將實情密奏以聞，欽此欽遵，副都統

爾即遵旨陳述實情，密奏以聞，為此咨行等語。據夾簽內寫，雍正七年六月初八日和碩怡親王等疏言，查得曾奉旨將達賴喇嘛者移住噶達地方，於眾蒙古中若有欲謁見達賴喇嘛者則到噶達地方行禮，欽此。茲准岳鍾琪奏請於眾蒙古中若有欲見達賴喇嘛者則必有理藩院及管理蒙古事務大臣等所頒執照方准經過等情，如此則查防甚嚴，密咨副都統鼐格，詳查前往〔註116〕噶達地方之眾蒙古中有無趁行禮之便於噶達地方妄行滋事者，或寧靜從法等事，據實密奏後，臣等再行具摺請旨等因具奏，奉旨依議，欽此，雍正七年七月十五日齎到。

奴才鼐格查得達賴喇嘛自雍正七年二月初九日來裡塘之日起，無有前來謁見達賴喇嘛之蒙古，於裡塘周圍所住喇嘛、唐古特人等前來行禮祈禱長壽者甚多，觀之無滋事之人，皆寧靜從法。曾奉旨將達賴喇嘛移住噶達後於眾蒙古中若有謁見達賴喇嘛者則到噶達行禮，欽此。此特聖主振興黃教於天下之至意，奴才鼐格欽惟，倘准前來謁見達賴喇嘛之眾蒙古任意往返行走，則查不肖蒙古為難，且日甚一日，有滋事之人亦未可定，若發給執照則專來謁見達賴喇嘛之蒙古於沿途行走可靠，且有裨益，將達賴喇嘛移往噶達後於前往〔註117〕噶達之眾蒙古中，有無趁行禮之便妄行滋事者，或仍寧靜從法之處，奴才詳查畢除另摺密奏外，陳述奴才愚見，惶悚謹奏，伏乞聖主睿鑒，為此謹密奏。

雍正七年七月二十五日

硃批：是，另有旨。

〔95〕西藏辦事大臣鼐格等奏轉達賴喇嘛謝恩摺（雍正七年七月二十五日）[1]-3448

奴才鼐格、馬喇謹奏，為轉奏事。

切理藩院領催班吉率公索諾木達爾扎之跟役多爾濟塞布騰於雍正七年七月二十二日來到裡塘，轉告敕封達賴喇嘛之父索諾木達爾扎為公并頒恩事，復以皇上垂問達賴喇嘛好賞賜哈達，達賴喇嘛謝恩具疏，呈奴才等言，請大臣等代我轉奏等語，奴才等略譯達賴喇嘛所奏唐古特文書，書內開。

奉天承運文殊師利大皇帝寶座前，敕封為西天大善自在佛所領天下釋教普通瓦赤喇怛喇達賴喇嘛之托音小僧向東拈香，拋撒瑞花，虔誠跪奏，竊小僧自孩提之童仰承天下地上文殊師利大皇帝寵眷，如父養子，恩重莫可言喻，來

〔註116〕原文作「前住」，今改為「前往」。
〔註117〕此處增加「往」字。

裡塘後遣小僧之父索諾木達爾扎代小僧往請大皇帝萬安。小僧之父已老，一介無知小人，此前未曾去大地方，因軫念喇嘛小僧，抵達伊拉古克三之大金城後每日叩拜金明，下頒訓旨，賞賜公號，封為極榮之人，施以聞所未聞，心難包容之恩，垂問小僧好，賞賜哈達。復以小僧聞之喜悅，領催班吉率小僧之父索諾木達爾扎之跟役多爾濟塞布騰於七月二十二日來轉告，連小僧乃至在此處之眾不勝喜悅，莫可言喻，感激此鴻恩至萬萬世，不能報稱，連小僧乃至在此之眾沙彌僧為報答大皇帝之恩，祈禱上三寶永保大皇帝萬萬壽，為寶座堅固，不時勤於古里木經，除此之外，喜如醉，言不能述，伏乞明鑒如天罔極等語。

　　因此將達賴喇嘛所奏原唐古特文書及哈達，一併奏覽，為此謹奏。

　　雍正七年七月二十五日

　　硃批：知道了。

〔96〕西藏辦事大臣馬喇奏謝奉命總理西藏事務摺（雍正七年七月二十五日）[1]-3449

　　奴才馬喇謹奏，為叩謝天恩事。

　　雍正七年七月十一日接戶部咨開，雍正七年六月初十日上諭怡親王等，著副都統馬喇仍赴西藏總理事務，自四川布政司庫內撥銀二千兩賞給馬喇以為資斧。再黃廷桂所遣赴西藏之遊擊亦由布政司庫撥銀賞給五百兩，爾部立即火速行文，欽此欽遵，須至咨者。本月十六日接兵部咨開，雍正七年六月初八日上諭怡親王等，著湖廣九溪營副將包進忠〔註118〕補任陝西西寧總兵官，周瑛現領兵駐藏，將周瑛撤回，包進忠即遣西藏，接替周瑛管飭，仍命馬喇赴藏，由馬喇、僧格總理藏務，邁祿、包進忠協理其事，欽此欽遵，須至咨者等情。竊惟奴才本一昏庸無能之輩，凡事俱賴聖主指授而行，茲皇上仍命奴才前赴西藏，與內閣學士僧格總理藏務，邊鄙之地責任甚重，奴才誠為不堪〔註119〕命負而不勝惶悚，伏乞皇上仍賜訓示，奴才欽遵竭力効行，又蒙皇上賜銀二千兩，奴才唯望闕叩謝天恩，俟提督黃廷桂所遣遊擊至達裡塘，奴才我等立即起程，為此謹奏。

　　雍正七年七月二十五日

　　硃批：知道了。

〔註118〕《甘肅通志》卷二十九頁十九作鎮守西寧臨鞏總兵官包進忠。
〔註119〕原文作「不甚」，今改為「不堪」。

〔97〕寧遠大將軍岳鍾琪奏覆再訪遊擊高奮志擊斃測冷滾布摺（雍正七年閏七月初三日）[2]-[16]-18

寧遠大將軍臣岳鍾琪謹奏，為遵旨覆奏事。

竊查遊擊高奮志經臣訪知擅將已降之測冷滾布捏稱陣擒妄行打死緣由繕摺恭奏，奉到硃批諭旨，豈有此理，此所謂小人悞事也，但高奮志何意如此行為亦再當詳察，其中或有隱情，欽此。仰見我皇上睿鑒至周，無微不照，臣查高奮志領兵進剿，測冷滾布已於正月十五日投營降順，至十六日高奮志即將伊打死，復梟其首，捏稱在陣擒獲，揆之情理似乎必無，但遊擊常力行領兵到彼而測冷滾布之子即差人投順，且訪知測冷滾布從前並未拒敵，何由臨陣受傷被擒，皆由高奮志恣意貪功妄行殺害以致眾番畏懼生釁，守其險要為苟延時日之計，乃高奮志又恃勇輕進復有對敵攻殺之舉。臣因事出訪聞誠如聖諭其中或有隱情，是以未敢遽行題叅，隨一面具奏一面密字寄知署督臣查朗阿并川撫臣憲德川提臣黃廷桂嚴查確實特叅，今奉諭旨臣即欽遵再為密訪，仍密字寄知署督臣查朗阿等詳加訪察務得確情，如高奮志妄行之處果係確實即為嚴叅請旨究擬，倘或別有隱情亦即據實具奏以仰副我皇上慎重精詳之至意也，所有遵旨再加訪察緣由理合繕摺恭奏，伏乞皇上睿鑒，為此謹奏。

雍正七年閏七月初三日具。

硃批：查郎阿未奏到矣，朕亦將諭卿之旨諭彼矣，此事朕實疑而難信。

〔98〕寧遠大將軍岳鍾琪奏覆拉達克不敢援助準噶爾摺（雍正七年閏七月十二日）[2]-[16]-69

寧遠大將軍臣岳鍾琪謹奏，為遵奏事。

雍正七月閏七月初四日接奉抄發拉布贊呈貝子頗羅鼐書稿，蒙硃筆諭旨，拉達克既與準噶爾來往同〔註120〕使，亦當留心者，欽此。臣欽遵細思拉達克雖目下與準噶爾偶然同使往來，亦不過面為歡洽，未必出於誠心，若將來準噶爾敗逃之後投奔達拉克，臣料其必下敢容留，蓋以噶爾丹策凌逃往彼處之時若隨帶人勢眾多，則拉達克自顧所部之眾不過萬人，恐準噶爾別生事端，拉達克必不敢留之以自生肘腋之患，若噶爾丹策凌勢窮人少則拉達克又不敢留此不可恃之人以取天朝之誅責。且拉達克係喀齊所屬〔註121〕，亦不敢自作主張擅

〔註120〕原文如此，「同」當為「通」之誤。
〔註121〕喀齊此處指克什米爾，當巴布爾征服印度時，拉達克曾為克什米爾回部征服

留逆類，但臣欽遵諭旨惟當加謹防範，料理周密以期仰副委托之重，擬合繕摺覆奏，伏乞皇上睿鑒施行，謹奏。

雍正七年閏七月十二日具。

硃批：朕意料亦然。

〔99〕四川提督黃廷桂等奏報要犯陳累等情摺（雍正七年閏七月十三日）[2]-[16]-88

四川提督臣黃廷桂四川巡撫臣憲德謹奏，為奏明事。

竊臣等前准理藩院咨，為趙殿最諾穆圖奏聞打箭爐羈禁之陳累處所縱容蠻人出入無忌一案，經議政大臣等議覆奉旨著黃廷桂憲德秉公據實審明定擬具奏，欽此，移咨到臣等。臣等謹將從前駁查據報各情節備錄奏聞，恭請訓示一摺內奉硃批，所議甚是，當如此收鈎結案可也，欽此。臣等隨咨行駐藏副都統臣馬臘學士臣僧格令將把總楊友忠停其調回，仍令坐臺効力，惟是理藩院衙門臣等例應咨覆，因係欽奉皇上硃批未敢將諭旨錄出，臣等止將上年已經駁查結案緣由詳細咨覆，至於要犯陳累臣等不時嚴飭派委經管把總小心看守，勿致疎虞外，理合一併奏明，伏乞聖鑒，謹奏。

雍正柒年閏柒月拾叁日

硃批：覽。

〔100〕四川提督黃廷桂奏報揀選遊擊李鶴赴藏並起程日期摺（雍正七年閏七月二十日）[2]-[16]-123

提督四川等處地方總兵官署都督同知仍帶拖沙喇番臣黃廷桂謹奏，為奏明事。

雍正柒年陸月貳拾玖日蒙兵刲付，為欽奉上諭事，職方清吏司案呈雍正柒年陸月初拾日怡親王等奉上諭，馬良柱既經調回，著黃廷桂於川省遊擊內揀選一員派往西藏管理綠旗兵丁，著兵部即行文去，欽此。同日又准戶部咨，為欽奉上諭事，四川清吏司案呈雍正柒年陸月初拾日怡親王等奉上諭，副都統馬良〔註122〕仍住西藏總理事務，著於四川藩庫內動銀二千兩賞給馬臘為行裝盤費之資，又黃廷桂派出往西藏之遊擊亦著動藩庫銀伍百兩賞給，爾部即速行文，

納貢，當巴布爾子孫勢衰之時即脫離之，五世達賴喇嘛時收歸藏屬，岳鍾琪此處所言不確。

〔註122〕《欽定八旗通志》卷三百二十一作滿洲正紅旗副都統馬臘。

欽此，各咨劄到臣。臣隨遵旨遴選建昌鎮屬會鹽營遊擊胡璉，一面檄調該將赴省一面咨明署督臣查郎阿。嗣肆於柒月貳拾肆日准查郎阿咨稱，查會鹽營遊擊胡璉頃准來咨派令赴藏，但現承寧遠大將軍議得該將調補新設撒喇遊擊，先令飛調來陝承辦事務，合行咨調，其應派赴藏之員另行派調前往等因前來。臣復選派護理化林協副將印務川北鎮屬順慶營遊擊李鶴，立即飛調該將，已於閏柒月初捌日抵省承領皇賞銀五百兩，即飭令於本月拾貳日自省起程馳赴西藏去訖。所有遵旨揀選遊擊李鶴承領皇賞併起程赴藏日期除業經報明兵部外，理合奏明，伏乞睿鑒，為此具摺謹差臣標把總馮自友齎摺奏聞。

　　雍正柒年閏柒月貳拾日

　　硃批：覽。

〔101〕四川提督黃廷桂奏報蒙古各王台吉差使禮拜達賴喇嘛應立一定期會集前來摺（雍正七年閏七月二十日）[2]-[16]-124

　　提督四川等處地方總兵官署都督同知仍帶拖沙喇番臣黃廷桂謹奏，為奏聞事。

　　伏查松潘所屬口外如郭羅克各部落，上年因抄搶圖爾古特牛馬傷人一案，經督臣岳鍾琪檄派前任守備宋宗璋剿撫招安，嗣後頗覺安靜，第番人野性無常，作賊是其故智，近雖畏戴國法不敢公然肆行抄劫，而鼠竊狗盜之習未能盡化，是以大將軍臣岳鍾琪值此時各蒙古王台吉等差役前往達賴喇嘛處進香熬茶必由郭羅克各部落經過，誠恐番眾劫奪飭諭護理松潘鎮印務臣標中軍糸將張聖學專員前赴口外郭羅克一帶化誨，併傳諭不許恃強习搶，如敢故違本大將軍即發兵剿捕等語。似此先行專差出口逐處曉諭原為靖盜安邊起見，但臣竊計現在大兵尚距松潘未遠，軍勢震疊，足以壓束番賊之心，且松鎮又得預為專員明白關示，曉以禍福，破其邪心，自可俯首帖從，若將來大軍深入，諸番貪殘性成，不知顧忌，即使仍前誨化，猶恐未必悉遵。若各王台吉差往禮拜達賴喇嘛之人松鎮無憑得知，一時路經各番巢穴，倘伺間劫阻，復蹈故轍，致起仇殺，深為未便，臣再四思維，設於一年之內凡有差役禮拜達賴喇嘛者俱為立一定期，令其按期會集前來以便專員先期馳赴口外，一則傳諭諸番勿許搶奪滋事，一則暗暗護行俾其從容經過，似屬妥便。但既立定期其非往來之期自不得遣役遠行，未免阻其不時懇懇禮拜達賴喇嘛之意，若聽其自行絡繹往來不加籌畫，勢難保其沿途經歷番寨毫無疎失之處，可否令各王台吉於遣役禮拜之先告知辦理彝情大人，預為知會松潘鎮，即便專員馳諭口外

郭羅克各寨番部誨化彈壓，俟數年之後各蒙古經由此路既熟，番眾委果相安無事再為奏請聽其自行前來，似於各王台吉差役人等不無裨益。臣淺昧之見是否可採，伏乞聖恩訓示遵行，為此具摺，謹差臣標把總馮自友齎摺奏聞。

雍正柒年閏柒月貳拾日

硃批：交延議，另有旨諭。

〔102〕署陝西總督查郎阿奏謝恩令兼西安將軍摺（雍正七年閏七月二十五日）[2]-[16]-149

吏部尚書署陝西總督臣查郎阿謹奏，為聖主之簡任愈隆微臣之感戴彌切，敬瀝下忱恭謝天恩事。

竊查西安八旗派撥駐防涼州兵一千名臣准部咨奉旨令西安將軍臣常色禮帶領前往駐劄，其將軍印務令臣兼理，臣當即欽遵望闕叩頭恭謝天恩訖。今駐涼滿兵定於八月初七日吉期整齊起程，臣俟將軍臣常色禮移送印信至日遵旨兼理，照例繕疏題奏外。伏念臣謭劣庸愚，才識鮮薄，蒙我皇上恩逾常格，寵命頻加，甫膺節制之繁又荷統領之鉅，以臣鹵鈍之質自揣兼顧難勝，惟幸夙承聖訓，時切遵循，而臣又以旗員出身，旗下事務曾經辦理，自當竭駑趨公以伸報效。但臣受恩深重即捐麋頂踵亦不能克致犬馬之微誠，今惟有訓練官兵整飭機務，和協旗民以上報洪仁之高厚而已，所有微臣感戴下悃理合繕摺恭謝天恩，伏祈皇上睿鑒，為此謹奏。

雍正七年閏七月二十五日具。

硃批：覽卿奏謝矣。

〔103〕署理陝西總督查郎阿奏報審訊自藏至川喇嘛叫羅藏出丁情形摺（雍正七年八月十二日）[2]-[16]-281

吏部尚書署陝西總督臣查郎阿謹奏，為奏聞事。

准四川撫臣憲德提臣黃廷桂會咨，據護理化林協副將印務遊擊李鶴稟，據標下中軍守備雒鳴鶴報稱，雍正七年六月二十二日據千總李文成盤獲自藏來至化林喇嘛一名呈解到案。隨訊據供稱，我名叫羅藏出丁，是喀爾喀的人，歸化城敦郡王〔註123〕是我的主兒，雍正三年我在西皇寺〔註124〕住著，有在

〔註123〕《欽定外藩蒙古回部王公表傳》卷十五頁三載原授右翼都統今襲三等男五次襲根敦。

〔註124〕即西黃寺，位於北京市朝陽區黃寺路，順治九年為五世達賴喇嘛入京朝覲清

京姓阿的名叫扎什哈到寺裡來問這裡可有遊方的喇嘛麼，我答應有，那姓阿的問我你可情願往藏裡去嗎，我答應愿去，那姓阿的又說如今現有欽差喇嘛羅卜藏格隆送《丹朱兒經》〔註125〕去，你就同他去，這是主子與我下的旨意，你若去把事體打聽得明白回來主子就放你大喇嘛。我就同送經的大喇嘛到了藏裡送經的，大喇嘛回來了我就在叭哩布地方住了三個月，又到扛得西地方，纔轉來正要起身彼時因前後藏打仗，我又在扎什隆布寺住了一年，後有統兵的欽差進藏差官來請班禪喇嘛往前藏去，我就同到前藏見了統兵欽差，他說你還曉得他們的話，住下往後再來，我住夥日子纔起身，由朔般多至堞耳革〔註126〕遇見夾霸〔註127〕，將班禪喇嘛給我路票一張併康濟鼐給我路票一張都打劫去了，幸至打箭爐有駐防劉把總與路票一紙，稅官給銀三錢，到了化林盤費完了，特來求助盤費等語，相應押解審轉等情。據守備雒鳴鶴稟解到職，卑職復加細訊，又據羅藏出丁供稱，雍正三年奉旨差西皇寺大喇嘛羅卜藏格隆送經往藏裡去，路過歸化城叫我同他一路進藏，我就跟他到了藏裡，沒有同他回去，雍正五年因前藏與後藏結仇打仗，我隔在後藏不得出來，後有統兵欽差到藏，我因沒有吃的去見過，求他帶我出來，他說跟我的人很多，你不必跟我出去，我將你交與頗羅鼐台吉，這樣說了。我原沒有往頗羅鼐台吉處去，又在大招寺裡等了幾天，再沒見領兵的欽差，後來我又同大喇嘛紀仍胡圖兔到朔般多地方住了一個月，紀仍胡圖兔差了一個烏拉送我到昌都，我因要往京裡去所以繞從打箭爐來的，至我從前說這夥話因到化林坪沒了盤費吃用，無非說夥大話欲騙給夥吃食意思等情詳解到案，相應連人咨解等因前來。臣隨即詢問從前在西藏起身之時你說是喀爾喀的喇嘛，跟了送經的大喇嘛來的，因往後藏去了沒有同他們回去，今欲在此居住求夥口糧等語，當經吩咐現今頗羅鼐管前藏噶隆事務，你去告訴他就是了，以後再沒見你也沒有聽見你說別的話，你如今在化林坪那裡為何又說這夥話，併姓阿的叫你到藏裡去的事呢。據供我叫羅卜藏楚齊木，前在藏裡原止說是跟隨羅卜藏格隆到藏，因我到藏去了沒有同回京去，求過吃食併要在藏居住情由是實，昨回至化林坪因官兵盤問要將我綑打，我害怕所以捏造是京裡姓阿的差我到藏裡

世祖而建，乾隆四十五年六世班禪圓寂於此寺，寺內建六世班禪衣冠冢清淨化成塔以祀之。

〔註125〕常寫作《丹珠爾經》。

〔註126〕清時期為德爾格忒宣慰司，轄地包括今四川省德格、鄧柯、石渠、白玉諸縣。

〔註127〕藏語盜賊之意。

去的大話，可以脫身的意思，其實沒有這事的等情。據此臣查喇嘛羅卜藏楚齊木於雍正六年十一月內安藏事竣，臣與副都統臣邁祿等在崇寺崗〔註128〕門外相別起程之時，見其向臣稟稱係喀爾喀喇嘛，通曉漢語，於雍正三年跟隨欽差喇嘛羅卜藏格隆前往西藏，伊因往後藏見班禪額爾德尼未及一同回京，今欲在招寺居住求給口糧等因。臣以起身在即又見藏地寺院內皆有各處喇嘛居住，因云現今頗羅鼐管理西藏噶隆事務，你要居住併口糧等項去向頗羅鼐說就是了，此外並無別言，亦未再見。今羅卜藏楚齊木回至川省化林坪，據官兵盤詰忽稱係皇寺喇嘛，又稱係姓阿之人差伊訪事之語，及臣面加詰詢又供稱因官兵盤獲恐被責打因而捏指，前後情詞閃爍供吐游移，難以輕信。臣思喇嘛羅卜藏楚齊木是否係皇寺喇嘛，如何跟隨羅卜藏格隆赴藏，因何潛留不回之處，查有前次伴送羅卜藏格隆之理藩院員外德爾格爾現今在京，若將此事詢其情節則誠偽可以立辨，除將喇嘛羅卜藏楚齊木解交理藩院查審外，臣謹繕摺奏明，伏祈皇上睿鑒，為此謹奏。

雍正七年八月十二日具。

硃批：理藩院自然奏請。

〔104〕署理陝西總督查郎阿奏報瞻對番人搶掠孔薩情形摺（雍正七年八月十二日）[2]-[16]-282

吏部尚書署陝西總督臣查郎阿謹奏，為奏聞事。

雍正七年閏七月三十日准四川撫臣憲德咨准，欽差管理噶達廟工趙殿最等咨稱，據孔薩頭人羅頂〔註129〕稟稱，今有瞻對番人領兵將我地方搶了一半，又將我們圍困，望大人們將我信子上的話說與化林協等處，發兵前來救我等語。查我等並無管轄地方責任，且不能知其情形始末，但既據具稟前來除一面飛差明正土司〔註130〕保保前往勸止外，理合咨明等情轉咨到臣。臣查瞻對番人甫經投順因何又復逞兇劫掠孔薩，其是否係瞻對番族，何故起釁緣由臣飛飭駐劄裡塘重慶鎮臣任國榮署化林協副將印務遊擊許連科就近確查勸諭解釋，併將為首不法之人查拏究處，復咨會撫臣憲德提臣黃廷桂轉飭撫緝去後。

〔註128〕今名衝賽康，位於拉薩市北京東路，原為駐藏大臣衙門，乾隆十二年朱爾默特納木扎爾事件被焚，駐藏大臣傅清、拉布敦殉難，清高宗命於此建雙忠祠以祀之。

〔註129〕清代為霍爾孔撒安撫司，今四川省甘孜縣。本部分第一一三號黃廷桂漢文摺作甘孜土目羅定，第一五三號馬光漢文摺作孔撒安撫司羅定。

〔註130〕今四川省康定縣。

又准提臣黃廷桂咨同前由，併聲明已移行鎮臣任國榮等確查安撫等情，與臣所飭辦理情節俱屬相同。今又准提臣黃廷桂咨，據署化林協副將許連科呈，據孔薩頭人羅頂稟稱，有呷呷併呷呷的兒子，又有賈呷七立賈各札什平白羅桑結共六個人從前說我羅頂不好，要害他們，都跟著喇嘛徃藏裡去了。後有欽差周〔註131〕等進藏到甘咨〔註132〕的時節，我曾稟過，蒙欽差到了藏裡就吩咐喇嘛將他們打發回來，不想呷呷等投徃瞻對，領了他們的三十多人躲在甘咨寺裡，引的兵來占了我的地方，我的人少與他打不過仗，求叫章谷、竹窩、蘇子三家的人來幫我纔好。再喇嘛昂旺是我的兄弟，他坐寺院只管得喇嘛，別的事他如何管得，那呷呷等六人不是好人，他說的話求吩咐喇嘛不要聽他等語。查羅頂所稟情詞兩相互異，除復行確查外合再咨明等情，臣查孔薩頭人羅頂稟報情事雖兩不相符，而察其原委皆由本族番人積有夙嫌，勾引瞻對不法之人以圖報復，即據羅頂所稱喇嘛昂旺係伊手足，今繹其詞意不無彼此參商，因而呷呷等藉此滋事，臣思邊防以寧謐為重（硃批：邊防雖以寧謐為重，然亦不可疎縱養姦，令其滋蔓遺害也），不便聽其自相凌併，轉生事端，隨復移行提臣黃廷桂等查明化誨各安住牧外，理合繕摺奏明，伏祈皇上睿鑒，為此謹奏。

雍正七年八月十二日具。

硃批：覽。

〔105〕署理陝西總督查郎阿奏派兵搜捕攔路搶劫軍糧番人摺（雍正七年八月十二日）[2]-[16]-283

吏部尚書署陝西總督臣查郎阿謹奏，為據報奏聞事。

竊臣於雍正七年二月內自西藏回至裡塘，適遇管理軍糧之郫縣知縣羅國珠口稱，昨因進剿瞻對官兵所需口糧運送接濟，行至擦馬所地方被賊番劫奪，傷及土兵，今軍糧關係緊要若不派兵護運恐致遲悞，臣隨選撥陝省健兵五百名將糧石鉛藥押送高奮志軍營，當經奏明在案。及臣署理督篆之後據郫縣知縣羅國珠報稱，查明二月內被劫軍糧一案因行至擦馬所時天色已黑，將糧駄駐歇番人碉樓之下，乃番人不容安頓用石擊打，因復退宿松林致被賊番劫奪，今細加挨查，據擦馬所頭人澤隆奔葱等回稱，劫糧賊番係瞻對夾霸，他們將劫的糧石

烏拉沿途拋棄，如今我們撿得炒麵七十四石烏拉牛五十一隻等情。今又據駐剳裡塘重慶鎮臣任國榮報稱，據裡塘土官昂邦稟稱，擦馬所原係瞻對番族，改歸裡塘管理，素性本非馴良，今土官傳喚頭人，令其將所收炒麵牛隻照數交送併查詢劫糧賊番，乃頭人等抗不出見，又將原收炒麵牛隻私自食用，止交出炒麵五十五石牛三十六隻，及差人詰詢竟至出言無狀，且訪知劫糧賊番即係擦馬所番人等語。隨令遊擊常力行即於燭燈納駐防地方就近差員調喚擦馬所頭人澤隆奔蔥等查詢情節，詎竟糾集番眾堆放木石負嵎抗拒，若不整兵儸服恐致長奸貽患，隨派撥守備康國泰陳雲蛟千把總管耀梁漢甫等併裡塘營官昂邦共帶領漢土官兵二千餘名分路前進，搜捕不法賊番併頭人等，審明究擬等情呈報到臣。臣查賊番劫奪軍糧傷及土兵，狡詞捏飾固已不法，今又將所收炒麵牛隻任意食用，不惟屢調不前甚至糾眾抗拒梗玩悖化，誠難姑容，但事關軍務機宜（硃批：是何論歟，若此見解倘遺悮機宜，或令多結羽翼，則小事釀成大事，悔之不及矣，只可論應行與否耳，今若此未經奏明而論，則汝胷襟擔荷不能勝任矣，朕甚憂之），未經奏明請旨即行遣兵前進，殊屬急遽，今官兵既已派撥前往，似不便復行撤回（硃批：可笑之論也），臣因密飭鎮臣任國榮飛飭領兵備弁先將官兵整嚴臨境，宣示聖主恩威，明白開導，令其將劫糧為首賊番查明擒獻，其所少糧石牛隻照數賠補，併令頭人等至營出具不敢生事甘結，斟酌綏輯料理，不得惟恃兵威妄加勦殺，倘果冥頑不服亦當相機措置，毋致輕忽玩事，除俟事竣之日另行具奏外理合繕摺奏聞，伏祈皇上睿鑒，為此謹奏。

雍正七年八月十二日具。

硃批：覽。

〔106〕四川重慶總兵任國榮奏陳設塘宜用土兵治盜宜定責成暨窮民宜恤鋼習宜改摺（雍正七年八月十八日）[2]-[16]-316

四川重慶總兵官臣任國榮謹奏，為敬獻芻蕘末議，仰祈睿鑒事。

該臣欽奉上諭暫駐裡塘防護達賴喇嘛，於今半載，此中之俗習情形固多深悉，即外而巴塘等處臣亦無不留心察訪，雖天時土產有炎涼豐嗇之殊，然其不諳防閑不恤窮黎不知倫理大都彼此相同，既經取入內地，授有職銜，歸化林協統轄則不可不為之調劑者也，臣謹將愚見數條敬為皇上陳之。

一、設塘宜用土兵也。伏查自打箭爐出口，由裡塘而至西藏數千餘里雖係通衢，一路皆荒山曠野，昨歲大兵進藏沿途始設各臺，因漢兵不足每臺曾添派

土兵數名以資防護，但臺站原為安藏官兵而設，他日藏兵奉撤臺兵亦必撤回，若使數千里長途竟不設一塘不置一卒，將來何以保公私往返之人一無疎失乎，臣請乘今漢兵在臺通行裡塘等處各土司於文到兩個月內各照地界於該臺附近地方每臺派足土兵拾伍名，壹年壹換，且協同漢兵學習臺務，俟坐臺漢兵撤後即改臺作塘，所有土兵仍設在塘，守望聯絡聲援，凡見騎馬帶械無藉番蠻嚴挐勿縱，如行旅聞有盜劫即協力窮追務期必獲，倘坐視不前協追不力及名數不全防查不謹，該土官不時差人察究，每年叄肆月間提臣遴委賢弁壹員前往巡查壹次，賞勤罰惰以示勸懲，仍取有無失事甘結回報，分別該土官功過註冊，如此行之不懈則習慣必成自然與腹裏大路無異，俾匪類知有防禦不敢覬覦肆橫，而往來差使客商亦得保其無慮矣。

一、治盜宜定責成也。伏查裡塘等處土職夙沐皇恩類皆恭順，惟於防範地方稽查匪類之法全未經心，故年來失盜有之，並非作叛，若出一盜案便用官兵進勤，則非惟徵調輓運滋擾邊隅，而且輾轉牽連致驚良善，似為未便。按踩防定例甚嚴，失鞘亦有分賠之典，雖口外各土職不比流官，然既入版圖總屬天朝臣子，亦不可不嚴定其責，成永為法守，臣請嗣後無論官私之物經由該地界中被劫者即報明化林協轉為通報，先著該土官照數賠訖，仍勒限緝挐正盜，獲日照追補項，如夥盜負嵎相抗即會同鄰近土職分遣土兵擒解報銷，如此責成一定則該土官等咸知警惕，必思所以設塘汛編烟戶克盡稽查防範之，方使部民罔敢為非外，盜無由入境，庶地方永得清寧而官兵亦可以不輕用矣。

一、窮民之宜恤也。伏查裡塘地勢最高天時常冷，且山多土瘠，除牛羊而外別無出產，惟近水之家播植青稞一種，似內地之大麥，磨麵糊口，故此地窮民倍於巴塘等處。但查所在荒土甚多尚可安插以資其生，乃該土官等止知遵法為奉職，民瘼瘝不關心，今三軍在外此輩猶知畏懼，刈草斫柴尚自傭工度日，將來兵馬撤回既無倚賴又無管束恐難保其不因迫飢寒而流為匪類也。臣思該土司等既皆効命朝廷，有管民之責，自應恤民之隱，臣請通行各土司限文到肆個月內各將無業窮黎查明確數，逐一點驗，若年力正壯者則著踩荒開墾，借以牛種，免其籽粒差徭，一體編管，拾年後陞科，永為世業。其年力已衰者即收回該土官住牧之處，量給口糧責伊照料牛羊莊稼雜務，以終其餘年，仍將此貳項數目報明化林協轉移布政司存案，如此則各處窮民皆得其所，野無曠土，戶少閒人，邊徼日有起色，永沐昇平之樂矣。

一、錮習之宜改也。伏查裡塘瓦述各土職歸順有年，皆能効力，即所屬

眾番亦良善居多，且素所共崇黃教，尚為易治之區，惟訪得自打箭爐至裡，由裡至藏一帶地方歷來僉派差徭俱照有妻人戶派出，以致民間男女婚嫁愆期，桑濮賤行習以為常，徃徃有壹婦人而為叁肆男子所公共者，抑竟有壹家數弟兄公共壹妻者，蔑理亂倫總因畏懼當差之故，今欲正其風化之源，應先革其派差之獘，但土習相沿已久，若遽與更張則恐將來藉口悮公，莫如就其舊習定其成規之為愈也，臣請通行各土司以庚戌年正月為始即將現在有妻人戶確查共若干，永作派差定數申報化林協轉移藩司備考，此後凡娶有妻室者不許再派，每叁年將原額查編壹次，倘內有事故方准照數勾補，如此則差戶既不缺額而亂倫蔑理之風亦可漸改，均霑聖化於無涯矣。

以上肆條事雖瑣細皆有關汛守民風，於邊徼不無小補，現今裡塘等處俱有糧務文員在彼，若責諸伊等就近明白曉諭，詳悉開導，尤為便益，臣隨咨商督撫提臣外，但思一切應行事宜非奉恩諭通行遵守恐不能行遠，不能垂久，臣故不揣冒昧敬謹具奏，倘或芻蕘可採，伏乞皇上睿鑒勅議定例施行，為此恭繕奏摺具奏以聞。

雍正柒年捌月拾捌日四川重慶總兵官臣任國榮。

硃批：交廷議，候旨行。

〔107〕四川重慶總兵任國榮奏報剿撫行劫軍糧塘馬土番情形摺（雍正七年八月十八日）[2]-[16]-317

四川重慶總兵官臣任國榮謹奏，為奏聞事。

茲臣查得昨歲巴塘所屬大朔、奔叉木、元祿地界被劫軍糧塘馬，玖月內奉督臣岳鍾琪飭委小河營守備吳鎮帶領漢土各兵進剿靈卡石〔註133〕、駕英邦、桑昂邦等處賊番，除靈卡石、駕英俱經剿滅，因本年貳月內黎雅營遊擊高奮志激變瞻對，請兵援剿，奉欽差吏部尚書臣查郎阿將該備吳鎮等調赴瞻對，以致未將桑昂邦清理，至陸月內瞻對歸誠事竣，臣隨令該備吳鎮仍同該標守備劉貴統領原派添派漢土弁兵叁千伍百餘員名前往清理去後。今據該備吳鎮劉貴呈稱，陸月貳拾貳日奉文，即於貳拾伍日起程，柒月初陸日抵巴塘，分遣停妥，於柒月拾伍日自巴塘統兵前進，貳拾伍日直抵桑昂邦總匯地名蒼抵，前拾日內官兵經過沿途即有上蘇阿、下蘇阿、郭布、習裡、巴打、拉石、宗希處番目番人，離巢拾餘里繞道跪迎，或應付駞載或派撥土兵隨營行走。

〔註133〕今四川省巴塘縣茶洛鄉附近地區。

及到營蒼抵時，又有直巴、各木、結錯、索巴、下納多、南革、莫母宗、側打捌處番人番目俱離巢貳拾餘里先後赴營投見，預備各兵柴草，在營盤伺候守備等因，其承順益恭，故防範益嚴，復將各番目白馬奪吉等逐一研訊，據稱桑昂邦是總地名，有拾肆處，我們各住壹區，山深路窄，出入不便，曾蒙岳大人差官進來招撫，後並未出來作盜，我們是天朝的好百姓，感萬歲的恩就像天一樣，早晚叩叁個頭，那作盜的是臨卡、駕英人，都被官兵殺了，我們正喜歡，忽聽得官兵進來，我們很害怕，故出來投誠的，求饒我們的命，照舊當差納賦，永做好百姓，供情懇切。且案查行劫軍糧塘馬並無確據，今見官兵深入，既皆紛紛離巢歸順，及令其親赴憲轅，又欣然前往，似此情形，若使乘便誅毀，非特眾心不服，抑且上違聖主好生之德，干罪匪輕，隨經守備等選差外委功加通事人等分頭進彼巢穴，查造戶口冊併取各結，亦一一遵依。但彼地方遼闊，煙戶零星，倘不量其遠近，分別管轄，則恐漫無約束，猶非善後之圖，今查拾肆處內有附近巴塘者即交巴塘土官管理，附近乍丫者則交乍丫呼兔圖管理，附近官角〔註134〕者即交官角碟巴管理，俱照舊額當差納賦，取有保結在案，庶幾經界攸分，各有隸屬，以便不時稽查，約束加嚴，則匪類自然絕跡，道路永得寧謐。除將發回各番目飭令仍安住牧，傳諭眾番永遵法守外，合將完結緣由併各項冊結呈齎查核等情到臣。據此臣查該備等奉文進剿，原應掃除正盜，昨歲所失官物既係靈卡、駕英貳處賊番劫去，俱已伏誅，其桑昂邦拾肆處行劫既無確據，一見大兵到彼，咸即歸誠恐後，及差員進內查造戶口，取其甘結，又各遵依，且該番目白馬奪吉等不憚千數百里之遠，赴臣行署哀鳴，經臣嚴訊，供情與該備文內所開無異，則伊等自奉督臣岳鍾琪招撫之後傾心服化，未嘗出劫軍糧是實，臣即宣揚皇上德威，明白告誡，給賞回巢，各安住牧，仍申諭眾番務為良善，永沐皇恩。惟是彼中地界紛繁，煙戶零星，雖未必人人皆劣，亦未必人人皆優，若不乘此嚴定管轄，難以善後，應如該備等所議就近分管責成，加意稽查約束，照舊當差納賦，永為遵守可也。但臣本庸愚，辦理此等事件何敢自專，隨預咨督撫提臣酌定，以便傳諭巴塘官角乍丫各土官遵照而行，所有軍前漢土官兵為時甚久，臣已先將碟格、乍丫、巴塘土兵悉令寧家，以省麇費，其餘漢土兵丁併遊擊高力行所領駐防各兵應次第撤回裡塘，酌量留駐回汛，免致羈延，除臣一併咨明督撫提臣外，

〔註134〕《欽定理藩院則例》（道光）卷六十二作官覺宗，宗址在西藏貢覺縣哈加鄉曲卡村。

為此恭繕奏摺，伏乞睿鑒施行，謹奏。

雍正柒年捌月拾捌日四川重慶總兵官臣任國榮。

硃批：覽，凡此等番彝情事萬不可草率將就完結，以遺後患，務須徹底料理清楚方是，誌之。

〔108〕西藏辦事大臣馬喇奏報抵達西藏日期摺（雍正七年九月初十日）[1]-3503

奴才馬喇謹奏，為奏聞事。

奴才欽遵上諭於閏七月初十日自裡塘起程，八月二十八日抵達西藏，為此謹具奏聞。

雍正七年九月初十日

硃批：好。

〔109〕西藏辦事大臣馬喇等奏報喀爾喀人赴藏向達賴喇嘛進貢摺（雍正七年九月初十日）[1]-3504

奴才馬喇、僧格、邁祿謹奏，為奏聞喀爾喀等起程之情事。

據貝子頗羅鼐稟告，七旗喀爾喀使人貝勒車木楚克納木扎爾等前曾派遣寨桑維莫孫、查噶口二人向達賴喇嘛獻銀一千兩，並報所獻金銀緞疋手帕等物之總數。八月二十四日接達賴喇嘛來信內開，喀爾喀等仰副皇上弘揚黃教至意，遠道而來，貢獻許多佈施，吾甚歡悅，為此當為聖主萬萬歲而多加誦經，亦為哲卜尊丹巴呼圖克圖及眾生靈多加誦經，吾照爾等所寫來人名字，送去章嘉及祝福佛，到後各交與伊等本人，并照五世達賴喇嘛之例厚賚伊等伯勒克廩給等物，盛宴款待之等情，訓諭前來。故頗羅鼐我將達賴喇嘛送來之佛，章嘉各交與伊等本人，喀爾喀等欣然領受，遂後又將其餘二千兩佈施銀手帕絹子一併獻給達賴喇嘛矣。為此再為皇上誦經，遵照達賴喇嘛訓示，就喀爾喀進獻佈施為皇上萬萬歲勤劬誦經，亦為哲卜尊丹巴呼圖克圖及眾生靈誦經訖。再喇嘛貝勒為翻建哲卜尊丹巴呼圖克圖原在哲蚌寺內居住之薩木羅廟給與我銀子二千兩，又言此事令我費心，無以為報，此銀有皇上賞給我等之盤費銀一千兩，並非我七旗湊集之銀等語，再三懇言執意硬給。頗羅鼐我遂曰，我屢承皇上隆恩甚為優握，茲將此銀用於翻建哲卜尊丹巴呼圖克圖原居之薩木羅廟，亦甚善哉等語。貝勒等聞言甚喜，貝勒等事畢起程之際，頗羅鼐我遵照達賴喇嘛交付，照五世達賴喇之例厚加賞賚伯勒克，筵宴款待之，伊等於九月初十日起程返

回，及至喀喇烏蘇每站皆備有廩餼，並遣第巴巴扎奈〔註135〕護送前去，請大臣代我奏聞皇上等語，為此謹具奏聞。

雍正七年九月初十日

硃批：知道了。

〔110〕署陝西總督查郎阿奏覆四川瞻對與孔薩番人爭劫情由併飭提鎮委員化誨摺（雍正七年九月十八日）[2]-[16]-510

吏部尚書署陝西總督臣查郎阿謹奏，為欽奉上諭事。

竊臣前因孔薩頭人羅頂稟報被瞻對等番人劫奪一案，臣當即繕摺具奏，今奉硃批諭旨，邊防雖以寧謐為重，然亦不可踈縱養奸，令其滋蔓遺害也，欽此。臣跪讀之下仰見聖慮周詳，防微杜漸之至意，臣查瞻對等番人甫經投順因何遽敢逞頑，前臣准據咨報即移行提臣黃廷桂鎮臣任國榮等就近安撫料理，隨即查詢確情。緣羅頂之弟喇嘛昂旺因分家不平遂勾結瞻對等附近番眾助勢爭劫，臣思此事雖係番族自相參商，而邊圉綦重誠如聖諭不可踈縱養奸，滋蔓遺害，今臣欽遵訓旨復密移提臣黃廷桂鎮臣任國榮再委幹練員弁前往曉諭化誨，令伊等速自解釋，各守禮法，毋再多事，倘仍敢恃強藐抗即令鎮臣任國榮相機整飭懲暴儆頑，併令將為首之犯查拏究處外，臣謹將原奉硃批奏摺理合恭繳，伏祈皇上睿鑒，為此謹奏。昂

雍正七年九月十八日具。

硃批：覽。

〔111〕署陝西總督查郎阿奏覆訓諭並繳硃諭摺（雍正七年九月十八日）[2]-[16]-512

吏部尚書署陝西總督臣查郎阿謹奏，為欽奉上諭事。

竊臣前據駐剳裡塘重慶鎮臣任國榮呈報，派撥漢土官兵進剿擦馬所賊番一案，經臣繕摺具奏，今奉硃批諭旨，是何言歟，若此見解，倘違悮機宜，或令多結羽翼，則小事釀成大事，悔之不及矣，只可諭應行與否耳，今若以未經奏明而論，則汝胸襟擔荷不能勝任矣，朕甚憂之，欽此。臣跪讀之下實切悚惶，伏查擦馬所賊番將軍糧等項竟敢劫奪於前，今復抗拒於後，鎮臣任國榮派兵進剿，誠如聖諭乘其羽翼未成，速為剪滅，不致貽悮機宜，乃臣見識

疎淺，以為未經奏請不便遽行加兵，則臣之不能擔荷，上廑聖憂，自問臣愆實無可逭，今蒙聖主洪慈訓諭周至，臣益悚切，中心惟有推類擴充，爭自勉力，凡遇應行事務即斟酌辦理合宜，下盡職分之所當，上報洪仁於萬一而已，今擦馬所賊番仰仗天威遠播，刻期報捷，臣已另摺奏聞，所有原奉硃批奏摺理合繕摺恭繳，伏祈皇上睿鑒，為此謹奏。

雍正七年九月十八日具。

硃批：勉之，振作第一要緊，一切番眾部落向皆畏服岳鍾琪，今大將軍遠行，輿情知又來一岳總督，則諸凡易與彈壓，若稍露怯懦省事將就，務安靜之形態被眾窺破，若處處乘隙生事，則汝不勝其料理矣，示風利甚為緊要，勉之。

〔112〕署陝西總督查郎阿奏報桑昂邦十四處番族畏服投誠並請分隸附近土司摺（雍正七年九月十八日）[2]-[16]-513

吏部尚書署陝西總督臣查郎阿謹奏，為番族勦撫事定請旨分隸管轄以緝邊圉以臻治安事。

竊查雍正六年川省運送進藏官兵口糧銀兩，沿途安設塘站馬匹屢被翁布中等賊番劫奪一案，適臣自藏回至裡塘准督臣岳鍾琪移咨，隨即派調漢土官兵交與住劄裡塘之重慶鎮臣任國榮就近節制相機料理去後。嗣據鎮臣任國榮呈報翁布中、靈卡石、駕英邦等處劫糧賊番俱已勦擒寧貼，惟桑昂邦一處尚未查勦，今進勦瞻對事竣即令領兵之守備吳鎮等乘勢料理情由，經臣於本年七月二十二日彙案奏明在案。茲據四川重慶鎮臣任國榮呈，據守備吳鎮劉貴等呈稱，奉檄帶領漢土官兵共二千八百九十七名於六月二十五日自扎臘松起程，於七月十五日前至巴塘，即由巴塘之沖耳一路前進，於七月二十五日直抵桑昂邦境內蒼抵地方，此十日內官兵經過之處即有上蘇阿、下蘇阿、打拉石、宗希、郭布習、裡巴六處番人遠集迎接，併應付馱載烏拉，派撥番兵隨營奔走，直至蒼抵劄營。又有直巴、各木、結錯、索巴、下納多、南革、莫母宗、側打八處番目人等先後赴營投見，預備需用柴薪，在營伺候。因令十四處番目白馬達吉等逐一究問，俱稱桑昂邦是總地名，共有十四處番戶，我們各住一處，山深路窄出入不便，我眾人深感皇恩早晚叩頭並未出來做夾壩，那做夾壩的是靈卡石駕英邦的人，今都被官兵勦擒了，我們聽得官兵來狠害怕，特來投誠照舊當差納賦永做好百姓等語。隨查行劫軍糧塘馬一案，既據白馬達吉等供稱，並未入夥，及官兵至境又即爭先歸順，至令伊等親赴裡塘又復欣然願往，察其情形似出誠實，因隨差外委功加通事人等分路進其巢穴，

查取戶口冊結，亦俱遵依造送，應請允其歸誠。但其地方遼闊，番戶零星，似應分別管轄方可永久約束，今查十三處內除打拉、石宗二處原係達賴喇嘛徵收錢糧之番族，應令其照舊管理外，其上蘇阿下蘇啊郭布習裡巴四處附近巴塘即交巴塘土官管轄，照舊徵糧。其直巴各木索巴三處附近官角，應交官角碟巴管轄，每年承認貢馬二匹，即在官角交納，轉交巴塘土官收解。至結錯一處久歸乍丫，仍交乍丫胡圖兔管理徵賦，下納多一處原住乍丫地界，今應改歸乍丫管轄，其舊額錢糧仍赴官角交納。南革莫母宗側打三處亦附近乍丫應歸乍丫管轄，其從前認納每年酥油三十斤應聽胡圖兔徵收，今俱取有保結在卷，除曉諭各番族各安住牧，永遵法守外，所有料理緣由併所取各冊結相應呈齎，其漢土官兵應否撤回等因到鎮。併據番目白馬達吉等親至裡塘，當即詰訊供吐無異，合將桑昂邦十四處番族戶口冊結一併呈報等情到臣。臣查翁布中靈卡石駕英邦三處賊番劫奪軍需銀兩塘馬等項前已遣兵勦除，惟桑昂邦番族是否同夥行劫尚未查勦，今據鎮臣任國榮呈，據守備吳鎮劉貴等報稱，帶領漢土官兵進勦桑昂邦，甫行入境而桑昂邦之上蘇阿等十四處番目先後迎接，僉供並未行劫，踴躍歸誠，及差員查造戶口冊結又復眾共遵依，且番目白馬達吉等又遠赴裡塘鎮臣衙門籲請投誠，併續准提臣黃廷桂咨同前由到臣。臣詳度情形似屬誠實，應推廣皇仁准其歸附，臣即行令鎮臣任國榮宣揚皇上德威，加意安撫，謹慎料理，務使各安住牧，永固邊圉，併將漢土官兵行令鎮臣就近酌量檄撤回汛，至所議桑昂邦十四處番族地界遼濶，煙戶零星，應請分隸附近土司約束管轄，令諸番照舊當差納賦似屬妥協，但係安輯邊方事務，臣未敢擅便，合將桑昂邦各番目畏服歸誠緣由併分隸事宜繕摺奏聞，伏祈皇上睿鑒勅議施行，為此謹奏請旨。

雍正七年九月十八日具。

硃批：詳細斟酌具題奏聞，將此摺亦錄存，交怡親王等恭議，覆奏時朕酌量有旨亦未定。

〔113〕四川提督黃廷桂奏報桑昂邦擦馬所等處番人投誠暨派兵化誨甘孜土司內爭摺（雍正七年九月二十一日）[2]-[16]-564

提督四川等處地方總兵官署都督同知仍帶拖沙喇番臣黃廷桂謹奏，為奏聞事。

竊臣前准重慶鎮臣任國榮咨稱，瞻對歸誠併委守備吳鎮帶兵清理桑昂邦緣由俱經繕摺奏明，茲准鎮臣咨稱，桑昂邦共有十四處，俱離巢哀懇投誠，

已經招安查造戶口，承認照額納糧貢馬。又咨稱擦馬所番蠻委遊擊常力行帶兵前往克取，其番部亦俱出窟頂經投誠，照數賠還所竊糧石各完結等情，所有碟格、乍丫、巴塘土兵悉令回巢，其餘漢土官兵一併撤歸裡塘，各通咨到臣，俱經分案咨明署督臣查郎阿在案。再查甘孜土目羅定〔註136〕因伊弟昂旺原係喇嘛，今還俗勾引下瞻對七林坪番人與羅定爭管地方，經臣咨行重慶鎮臣任國榮就近差查料理，嗣准咨覆飭委守備吳鎮隨帶化林協標弁兵八十八員名及瓦寺木坪土兵九百八十六名前往查剖化誨安插去訖，理合一併奏聞，伏祈睿鑒，為此具摺謹差臣標把總沈之棟齎摺奏聞。

雍正柒年玖月貳拾壹日

硃批：覽。

〔114〕四川提督黃廷桂奏報革達應差雇工紛紛逃散情形摺（雍正七年九月二十一日）[2]-[16]-565

提督四川等處地方總兵官署都督同知仍帶拖沙喇番臣黃廷桂謹奏，為奏聞事。

竊臣據護化林協印務提標左營遊擊許連科稟，據駐防打箭爐把總劉清稟稱，閏柒月貳拾捌日有噶達工所潛逃夫役八十四名到爐，即盤阻詢問，據云皆是高陽百姓，次日正要具文差人押解申報工所，又陸續走到四百餘名，亦各盤詰，皆是高陽土夫，前後共到五百餘名。據該夫役等云我等離家數百餘里來噶達應差僱工，自本年伍月初陸日動工迄今四月止領糌粑五斛，領過工價銀或二兩一錢及四錢五錢不等，我等又無處出告貸，小頭人具訴衷懇借支盤纏，總不給發，可憐工大肚餓，苦捱不過只得遂回等語稟報到職，相應稟明等情到臣。臣隨飛飭該護協專差前往彈壓，禁止眾夫，令其速歸工所去後，茲據該護協稟稱，高陽潛逃土夫等有二位大人致書於收稅監督趙，已經賞銀二十兩，令各回家去訖等語。據自撫臣憲德咨准，趙殿最諾木圖咨稱，高陽土夫紛紛私逃，隨將大頭人高萬修楊萬秀鎖挐訊究緣由，據呈刁夫高續英高壽楊翠鳳戴廣四名串謀，眾夫黈夜私逃，勢勇難當等情。除將大頭人高萬修楊萬秀二人暫行枷號示眾外，查高續英等四人率眾私逃，刁玩已極，且聞各夫在途口稱到工僅領工價錢兩次，一次每人止有五錢，一次每人止有數分，每運厚板一塊只給工價三

〔註136〕清代為霍爾孔撒安撫司，今四川省甘孜縣。本部分第一五三號馬光漢文摺作孔撒安撫司羅定。

分，每運到板十塊只算八塊等語。但事關錢糧或係大頭人等扣尅，或係逃夫高續英等刁誣之處，非令對質難以清查，除牌行該署司即將高續英等四名務必嚴挐審究錄供，并將該夫等四名解赴工所以便與高萬秀等對質發落等情各到臣。臣查土夫在工潛逃原屬刁玩，既經趙殿最等移咨究審解工對質，則有無短發尅減苦累之處自必水落石出，但事關夫眾五百餘名紛紛逃散，有駭觀聽，臣謹據實奏聞，伏祈聖鑒，為此具摺，謹差臣標把總沈之棟齎摺奏聞。

雍正柒年玖月貳拾壹日

硃批：此案內中大有緣由，朕皆悉知，水落石出時公私是非不能逃朕之照察也。

〔115〕寧遠大將軍岳鍾琪奏覆查高奮志打死測冷滾布情由摺（雍正七年九月二十九日）[2]-[16]-618

寧遠大將軍臣岳鍾琪謹奏，為遵旨訪明據實奏聞事。

竊臣前因訪知高奮志將已降之測冷滾布捏稱陣擒妄行打死一案經臣繕摺恭奏，奉旨令臣再加詳察，臣即欽遵將密為察訪緣由覆奏，今奉到硃批諭旨，查郎阿糸奏到矣，朕亦將諭卿之旨諭彼矣，此事朕實疑而難信，欽此。仰見我皇上睿鑒周詳無微不至，前臣於覆奏之後隨細加體訪，高奮志原無必欲打死測冷滾布之心，緣測冷滾布平時桀驁性成，向多不法，每有傳調之處伊任意抗違，凡屬化林官兵皆素知其劣蹟，是以慫恿高奮志將測冷滾布究詰處治。且高奮志亦久歷化林，測冷滾布強梗之賊又知之最悉，語問之間測冷滾布復詞語傲慢，以致任性打死，因而飾詞陣擒以圖掩其擅殺降人之咎。此段情節臣從前訪聞未確，今始知其原委，誠如聖諭所謂或有隱情也，但臣奉命專征，去川甚遠，其中情節是否如此仰懇聖恩飭令署督臣查郎阿川撫臣憲德查訊明確，據實具奏請旨遵行，所有微臣遵旨訪察緣由理合繕摺恭奏，伏乞皇上睿鑒，為此謹奏。

雍正七年九月二十九日具。

硃批：此光景係實在的確情形，朕料必有隱由也。

〔116〕四川提督黃廷桂奏報川藏兵丁柴草餉銀情形摺（雍正七年十月十三日）[2]-[16]-686

提督四川等處地方總兵官署都督同知仍帶拖沙喇番臣黃廷桂謹奏，為奏聞事。

　　雍正柒年玖月貳拾陸日據駐藏把總何錫寵稟稱，本年叁月內有陝西兵丁約二百餘人赴邁大人衙門回稟，西藏柴草豆料俱貴，皇上與我們口糧折色銀兩為何扣存我們的等語。邁大人當即傳將備等官，將原存銀兩每名發給銀四兩始行解散等情，復於拾月初玖日據駐藏把總李正藩稟稱，川省兵丁為支領口糧一節先於出師挑派時命各兵裏帶兩個月輓運四个月折支六个月，是一年之額。川省官兵自去歲出口時在打箭爐打一月之糧，折給一月食物，行至叉木多又打一月之糧，沿途共打三个月口糧，於去歲捌月初壹日抵藏，起至今歲叁月終止各兵每月每名關領折色銀四兩，均各敷用，安靜戍守並無異言。及至四月內有說版多〔註137〕解到西藏頭運之糧時有糧務文員奉各憲之文，命兵丁支領本色，各兵當即巷議紛紛，周大人與糧務籌議，備文數次與督撫，兩憲籌畫，方令各兵每月半本半折配搭支放，復自肆月起每月支領半本半折，至捌月終止，各兵以為相合，半本半折之期限完矣，眾口嘵嘵，均為日用食物以及餵養馬匹製備衣服鞋襪等項艱窘難度。不意於捌月初伍日有川省兵丁聚集大招，各帶腰刀，約有六十名，朋黨眾議，云今西藏所存之糧共七百九十餘石，今川省兵丁將前支下剩之糧二百五十石支完，方將新運五百餘石川陝兩省之兵均派公支，事屬不公，眾皆不服。該管千把頭腦近前約束，眾兵口出惡言，幸而天將大雨，陰黑雲暗，地道泥，未能邀眾成事，理合稟明等因各到臣。據此事關川陝兵丁先後非為，臣既有所聞不敢隱蔽，理合奏聞。伏查川陝兩省兵丁戍藏經年，缺乏帳房火藥等物，在川省自應川省添解接濟，其陝省各兵若因該管本營運送路途倍遠，實多未便，臣於添解川省各兵帳房火藥之際未敢歧視，併將陝省各兵計算一體代辦解運分發，俱經咨明署督臣查郎阿在案。惟是現在駐藏弁兵遇有因公赴省者，臣每親加細詢藏地情形，據稱藏內柴草馬料甚貴，每草一束約重三四斤需銀一錢，柴一束約重四五斤需銀一錢，料豆一斗需銀一錢五分，步兵用度儘可從容，馬兵未免有時不足等語。臣思各兵所食半米之外每月尚關支折色銀二兩，又有恩賞鹽菜銀兩，甚屬充足，何至日用不數，但各兵奢儉不一，或間有不足之處亦未可定。查出師兵丁每季餉銀俱係家口關支養贍，今仰沐聖恩復賞坐糧，優渥重疊，其各兵家內更覺十分有餘，臣愚以為似應將川陝兵丁所關季銀一半令其家口支領，一半令各兵在藏關支，庶在外在內均屬充裕，臣復以此議屢密詢自藏赴省各弁兵，咸稱如此實為妥便，但事關川陝兩省兵丁，臣未便擅專，已將此段情節寄商署督臣查郎阿，應聽署督臣核奪料理，相應一併

〔註137〕《欽定理藩院則例》（道光）卷六十二作碩板多宗，今西藏洛隆縣碩督鎮。

繕摺具奏，伏祈睿鑒，為此具摺，謹差臣標把總閏希正齎摺奏聞。

雍正柒年拾月拾叁日

硃批：知道了，賞賜坐糧恩諭，駐藏兵丁想此時方聞，今將汝此奏朕密諭問馬臘等，觀兵丁情形再頒旨諭，汝此奏當密之者。

〔117〕詹事府少詹事趙殿最等奏報革達廟工告竣油飾彩畫亦已全完摺（雍正七年十月十五日）[2]-[16]-703

臣趙殿最臣諾穆圖謹奏，為工程告竣事。

先經臣等於九月內將已完未完工程繕摺具奏，臣等曾詳詢土人，據云革達地方八九月內無不水堅地凍者，今年仰托皇上洪福自九月以來天氣晴明，倍加和暖，至今節近冬至河流未凍，雖土居數十年之人僉謂目所未見，現在所有大門三間圍墻六百丈二門三間腰墻一百五十丈經堂一所上下共三百零三間，達賴喇嘛住樓一所連遊廊上下共二百一十三間，過樓三間護法殿五間眾喇嘛住樓上下共五百間，大門外服役人等平房四百間俱已告竣粉堊封頂，油飾彩畫亦已全完。臣等一面令人平墊院宇掃除房屋一面核算匠夫工價陸續發回，查駐劄革達官兵尚未報有起程日期，廟宇不可無人看守，臣等即照原奏量派明正土司之頭人二名土兵數十人暫交在工之保寧府通判王廷珏管轄看守，官兵到日交代。再採買米麪燒造石灰等項價銀俱在打箭爐辦理，臣等俟革達應辦事務一完暫行回爐，將用過銀兩逐一清查造寫奏銷細冊，併將節省銀兩就近料理解送四川藩庫，恭候欽賜廟名頒發到日敬刻匾額懸諸寺門，臣等再起身回京，為此謹奏。

雍正柒年拾月拾伍日

〔118〕詹事府少詹事趙殿最等奏報革達地方收成糧價情形摺（雍正七年十月十五日）[2]-[16]-704

臣趙殿最臣諾穆圖謹奏，為奏聞事。

伏惟我皇上宵旰勤勞無時不念切民間稼穡，臣等蒙恩差遣身在地方敢不仰體皇上視內外為一體愛養元元之至意，留心訪詢據實入告，況革達不日移駐官兵已為內地，凡田土之肥瘠歲時之豐歉尤宜加意訪察。臣等初到之時曾細詢番人，據云革達田土廣濶頗為肥腴，向來遇收成之年每下籽種一杯可收兩杯有餘，但口外寒冷常被霜打，是以蠻民種地者亦少等語。臣等隨徧行勸諭令其勤力耕種，至今年收割之後又細詢土人，據稱今歲下籽種一杯竟收至四五杯不等，較之往年頓然加倍，向來每銀錢一文重一錢五分只買青稞麥子

各十四五杯，目下每銀錢一文可買青稞麥子十七八杯，雖在工夫匠聚集不下二千餘人，而糧食毫無匱乏，蠻民無不歡欣雀躍，咸謂革達地方從來九十月無此天氣，亦無此收成，據蠻民所云與臣等遠近訪聞無異，不敢壅於上聞，為此謹奏。

雍正柒年拾月拾伍日

〔119〕四川巡撫憲德奏報達賴喇嘛進獻物件摺（雍正七年十月二十一日）[2]-[17]-15

四川巡撫臣憲德謹奏，為奏聞事。

據代理打箭爐等處地方稅課事務工部營繕司員外郎趙世熙呈，為行知事，雍正柒年拾月初捌日准欽差副都統鼐格咨，雍正柒年玖月拾壹日准欽差內閣學士僧格、護軍統領邁祿咨開，照得今年係達賴喇嘛請皇上聖安遣堪布之班，堪布從達賴喇嘛處派往，囊素自貝子頗羅鼐處派往，達賴喇嘛進上物件，頗羅鼐進上物件及送達賴喇嘛處物件共壹百馱，交與囊素嘛呢綱巴於柒月拾玖日自藏起程前往裡塘訖，其囊素到裡之時貴副都統等處將達賴喇嘛之使者行於打箭爐收稅監督處轉奏等因。又據在裡塘管理達賴喇嘛賞上[註138]事務洞闊爾[註139]丁濟鼐呈稱，昨日自藏送來馱子共壹百馱，內除頗羅鼐送達賴喇嘛物件馱子外，如今達賴喇嘛進獻皇上丹珠格物件，又達賴喇嘛請安進獻物件，貝子頗羅鼐進上物件，公索諾木達爾扎請安進獻物件共計進獻馱子及堪布囊素行李跟役牛馱子共玖拾伍個，交與堪布多爾巴，囊素嘛呢綱巴等於玖月貳拾捌日自裡塘起程等因前來，本副都統據此擬合施行，為此合咨貴監督，俟達賴喇嘛之使者堪布囊素到日查照奉旨定例遵奉施行等因。准此，除俟達賴喇嘛之使者堪布囊素到日遵奉定例暫留打箭爐外，卑職係代理之員不敢擅奏，相應一併報明，俯賜查閱轉奏等因到臣，據此理合轉奏，伏候諭旨遵行，為此謹奏。

雍正柒年拾月貳拾壹日四川巡撫臣憲德。

〔120〕西藏辦事大臣鼐格奏報喇嘛噶爾丹錫勒圖情形摺（雍正七年十一月初一日）[1]-3545

奴才鼐格謹密奏，為奏聞事。

〔註138〕通常作商上，商上清代文獻指管理達賴喇嘛庫藏及財政收支之機構，主管曰商卓特巴。

〔註139〕洞闊爾即仲科爾。

雍正七年八月二十五日奴才捧接皇上硃批諭旨，觀此喇嘛樣兒能知曉其本意耶，亦只如一般書人僅會口頭說講，欽此欽遵。據奴才鼐格咨訪得，喇嘛噶爾錫勒圖〔註 140〕係河州地方人，十七歲赴藏學經，四十七歲獲濟玉克巴喇嘛，四十九歲獲堪布喇嘛，五十七歲獲噶爾丹錫勒圖〔註 141〕，自五十八歲始達賴喇嘛講授經書，現年六十八歲。據眾喇嘛土伯特人等皆言，噶爾丹錫勒圖通經書，為人忠厚善良，不諳本意等語。奴才鼐格觀之為人穩重可靠，眾喇嘛土伯特人等，除達賴喇嘛外即恭敬此喇嘛，該喇嘛亦只因自幼勤學經書，故通經書，僅會口頭說講，不諳本意，為此謹密奏以聞。

雍正七年十一月初一日

〔121〕西藏辦事大臣鼐格奏報遵旨傳諭達賴喇嘛情形摺（雍正七年十一月初一日）[1]-3546

奴才鼐格謹密奏，為奏聞事。

雍正七年八月二十五日奴才捧接皇上硃批諭旨，知道了，著爾趁與喇嘛閒談時作為一般笑話告之曰，所謂知本意後來告知於人之議論錯矣，為何不告知於人，釋迦牟尼佛即只管告訴人，豈為非耶，若真不知而謊稱知曉以欺騙人則其罪戾甚大，斷然不可，此皆後世庸懦喇嘛等為掩蓋其無能而捏造無理之言，喇嘛爾若勤學後自己真知，則爾必及時告訴人，以引導眾生靈，欽此欽遵。十月初十日奴才鼐格趁與達賴喇嘛閒談之便，照諭旨作為奴才之笑話告訴達賴喇嘛後，達鞍喇嘛言，大臣如此不見外說笑話，本僧喜悅，釋迦牟尼佛乃棄眾推特克爾，擊敗仇家，以成全才明鑒一切之佛，因僧前伊羅爾之福澤，仰蒙二文殊師利皇帝矜恤，施以無窮之恩，自幼受慈憐扶持〔註 142〕，纔有今日，小僧並無知曉本意之才等語，為此謹密奏以聞。

雍正七年十一月初一日

〔122〕署陝西總督查郎阿奏請革職西寧道劉之頊等玩愒進藏軍需各案統交甘撫審擬摺（雍正七年十一月初四日）[2]-[17]-69

吏部尚書署陝西總督臣查郎阿謹奏，為請旨事。

〔註 140〕據《東噶藏學大辭典歷史人物類》頁一五五載，此噶爾丹錫勒圖為第五十四任阿旺曲丹，雍正七年成為七世達賴喇嘛經師，但生卒年齡與本摺不符，待考。
〔註 141〕藏語作甘丹赤巴，繼承宗喀巴甘丹寺法座者。
〔註 142〕原文作挾持，今改為扶持。

　　竊查革職西寧道劉之頊、西寧府革職知府江洪、西寧縣革職知縣何得麟、平番縣革職知縣顧雲等玩悞進藏軍需，經督臣岳鍾琪叅奏奉旨將劉之頊等革職交與督臣岳鍾琪究審，嗣因劉之頊等供稱總理糧運之臨洮道盧官保將騾頭不即驗收，又得改造氈屜，餘剩銀兩併動用銀數兵部開報，任意玩忽貽悞，復經督臣岳鍾琪將盧官保題叅解任質審，旋於解審之際劉之頊等供出西寧總兵官周開捷種種刁難情由，經督臣岳鍾琪叅奏奉旨將周開捷解任一併質審，當即欽遵在案。後因盧官保短少糧運騾頭，又將帶回官騾私自隱匿，隨經督臣岳鍾琪另案題叅，奉旨這所叅盧官保著革職，其短少官騾欺隱捏蝕等情該撫嚴審追擬具奏，該部知道，欽此。當經督臣岳鍾琪准咨轉行，俟劉之頊等各案審結之後再將盧官保等解交甘撫臣許容審明題報，嗣因劉之頊等各案彼此供証不一，又俱在甘屬地方，承審官移訊關質，徃返需時，及督臣岳鍾琪統兵起程之時將原案移交到臣，臣屢催審解去後，今於十月初九日准撫臣許容移咨，准寧遠大將軍臣岳鍾琪咨稱，奉硃批諭旨周開捷交與許容會同馮允中審擬具奏，著不必遲延作速察議奏聞，欽此。臣當即轉飭西安按察司碩色等遴委妥員將周開捷解赴蘭州，交撫臣許容等察審在案，臣因查周開捷既已解蘭，則劉之頊等一案質審尚需時日，須俟周開捷在蘭審結再行解陝質審，及劉之頊等審結之後，在盧官保之案又須解蘭審題，輾轉觧送，則各案証佐人等俱係甘屬之人，徃返候質愈覺遲延，且查劉之頊盧官保江洪何得麟等俱有經手軍需併一切經管錢糧，迄今一載有餘尚未交代，庫項所關未便優忽久延，今臣因周開捷解蘭候審，隨將劉之頊等各觧回原任地方，勒限清理交代，不得任意遷延，至於劉之頊等玩悞軍需各案，皆係甘屬之事，而應質犯証又係甘屬之人，可否將劉之頊等統交撫臣許容就近分案審擬之處，臣謹繕摺具奏，倘蒙聖主鑒允，恭請諭旨勅部欽遵施行，為此謹奏請旨。

　　雍正七年十一月初四日具。

　　硃批：所奏是，有旨諭部矣。

〔123〕西安巡撫武格奏請諭示何人審理協理佐領莫爾渾自藏帶回兵丁沿途擾民一案摺（雍正七年十一月十一日）[2]-[17]-155

　　西安巡撫臣武格謹奏，為請旨事。

　　竊照協領莫爾渾自藏帶回兵丁沿途擾民一案，雍正七年五月初十日准兵部咨，奉上諭莫爾渾不遵法度不嚴行管束，一任兵丁肆行搶奪，甚屬可惡，莫爾渾著革職拿交將軍常色禮、巡撫武格，將伊及兵丁沿途肆行之處嚴審定擬具

奏，欽此，欽遵移咨到臣。臣即會同將軍常色禮將案內一干犯法官兵正在嚴查究擬間接奉諭旨，命常色禮帶領兵丁前往涼州駐劄，臣因此案尚未審結隨與常色禮并署將軍臣查郎阿面同商酌，查郎阿以奉旨指名發審之案不便越俎，常色禮隨將此案應轉交何人會審之處具奏請旨，此時臣因常色禮已經奏請，應候訓旨遵行，臣是以不敢瀆奏，今於十一月初九日據常色禮自涼州差家人七兒來臣衙門面稟，具奏承審莫爾渾一案奉到硃批，不與常色禮相干，臣隨與署將軍臣查郎阿面同酌議，而查郎阿仍以奉旨指名發審之案不便會審為詞，臣思此案卷宗現在將軍衙門，奉旨發交將軍與臣會審，署將軍查郎阿既不會審，臣亦何敢擅將案卷取至臣衙門，自行審理，例限已逾不便再緩，仰懇聖恩訓示，或令署將軍查郎阿會同臣審理，或令臣移去卷宗自行審理之處恭候訓旨，欽遵奉行，理合繕摺具奏，伏祈皇上睿鑒，為此謹奏請旨。

雍正柒年拾壹月拾壹日

硃批：此案查郎阿之推委識見卑鄙之至，前已有旨諭，將此旨諭查郎阿知之。

〔124〕副都統邁祿奏謝聖主未加追究混鬧罪事摺（雍正八年正月十三日）[1]-3612

奴才邁祿謹奏，為叩謝天恩事。

竊奴才謝恩摺內奉有聖主硃批諭旨曰，釋放爾之前，未聞爾與周瑛混鬧，不曾想到爾如此辜負朕恩，且又不體面，倘若早知道此事，爾之副都統一職能否保留亦在兩可之間，再若不加効力贖罪，又有何面來見朕，欽此，欽遵前來。奴才已恭敬啟閱。伏思奴才原屬極為愚昧，未能仰副皇上所用重恩，反而混鬧極屬不該，皇上不加問罪反而降下敕諭，奴才非但極為懼怕亦甚覺羞愧，嗣後要銘記皇上訓諭於心間，並謹遵教誨至死効力，以此贖罪，為此不勝惶悚，叩謝天恩謹奏。

雍正八年正月十三日

硃批：庸劣無恥東西，効力與否，皆在於爾自己。

〔125〕副都統馬喇等奏謝恩賞元狐皮帽等物摺（雍正八年正月十三日）[1]-3616

奴才馬喇、僧格謹奏，為謝天恩事。

雍正七年十二月二十一日捧到由理藩院齎送聖主賞賜奴才馬喇、僧格之

元狐皮帽、小羊羔皮裡猞猁皮馬褂、白狐皮襖、小刀火鐮包等物，奴才恭設香案望闕行三跪九叩頭禮畢跪領訖。奴才等伏思西藏出大事，聖主詳諭派我等前來，又廟算無遺，發大軍平定土伯特叛亂，使十三萬生靈永享太平萬萬斯年，奴才等仰仗聖主恩威，安居西藏以來纖毫未効，亦無勞累之處，而煩聖意，以神謀成全奴才等，承蒙如此隆恩，奴才等正憂慮不知如何報効時又意外蒙此寵恩重賞，奴才跪領益加感愧，毫無以回奏聖主，惟望闕叩謝天恩耳，為此謹奏。

雍正八年正月十三日

硃批：知道了。

〔126〕副都統馬喇等奏謝硃批垂問摺（雍正八年正月十三日）[1]-3617

奴才馬喇等謹奏，為叩謝天恩事。

竊奴才等請安摺內奉硃批，朕躬頗安，爾等好麼，欽此。奴才等謹跪宣諭眾人，恭設香案叩謝天恩訖，眾奴才等聆聽聖主萬安即如瞻仰天顏，不勝喜悅，聖主日理萬機，仍眷念眾奴才等，親手硃批垂問爾等好麼，奴才等感激殊恩歡忭不已，且駐藏兩省大小官員眾兵丁等皆感戴聖恩，歡忭雀躍，為此叩謝天恩，繕摺具奏。

雍正八年正月十三日

副都統臣馬喇。

內閣學士臣僧格。

護軍統領臣邁祿。

總兵官臣鮑金忠〔註143〕。

硃批：知道了。

〔127〕副都統馬喇等奏報來藏欽差喇嘛病痊返回摺（雍正八年正月十三日）[1]-3618

奴才馬喇等謹奏，為奏聞事。

欽差扎薩克喇嘛濟木巴扎木蘇〔註144〕自青海路前來時於木魯烏蘇地方遭遇大雪，身體受寒，途中患病抵藏，向貝子頗羅鼐傳宣諭旨事畢，即行回

〔註143〕《甘肅通志》卷二十九頁十九作鎮守西寧臨鞏總兵官包進忠。
〔註144〕 本部分第六十一號文檔有喇嘛津巴扎木素，隨七世達賴喇嘛之父索諾木達爾扎進京，即此人。

後藏，事畢於十二月初二日抵招地，因喇嘛病重不能行走，至正月病稍痊，喇嘛即欲啟程時看得喇嘛病尚未痊癒，故奴才等挽留，待休養數日身體復原再令啟程，為此謹具奏聞。

雍正八年正月十三日

副都統臣馬喇。

內閣學士臣僧格。

護軍統領臣邁祿。

總兵官臣鮑金忠。

硃批：甚得理，回返之事並非緊急之事，調養痊癒無疑之時再令返回。

〔128〕副都統邁祿奏謝硃批教誨摺（雍正八年正月十三日）[1]-3619

奴才邁祿叩謝天恩事。

竊奴才謝恩奏摺，捧接聖主硃批諭旨，聽聞爾向周瑛胡鬧之前已將爾補授，未曾想到爾如此辜負朕恩不體面，倘若知之，則爾之副都統尚存與否可兩說了，再不贖罪行者，有何臉面回見朕耶，欽此欽遵。奴才謹跪展讀訖，伏思奴才向甚愚蠢，未能效力以仰副皇上擢用之恩，胡鬧而行走，殊屬非是，對此仰蒙皇上未即治罪，又頒旨教誨，奴才既甚惶悚，亦頗慚愧，嗣後皇上訓旨銘肌鏤骨，欽遵施行，以贖奴才之罪，拼命効力，為此不勝惶悚，謹奏恭謝天恩。

雍正八年正月十三日

硃批：庸懦不體面的東西，勤勉與否全在於你。

〔129〕欽差內閣學士趙殿最等奏新建噶達惠遠廟內陳設辦理完畢並報餘銀數目摺（雍正八年二月十七日）[2]-[17]-754

臣趙殿最臣諾穆圖謹奏，為奏聞事。

去年十一月內准兵部咨開，噶達新建廟名已蒙皇上欽定惠遠廟，行令欽遵施行頒發到，臣等隨照部頒滿漢蒙古字樣恭刻匾額敬擇於雍正八年正月十三黃道吉日懸諸廟門，昭垂永久。再先經議政議奏，內稱從前督臣岳鍾琪奏稱廟中彩畫佛像以及供桌器具等項未知款式，請於裡塘調取曉事喇嘛一二名來至噶達，問明再為備辦等語，今趙殿最等奏內並未聲明，未知已經辦理否，應令趙殿最等作速辦理，將需用物料工價一併入於工程冊內奏銷等因行文臣等在

案。查惠遠廟〔註145〕所有應用大小金頂銅傘纓旛錦緞紬綾旛簾帳幔座床供桌佛龕經架等項早已問明式樣備辦全完，其廟內佛像亦早調取達賴喇嘛畫匠繪畫完畢。今於本年二月初五日臣等公同迎接達賴喇嘛進廟，因見廟宇宏麗，諸物齊備，自達賴喇嘛以下無不感激皇恩，歡欣無既。後令勘布喇嘛晉把等向臣等云，廟宇之壯麗諸物之精美不但與藏內款式相符，且事事周全齊整，口中亦難述，惟有頂戴皇上洪恩，安居念佛，遙祝聖壽無疆等語。臣等現在辦理碑亭事務，恭俟御製碑文頒發到日敬謹勒石，昭垂永久。再查廟工共撥銀捌萬兩，臣等於十月內奏明回爐，先將節省銀貳萬兩委員觧交回川藩庫，尚現存爐庫節省銀貳萬兩有零，統俟碑亭諸物全完之日再將餘銀觧送四川藩庫，臣等遵照議政原議起身回京造冊奏銷，因遇副都統臣鼎格由驛奏摺之便一併達部進呈，為此謹具奏聞。

雍正八年貳月拾柒日

硃批：此二人此番辦理可嘉處筆難宣諭，如此方是。

〔130〕副都統鼎格奏報裡塘巴塘一帶盜賊猖獗摺（雍正八年二月十七日）[1]-3656

奴才鼎格謹奏，為奏聞事。

雍正七年十月十八日據辦理巴塘糧務漢州知州李懷志〔註146〕呈稱，本年八月十八日本職差武舉人宋邦傑至江卡爾地方採買糧食，該人行至察樹汀〔註147〕遇賊，被掠去塘馬一匹烏喇馬一匹官銀二十四兩。十月十六日桑阿邦之巴色克喇嘛派其屬下尼爾巴丹木巴將前於察樹汀被唐古特賊掠去之塘馬一匹，烏喇馬一匹送至巴塘，並據言稱我巴色克喇嘛接到老爺等咨查盜賊，索要被劫物品之牌文後夙夜嚴查盜賊，實屬桑阿邦所轄澤達、東達二處之人，尚有他鄉之人，於是巴色克喇嘛親至該地領取人與物，而該二地之人很可惡，據言稱我等劫掠其物屬實，此前派乍丫人來聲稱令我等投誠，言必重賞，後來我等投奔至兵營去見漢官老爺，但未賞何物，反而騙走我等前次掠得之巴塘騾子，也未曾重賞何物，後來亦未賞賜與我等，如今爾親自前來領取什物，我等看在爾之臉面可以給還馬匹，至於其他什物可令前天來此招撫我等之人

〔註145〕原文作忠遠廟，改正為惠遠廟。
〔註146〕《四川通志》（乾隆）卷三十一頁二十六作漢洲知州李懷智。
〔註147〕《衛藏圖識》上卷程站牛古至朱巴籠宿間一地點，名荼樹頂，在巴塘至竹巴龍鄉途中，距巴塘二十里，即今四川省巴塘縣夏邛鎮荼雪村附近。

前來領取等語。我巴色克喇嘛者乃於桑阿邦行誦經之人，無權干預地方事務，吳老爺〔註148〕既將桑阿邦劃歸乍丫管轄，則請多加垂憐等語。本職又對尼爾巴言，物與賊證皆具全，怎可以推諉等因，仍嚴飭巴色克喇嘛、乍丫之喇嘛索要賊與物，除將此等原因均加呈報外，為此呈文等語。

　　十二月初八日據辦理裡塘糧務郫縣知縣魯國柱〔註149〕，管理塘驛千總王如龍呈文內稱，本年十一月二十四日奉欽派專管漢、土司官兵之重慶總兵官牌文內開，本年十一月二十二日據巡撫咨稱，據建昌道呈報，據辦理裡塘糧務郫縣知縣、管裡塘驛千總王如龍呈報，本年九月十六日據第巴阿木布木〔註150〕言稱，昨夜三更於裡塘南二十里處之鄂里丫地方有唐古特賊前來掠去住該地之唐古特人齊里榮之馬九十二匹，齊里榮之右腿中一箭，其妻阿蘇木之左膝中一箭，至今不知死活。又於九月二十九日巳時唐古特賊前來距裡塘五里處之喇嘛廟山陰面，將在該處牧放之牛羊騾子馬掠去，旋繼派出第巴及丟失牲畜之人前往追趕，已追回來被掠去之牛羊等，經查看得裡塘屬唐古特人之騾子馬被掠去。又據第巴阿木布木言稱掠去達賴喇嘛所屬馱水騾子八隻，屬下人員騾子馬匹七等語，經總兵官大人派兵捉拿，並未拏獲。盜賊如此猖獗，幸有大軍駐此，日後大軍已撤必與裡塘之錢糧倉庫關係重大，不可不有天塌之患，故除呈請總兵大人事先裁定外，理當報明等因到道。是以本道除咨行重慶總兵官嚴行緝拏外，理合呈報等語。據此本巡撫查得裡塘之唐古特人本屬業已投順之人，然而目下又膽敢暴掠搶奪者，實屬目無法紀，將此除咨行總督提督外，請貴總兵官將嚴拏辦理，又將掠去馬騾等如數追回後給還失主等情形望速咨覆等因到鎮，當日建昌道咨文亦到鎮，內情相同。查得達賴喇嘛所屬馱水牲畜牧放於曠野之中，由於牧放之人少，以致於被賊偷走，當時本鎮聞此之後即派出漢、土司官兵追緝，而未拏獲，均已返回。據東科爾言稱，賊不知達賴喇嘛之牲畜故而偷走，若派一名喇嘛前去探訪，自然會送回來等語。由於仍無前來報告之人，故飭交屬員復令裡塘、瓦述各土司查訪賊之去向，搶掠之證據，以協力嚴拏等因在案。至於鄂里丫、喇嘛廟山陰面之二起搶劫唐古特人之馬騾案件，爾等並未報明於我，故而無憑可查，千總爾從與辦理糧務官員會同呈報此等案情之後是否查清為何處之盜賊，又有何處土司長官派兵查清賊之踪跡，齊里榮、阿蘇木

〔註148〕《四川通志》（乾隆）卷三十二頁三十八作小河營守備吳鎮。
〔註149〕《四川通志》（乾隆）卷三十一頁二十四作郫縣知縣羅國珠。
〔註150〕據《中國土司制度》頁三二四載，此第巴即裡塘宣撫司安本。

之腳膝箭傷癒合與否，著此詳細寫明後先行呈文。又仍限期令各土司等多派土司長官土司兵，要分路嚴拏，務將達賴喇嘛及齊里榮之丟失馬騾並人一起拏解，以便法辦。並行文，爾等千總土司官員皆有查防之責，但於案發之前玩忽失職，案發之後理當効力向前為是，不可以為已經呈報故而與己無關，倘若發現搶劫之真憑實據，又賊眾多則另密報前來，本鎮必將馳咨會商定奪等因前來，奉此，遵照飭交行文，請貴辦理糧務官員查照施行等語。查得齊里榮之馬畜、又達賴喇嘛、裡塘之唐古特人馬騾被劫之後我等相見大臣後已面呈，後又來文令我等查清係為何地之賊，我等即令第巴查拏之。今據宣撫司阿木布木、瓦述土司索諾木諾爾布〔註151〕呈文內稱，九月十五日三更唐古特賊掠去齊里榮之九十二匹馬，又齊里榮夫婦之腳受箭傷，將此情形於十六日向任大臣〔註152〕稟報時傳事何千總言稱爾等可以回去，我必報聞於大人等語。前曾令我查清此事，今據查得綽木他爾之民宗登納舒帶十餘人掠去。再查九月二十九日掠去山後達賴喇嘛所屬馱水用八騾、屬下人七騾之賊係為住於穆納中之占堆〔註153〕之民，名察德勝邦帶十餘人掠去，係為察耶所阿素木布屬下之民，如今齊里榮夫婦之箭傷已經癒合等語。是以將我等所查之情呈報總兵官大人之後，即令我等會同派人領回被劫之物，我等未敢辭以力單，十二月初二日選派撫標下兵丁攜帶賞賜之物前去，千總王如龍除呈報總兵官大人外特將此事呈報於大臣，該派去領回被劫什物之人返回後，再將是否領回被劫什物之事，似另呈文等因到臣。

本日據辦理糧務知縣魯國柱、管裡塘驛千總王如龍又呈文內稱，我等為商人馬秀在途中遭搶劫一案又令宣撫司嚴行查拏，今據索諾木諾爾布之子袞木布喇布坦〔註154〕呈文內稱，我父帶人至綽木他爾地方，住於綽木蓋喇嘛處，派簡宗至三十里外查訪，該人行至一住於黑色帳篷人家，即名哈舒勒扎魯家中詢訪，據哈舒勒扎魯言稱，前天有齊塔爾、鄂木布、喇古三人共帶四十餘人已搶劫商人之銀兩衣服等什物，係為羅定所轄之民，等因言稱等語，將此情形我等呈報總兵官大人後即飭令我等會同派人去領回被劫之物，我等即行選出撫

<hr>

〔註151〕據《中國土司制度》頁三二七載，此土司為瓦述毛丫長官司索諾木諾爾布。
〔註152〕指重慶鎮總兵官任國榮。
〔註153〕常寫作瞻對，今四川省新龍縣一帶地區，自康熙五十九年清廷納西藏於治下，漸次招撫西康各藏人部落，瞻對亦受撫，授以土司，然瞻民桀驁為諸土司最，自雍正至清末清廷累次用兵平亂，然皆旋平旋復。
〔註154〕《中國土司制度》頁三二七作滾卜拉布丹。

標下兵丁於本月初二日派去等語。

　　本日又據辦理糧務知縣魯國柱、管裡塘驛千總王若龍〔註155〕呈文內稱，本年十二月初五日據第巴阿木布木呈報，巴塘喇嘛廟下人厄隆坎確者前來裡塘採購茶，於初二日行至裡塘西七十五里處嘎拉喇山之山陰面，相遇百餘名賊夥，被劫帶有馱鞍騾子六十三隻馬九匹銀子一百又二兩大鐵鍋五口衣服三件帽子二頂銅合子一件，帶有荷包之腰帶一條，弓箭撒袋一幅，皮口袋六個，又有可裝糌粑袋子九條，皮帶一百八十條，鐵鏈二條，藍紅竹子四根，又皮口袋及小口袋二十四條，葡萄二馱，鹽四十馱，又有十三人之衣服帽子靴子等物，鐵勺六個，馬絆子十二件，狐皮二張，戥子一個，鐵製筆管一件，角硯一個，斧子一把，以上之物皆被掠去等語。

　　本日據辦理達賴喇嘛商上〔註156〕事務東科爾定濟鼐〔註157〕呈報，西藏貝子頗羅鼐派往裡塘為達賴喇嘛送物品之人魯美扎布巴、策妄喇布吉等五人於二月初二日行至嘎拉喇地方後即被賊掠去頗羅鼐貝子呈給達賴喇嘛之文書，咨行雅布公〔註158〕之文書，給喇嘛、東科爾等之文書，又藏人呈給達賴喇嘛之文書，以及哈達物品等共四包，又氆氌銀子珊瑚珍珠等物有四包，獻給達賴喇嘛之靴子一雙，所派五人之鳥槍二杆，撒袋二副，佩刀五把，鞍轡五副，衣服氆氌等物五馱，又賞賜用騾子二隻，烏喇馬四匹烏喇牛十一頭，將以上所有之物均已掠去等語。

　　又據格瓦奔從之塘兵勾宏仁呈報，我塘之土司兵扎西、齊林岱二人前往海子地方買奶油，行至嘎拉喇山下突遇賊夥，扎西之鼻梁受一刀傷，齊林岱之頭部受一刀傷等語，初二日夜得知此事後我等即赴總兵官大人處呈報此事，總兵官大人即派出漢、土司官兵追捕，此等劫掠實情，除普遍呈報外，為此呈報於大臣等語。

　　本月十四日辦理糧務知縣魯國柱、管裡塘驛千總王如龍又呈文內稱，本年十二月初五日第巴所報該前來裡塘買茶葉之巴塘喇嘛以及貝子頗羅鼐為給達賴喇嘛呈送物而所派之人，行至嘎拉喇地方後遭搶劫，總兵官大人即令宣撫司阿木布木追捕，又派出官兵救援。今據宣撫司呈稱追賊至阿佳托路，覓得一跛腿騾子，繼續追踪至山溝內賊之打尖處，又找到三十三唐古特文書，

〔註155〕本文檔前文作王如龍。
〔註156〕原文作賞賜，今改為商上。
〔註157〕東科爾即仲科爾，本部分第一一九號文檔作丁濟鼐。
〔註158〕指七世達賴喇嘛之父索諾木達爾扎。

又追至京谷山山頂上找到轎鞍牛一頭，將此已交頭領保存外。查得此賊乃為
占堆土司阿素木布木〔註159〕家人達木丕爾，以及其子即住於河北營多地方之
阿魯克弟兄二人，又住於北營多地方之賊渠吹木丕爾阿覺，又住於喇底地方
之札木蘇、索木奔兄弟、又住於阿岡地方之達潔之子，以上數人帶領百餘賊
搶劫實是，此外其餘各賊之名尚未查出等情前來，據此現將伊等之查報情形
呈報於大臣等語。

雍正八年正月初七日有辦理糧務知縣魯國柱、管裡塘驛千總王如龍又呈
文內稱，據裡塘西一百八十里處之喇兒塘〔註160〕兵張萬班報稱，雍正七年十
二月二十九日午時我趕六匹塘馬至溪飲水，突有三賊前來搶走一匹菊花青驔
馬，我等即追至山溝見有六七十人，因為賊眾我寡未敢再追等情前來。

又據宣撫司阿木布木報稱，據住裡塘東六十里〔註161〕之唐古特民德爾古
那木扎勒報稱，於正月初一日有八十餘賊前來共搶去四十六匹馬云云，為此稟
報等情前來，據此除已詳報巡撫總兵官二大人外，為此呈報等語。

本月一十一日有辦理糧務知縣魯國柱、管裡塘驛千總王如龍又呈文內稱，
據宣撫司阿木布木呈稱，正月十五日夜於裡塘東南六十里處之郎谷地方有近
七十馬賊前來，將裡塘之堪木布馬群內三十二匹馬大小六十頭牛搶走等因呈
報。

再據瓦述之索諾木諾爾布屬下人保授索諾木呈稱，為於嘎拉喇地方將頗
羅鼐貝子送給達賴喇嘛之物被劫一案，由東科爾丁濟奈〔註162〕派出那木都勒
與我同至長灘地方，向賊渠達木丕勒索取蟒緞一、珍珠念珠一、靴子一雙、騾
子二隻、鳥槍一杆後帶回來，達木丕勒住於奔多，為車淩衰木布屬民等因呈報，
將此除報總兵官大人外，為此呈報於大臣等語。

奴才鼎格伏思，前因達賴喇嘛來裡塘，聖主為保護達賴喇嘛特派總兵官任
國榮率兵二千以駐防裡塘，唐古特人理當遵守王法寧靜生活，然而並不安分守
己，肆意搶奪，其情可惡。況且聖主為推演黃教，專建新廟，讓達賴喇嘛住於
噶達，因而遠處之人必來朝拜達賴喇嘛，由藏必須陸續送來物品，倘若如此截
掠，必致人不行路不通，唐古特人目無法紀，劫掠搶奪皆是明目張膽，毫不隱
瞞，每次搶掠又甚振奮，而其為首之人明知此事，但又並不約束，纏致於不知

〔註159〕本文檔前文有察耶所阿素木布，似乎為一人。
〔註160〕《欽定大清會典事例》（嘉慶）卷五百六十作拉二塘，四川入藏驛站之一站。
〔註161〕原文作六十處，今改為六十里。
〔註162〕東科爾即仲科爾，丁濟奈本部分第一一九號文檔作丁濟鼐。

懼怕，對於此等今日歸順而明日即出搶掠之人若不加征剿之，日後惡徒不僅不懼怕反而其惡漸漲，以致於擾害地方上之良民，切斷道路耽誤公事，伊等如此妄為亦不過倚恃其住地附近山路之險而已，奴才鼐格查訪得伊等甚懼於大炮，在開鐮之前大軍若到達伊等住地即全可平矣，由於惡人胡作妄為，奴才鼐格豈敢隱瞞所見而不奏聞皇上，伏祈聖主明鑒，為此謹密奏聞。

雍正八年二月十七日

硃批：所奏甚是，另有旨可降給巡撫憲德提督黃廷佳，任國榮如何，諾木圖、趙殿最如何，此廟工程甚嘉，是否諾木圖一人効力所致，趙殿最是否一同効力，著務必如實詳查奏聞。

〔131〕副都統鼐格奏報達賴喇嘛已如期移住所建新廟摺（雍正八年二月十七日）[1]-3657

奴才鼐格謹奏，為奏聞事。

雍正八年正月初九日理藩院給奴才鼐格來文內稱，議政議奏，為欽遵上諭事，臣等會議得據保護達賴喇嘛之副都統鼐格奏稱，為達賴喇嘛移住噶達地方所建新廟，經擇吉日，以庚戌年〔註163〕正月十三日巳時搬遷為吉等語。查得前將達賴喇嘛於何時遷移至噶達地方一事經詳細訊問後，一俟鼐格奏覆再定遷廟日期等因奏准在案，如今為達賴喇嘛自裡塘遷移至所建新廟已經擇日，得以庚戌年正月十三日巳時起赴為吉等因奏覆，據此即照達賴喇嘛所選擇之日期，擬准於明年正月十三日巳時起赴新廟。臣等伏思聖主專為推演黃教，從西藏請來達賴喇嘛，並動支正項錢糧於噶達地方初建新廟以進住，故為賀達賴剌嘛進住新廟，理合恩派大臣護送著住進新廟，由於日期逼近〔註164〕，不及派差大臣，故擬不派大臣，而飭交副都統鼐格看著達賴喇嘛從裡塘起程，沿途好為保護，彈壓屬下，送進新廟入住。至於為賀達賴喇嘛進住新廟而如何恩賞，臣等未敢擅便，如何恩賞懇請皇上指示，一俟命下擬由副都統鼐格速咨監修新廟官員趙殿最、諾木圖、總兵官任國榮等人，為此謹奏請旨。雍正七年十二月初五日交由乾清門行走尹扎納等轉奏，當日領侍衛內大臣兼大學士公馬爾賽傳奉旨，依議，著速行文，賞賜達賴喇嘛之事著議政大臣等速議具奏，欽此欽遵。臣等伏思達賴喇嘛於明年正月十三日從裡塘起程，於噶達地方住進所建新

〔註163〕藏曆第十二饒迴金狗年庚戌，雍正八年。
〔註164〕原文作進，今改為近。

廟，為賀住進新廟擬應恩賞，查得前次達賴喇嘛從西藏來時為迎接而賞賜，曾賞給御用紅黃妝緞十疋紅黃綢緞二十疋大哈達五個小哈達四十個新樣哈達十個銀二千兩，已賞賜在案，如今達賴喇嘛移住新廟，擬恩賞御用紅黃妝緞十匹綢緞十匹大哈達五個小哈達十五個新樣哈達五個銀一千兩，將所有賞賜之綢緞哈達可從內庫領取，包扎為捆，由驛馳送至鼐格處以賞給達賴喇嘛，至於所賞之銀兩擬行文四川巡撫憲德從彼處籌撥一千兩銀子，亦速送至噶達交給鼐格，於達賴喇嘛進住新廟之日以為眾喇嘛誦經之用等因。於當日交由乾清門行走尹扎納轉奏，奉旨依議，欽此欽遵，我衙門將賞給達賴喇嘛之妝緞十匹綢緞十匹大哈達五個小哈達十五個新樣哈達五個均加包扎為二捆，已寄送於爾，一俟到達即可遵旨而行等語到奴才。奴才鼐格將議政奏准達賴喇嘛所選於明年正月十三日巳時起赴之事已報聞於達賴喇嘛，達賴喇嘛再交延都克呼圖克圖選擇進住新廟之日期，即選定今年二月初三日為吉。查得將達賴喇嘛之馬騾等畜均牧放於有四五日路程之地方，該項前去牧群要取回之馬畜於十三日之前一個也不能取回來，故照部院來文於十三日自裡塘離十里之地立營，而奴才鼐格親率總兵官任國榮及官兵隨從達賴喇嘛於十三日這一吉日起程至兵營，而後回來。時由達賴喇嘛言稱，可以等候至牧群馬畜到來屆時再起行等語。以候馬畜之到來，二十一日馬畜均已到齊，二十二日奴才鼐格護送達賴喇嘛自裡塘起程，行十一日之後於二月初二日抵達噶達，相距新廟五里處駐劄，於次日即二月初三日晨達賴喇嘛住進新廟。達賴喇嘛言稱大聖主專建新廟令我住進，實為殊恩，今日本喇嘛不南而坐，可面向文殊師利皇帝陛下金鑾殿而等坐等語，言畢即入誦經大殿三層樓房面東而坐，奴才鼐格將皇上所賜之妝緞十匹綢緞十匹大哈達五個小哈達十五個新樣哈達五個銀一千兩，均陳列於案几上以賞給達賴喇嘛。達賴喇嘛從坐床上下來，面東而立，奴才鼐格與達賴喇嘛言，我大聖主為喇嘛爾住進新廟欲派大臣恩賞，只因日期逼近實不及派大臣前來，故將賞賜物品送到我處，於進住新廟之日賞給，以資眾喇嘛誦經之用等語。達賴喇嘛合掌曰，大聖祖聖主從我幼小之時起如同慈父愛子，極為疼愛，讓我坐於布達拉之金床，並施隆恩甚深，如今文殊師利大聖主自始至終疼愛我這小呼畢勒罕，不時施以隆恩，委實萬劫難報，如今大聖主疼愛小喇嘛，在裡塘屬地修建如此之廟宇，又加施以重恩，小喇嘛我勤於古里穆經，禱祝大聖主萬歲康健，並遵照諭旨為推演黃教，務必勤學歷史，除此之外由於小喇嘛在高興之餘也不知如何具奏為好，謹為小喇嘛叩謝天恩事，擬另文具奏等語，為此謹具奏聞。

雍正八年二月十七日

硃批：高興地覽奏。

〔132〕副都統鼐格奏轉達賴喇嘛之奏書及所獻佛像舍利等物摺（雍正八年二月十七日）[1]-3658

奴才鼐格謹奏，為轉奏事。

達賴喇嘛由於聖主敕建新廟令其進住，又由於施恩賞賜，故為謝恩，繕寫奏書，交給奴才代為轉奏。

奴才鼐格粗略翻譯達賴喇嘛所奏唐古特文書，則曰。仰賴天命贍部洲廣大地域內轉輪文殊師利高大皇帝足光，受高大皇帝陛下冊封西天大善自在佛所領天下釋教普通瓦齊喇達達賴喇嘛面向金鑾殿，誠懇跪拜，燃香拋撒手花，謹叩奏高大聖祖皇帝陛下，將我從初生起即如慈父恤子，恩封殊甚，不可枚舉，天下之大聖主亦如聖祖聖主甚恤於全體教民以及小喇嘛我個人，賞給印冊，封給尊號。再前為覲見大皇帝金顏，以承接教義，即遵奉尚書查郎阿等所傳諭旨前來時，大聖主極垂憫黃教以及小喇嘛，不惜庫銀賞修新廟，小喇嘛欽奉諭旨從裡塘起行，於二月初三日進住新廟，看得一般用四五年尚不能建完之廟宇在大聖主之隆恩感召下即用數月竣工，且諸物皆齊全，小喇嘛不勝駭然，小剌嘛仰賴大皇帝之恩必將居有所安。再小喇嘛住進此廟後將大皇帝所賜之妝緞十疋綢緞十疋大哈達五個小哈達十五個新樣哈達五個銀一千兩均由副都統鼐格轉賜之。篤念大皇帝之隆恩，欲派使臣以謝殊恩，但奉有二年遣一次堪布、囊素之諭旨，故而未敢遣使，即速繕擬文書具奏，小喇嘛銘記大皇帝之重恩而感激不盡，務必遵照諭旨，為推演黃教不時勤學經史，為大皇帝萬壽無疆，務必常誦古里穆經。再對於皇上之如此天高地厚之恩小喇嘛何以得到速往朝覲大皇帝金顏，叩謝殊恩，以伸篤切之念，除如此思念外實不知如何具奏為好，懇請皇上明鑒，頒下優詔，並如慈父憫子，仍為如前，為此禱祝焉，現進獻哈達一個，很有靈氣之釋迦牟尼佛一個，特衰齊倫博洛克三格勒爾薩齊克齊佛舍利三個，釋迦牟尼舍利三個，珊瑚素珠一串，於二月穀旦，達賴喇嘛一併具奏等語。

是以現將達賴喇嘛原具奏唐古特文書一件，所獻哈達一個，舍利六個，素珠一串共裝於一匣，又佛像一尊又裝於一匣，將此一併轉奏，為此謹奏。

雍正八年二月十七日

硃批，知道了。